改めてつくる

音楽の授業

芳賀 均

HAGA Hitoshi

幻冬舎MC

改めてつくる
音楽の授業

はじめに

「リコーダーなんか吹けなくたって生きていけるよ。何の役に立つの？　どうして音楽なんか勉強しなくちゃいけないの？」――子どもたちからこう質問されることがあると、教育現場の先生方から聞くことがあります。確かにごく一部の方を除けば、生きていくためにリコーダーが必要になることはないといえそうです。

一般的には「役に立つ教科」とみなされる算数でさえ、小学校４年生までの学習で十分だという意見[1)]があるほどです。例えば、小学校高学年で習う「分数同士の割り算」が日常生活で必要な場面というのはまずありません。その計算技能はリコーダー演奏と同様に「なくたって生きていける」ものであるといえるでしょう。

しかし、「分数同士の割り算」の学習の目的が、思考力を鍛えること[2)]だったとしたらどうでしょうか。計算ができるようになることよりも、その解法を考えることにこそ意味が出てきます。そしてその経験によって培われた思考力こそが、子どもの能力の重要な部分を形成していくのですが、冒頭のシンプルな問いが楽しさや、成長の「実感」の不足からくるものだと思えば、私どもは日々の授業が子どもたちに与えている効果について考え直さなければならないかもしれません。

音楽の学習においても、同様のことがいえます。「リコーダーの演奏」の授業ならば、ある曲を単にミスなく吹くことよりも、子どもの「関心・意欲」「思考・判断」といった重要な部分を育成することを考慮した活動とすることが大切でしょう。

教育①ということを念頭において、この本で取り上げるのは「音楽」の授業です。「美」を扱い、心を育てることに関わり、音や音楽を教材にするといった、捉えどころのないものを扱うのが音楽科です。しかし、頭ごなしに「音楽は言葉ではいい表せない」というのではなく、言語化しにくいものをぎりぎりまで言葉で表そうとして、それでもなお表せないところにある音楽のよさを一層実感していけるような資質を養っていくことを目指します。

子どもたちに伸びてほしいと願うのは、単なる音楽に関わる能力だけではなく、全人的な資質・能力で、願わくば感動も得

---

①「教育」は、通常、「教える」という意味で捉える向きが多いと思います。しかし、そうすると「躾ける」とか、場合によっては「調教」もそうした意味と重なってきます。本書では、あくまで「教える」「学ぶ」「引き出す」といった３つの側面を合わせもった「教育」として考えていきます。

られると嬉しいと思います。その際、理屈ばかり操って心の動かない授業でよいでしょうか。目指したいのは、たくさん考えたり十分に工夫したりして活動することで最後に感動する授業、あるいは、何となくいいと感じたものの理由を必死に探り、辿りつくことでもっと感動する、そんな生きた授業です。心（ココロ）と頭（アタマ）とを一致[②]させて納得と安心を得ながら、「あぁ、よかったなぁ」と終わるような授業をつくっていくことで、音楽は子どもにとっても「実感」の伴う教科になっていきます。

研究者が論文を書くとき、問い（クエスチョン）を立てます。その上で問題に向き合っていくのですが、本書では、現実の問題（プロブレム）に向き合う職人的な在り方も考慮しながら、授業を改めてつくることを試みています。

第１章では理念的なことや理論について述べ、「これから先のどうなるか分からない世界をみんなで生き抜いていくための人間としての力を育成する」ということを考えてみます。第２

② 頭（アタマ）では分かっていても、心（ココロ）が勝つ（例：甘いものを食べすぎた）ということはよくあるのではないでしょうか。あるいは心を頭で抑え続けていると、ストレスや不安等々、あまり好ましくない状態をもたらすことがあるでしょう。心と頭の一致する、いわゆるストンと落ちるような授業は、子どもたちにとっても教師にとっても納得の得られる時間になると考えます（〈1-2〉で後述）。

章では、そうしたことを念頭に、主に楽器を用いた授業を例に、理論を少しずつ実践として具現化していきます。第３章では、歌唱に関わる授業を例に、音楽のお勉強は何のために行うのかについて考えてみます。第４章では、音楽鑑賞・音楽づくり（創作）の授業を例に、理由を考えることを核とした活動によって知識を身に付ける方法について考えます。その際、音楽科では、あくまで、音（のレシピ）を自由自在に操って表現できるようにすること、自分が伝えたいこと、訴えたいこと等を、音を操って自由自在に表現することを目指します。そして、それらを実現する上で関わる多様な展開、日頃から考慮しておくことができそうな実践について第５章で触れていきます。

教育現場の先生にとって大切なのは、学習指導要領の改訂ごとに見られる記述の変更といった表面的なことではなく、そういったことに振り回されないような、明確な目的や意義を自分の中にしっかりともって日々の仕事に臨むことだと考えます。学校のお勉強として、安易な相対主義に陥ることなく、子どもたちと観点や目標を設定しながら音や音楽をいかに捉えて言語化しながらお勉強を深めていくか。先生も子どもたちも、みんなで助け合って学ぶうちに、違いが分かる人が育っていきながら、よりよい答えを探していく。そうした「自己学習力」は教育の究極目標です。そんな環境や内容をつくることを目指し、具体的に述べていきます。

私はもともと実践の世界で感覚的な体験を重ねてきた人間です。しかしそのことに留まる危険性を認識し、論より証拠というより、論も証拠も、ということを目指して、教師生活十数年を経てから学術研究に取り組みました。私を導いてくださった恩師が話していた「まだ研究を続けられるとしたら、望ましい授業というものを理論からつくってみたいね」という思いを受け継ぎ、理論と実践との統合を本書で試みたいと考えています。

目　　次

第１章

「楽しさ」と「実感」がある授業のために

1-1　学習指導要領解説の冒頭に書かれていること

学校のお勉強は、学習指導要領③に沿って行われます。ほぼ令和の時代の幕開けとともに運用されることとなった第９次『学習指導要領解説』の冒頭（第１章 総説１ 改訂の経緯及び基本方針 (1) 改訂の経緯）には、次のように書いてあります④。

> 今の子供たちやこれから誕生する子供たちが、成人して社会で活躍する頃には、我が国は厳しい挑戦の時代を迎えていると予想される。生産年齢人口の減少、グローバル化の進展や絶え間ない技術革新等により、社会構造や雇用環境は大きく、また急速に変化しており、予測が困難な時代となっている。また、急激な少子高齢化が進む中で成熟社会を迎えた我

---

③ 文部科学大臣により告示される教育課程の基準。文部科学省ホームページ「学習指導要領とは何か？」には、「全国のどの地域で教育を受けても、一定の水準の教育を受けられるようにするため、文部科学省では、学校教育法等に基づき、各学校で教育課程（カリキュラム）を編成する際の基準を定めています。（中略）各学校では、この『学習指導要領』や年間の標準授業時数等を踏まえ、地域や学校の実態に応じて、教育課程（カリキュラム）を編成しています。」とあります。https://www.mext.go.jp/a_menu/shotou/new-cs/idea/1304372.htm［2022.3.9.18.27. 閲覧］

④『学習指導要領解説』の総則編をはじめ、各教科等の各編でも同じことが書かれています。ここでは、文部科学省『小学校学習指導要領（平成 29 年告示）解説 音楽編』（東洋館出版社、2018）を参照しました。こうした学習指導要領解説を読む際には、いきなり各教科の内容の部分に目が行きがちで、単なる前置きのように思えることもあるかもしれませんが、前提・基底を認識するためにも重要な文章であるといえます。

が国にあっては、一人一人が持続可能な社会の担い手として、その多様性を原動力とし、質的な豊かさを伴った個人と社会の成長につながる新たな価値を生み出していくことが期待される。

こうした変化の一つとして、人工知能（AI）の飛躍的な進化を挙げることができる。人工知能が自ら知識を概念的に理解し、思考し始めているとも言われ、雇用の在り方や学校において獲得する知識の意味にも大きな変化をもたらすのではないかとの予測も示されている。このことは同時に、人工知能がどれだけ進化し思考できるようになったとしても、その思考の目的を与えたり、目的のよさ・正しさ・美しさを判断したりできるのは人間の最も大きな強みであるということの再認識につながっている。

このような時代にあって、学校教育には、子供たちが様々な変化に積極的に向き合い、他者と協働して課題を解決していくことや、様々な情報を見極め知識の概念的な理解を実現し情報を再構成するなどして新たな価値につなげていくこと、複雑な状況変化の中で目的を再構築することができるようにすることが求められている。

なんと、文字面を眺めたら、この先「厳しい時代がくる」「どうなるか分からない」「このままでは持続不可能なのか」と、かなり衝撃的なことが書いてあってハラハラしてしまいます。それに対して「創造性が期待される」「人間らしさが重要」「みんなで協力して知識を再構成して有機的なものにしていくことが大切」という、コンピュータでも可能な計算や暗記に留まることのない確かな人間らしさが重要であると書かれている印象を受けます。これを大まかにいうならば、「これから先のどうなるか分からない世界をみんなで生き抜いていくための人間としての力を育成する」ということが、学校のお勉強に求められているといえるわけです。もはや、今の大人の知っている筋道とは異なった世界が展開されていく可能性があると考えられますから、教師をはじめとする大人自身が教わったように教えるということでは不十分、教わったようにしか教えられないという在り方では望ましくないということでもあります。文化遺産の伝達は学校の大切な機能の一つではありますが、新しい価値を創造していける能力を育てていかなければ、自分たちの暮らす世の中が持続可能でなくなるということです。これらは矛盾させるものではなく、文化遺産は生き抜いていくために重要であるという実感がもてるような学び方が求められます。

人工知能（AI）やロボットに取って代わられる（代わらせる）仕事や状況が増してくるにしたがい、それらに対して人間として関わっていくためにも、資質・能力（大まかに、これを心（ココロ）と頭（アタマ）と捉えてみることにします（〈1-2〉で後述））の育成が第９次学習指導要領に掲げられました。そして、それをすべての教科等で行っていくことになります。もちろん音楽でも取り組むべしということですが、音楽という教科は試行錯誤を伴う活動に大変適しています。何といっても最大の特性は、「自分たちが行った試みのレスポンス」[3)]が速く、しかもそこに快・不快が伴うということが挙げられます。自分たちのパフォーマンスがすぐに結果として現れ、しかも何度やり直しても作品がだめになってしまう（水彩絵の具で何度も描き直したり、彫刻刀で削りすぎたり、ダンスを何度も踊り直して体力を大きく消耗したり……）ことはなく、達成したら快感が得られるという点で、大変有利な教科であるといえます。そうした特性を最大限に生かすことができると考えられます。

1-2　心（ココロ）――豊かな情操とは、美とは

その音楽科は、昭和52（・53）年告示の第５次学習指導要領

から平成20（・21）年告示の第８次学習指導要領までの４代・約40年間に亘って、教科の目標の締めくくりの一文が「豊かな情操[⑤]を養う」とされてきました。これは、新卒の先生が定年退職まで勤めるくらいの期間になりますから、教員生活をずっとこの目標に則って務めてきた先生もいらっしゃるくらい、当たり前のような感じになっていたといえます。私自身も、この「豊かな情操を養う」というのが兎にも角にも大切で、また、音楽のお勉強の最重要事項であることを当然のことと感じています。

しかし、目標としてきたのにも拘わらず、それを評価する規準・基準はありませんでした。確かに「心」ともいえる情操を評価することには抵抗はあるでしょう。「あなたの情操、つまり心はＣ評価だね。不合格です」というようなことがあってはならないというのは一般的な認識であると考えられます。また、同時に、「音楽を学べば心が豊かになる、音楽を学べば心が美

⑤「情操」というのは、なかなかすっきりと説明するのが難しい言葉だと思います。辞書を見ると「道徳的、芸術的、宗教的などの高次な価値をもった感情で、情緒に比べてさらに複雑な感情」（林大監修『国語大辞典 言泉』小学館、1986.）、「知的作用や社会的価値を伴う、高次の複雑な感情」（北原保雄『明鏡 国語辞典』大修館書店、2002.）とありますが、丸暗記したとしても自他ともにピンとくる説明は難しいのではないでしょうか。ひとまずここでは、その人らしさというような、「体形」ならぬ「心（ココロ）のカタチ（心形？）」というような形で押さえておこうと思います。

しくなる」といったところで、「では、心が豊かになったのですね？ あなたの心は美しいのですね？」と訊かれたらどうなるでしょうか。「はい、豊かになりました！ 私の心は美しいです！」と自信をもって答えられるか否かはともかく、そんな質問をする方がおかしいと思う向きがあるのではないでしょうか。

いずれにせよ、心が豊かになったことを証明しがたい、あるいは成果が出たといいづらいがために、目標として掲げながらも何となく曖昧に取り組まれる雰囲気を帯びてしまい、ひいては音楽という教科自体もうやむやに運用されてきた可能性がないといえるでしょうか。現に、学習指導要領で定められている「扱わなければならない」[4)]教材である「歌唱共通教材」について、過去に学習した記憶があるか否かを大学生にアンケート調査[5)]したところ、結果は【表 1】のようでした。

もし、他の教科、例えば国語や算数で「数パーセントの大学生しか覚えていない小学校の学習内容がある」ということがあったらどうなるでしょうか。音楽では、【表 1】のような有様ですが、これが単に学生の記憶力の問題でないことは明らかで、授業における扱い方に何らかの問題があったことが推察されます。このように、取り扱うべき内容の実施にまで音楽科の過去の目標の曖昧さが影響を及ぼした可能性がないといいきれ

【表1】小学校で学習した記憶のある歌唱共通教材（数値は「記憶がある」という回答の割合）※

1年生	うみ 66.0%	かたつむり 29.8%	日のまる 2.3%	ひらいたひらいた 14.0%
2年生	かくれんぼ 2.3%	春がきた 70.2%	虫のこえ 51.6%	夕やけこやけ 64.7%
3年生	うさぎ 9.3%	茶つみ 37.2%	春の小川 66.5%	ふじ山 12.1%
4年生	さくらさくら 50.7%	とんび 13.0%	まきばの朝 26.5%	もみじ 37.7%
5年生	こいのぼり 39.1%	子もり歌 7.0%	スキーの歌 6.0%	冬げしき 1.9%
6年生	越天楽今様 8.8%	おぼろ月夜 31.6%	ふるさと 81.4%	われは海の子 21.9%

※各楽曲ごと、複数回答

るでしょうか。楽典や読譜能力の定着度についても、類似した状況があります（ここでは詳しく触れませんが、楽譜は不要であるというのは、国語に例えるならば文字を一切使わない学習と重なることになります。楽譜の存在しない音楽はたくさんありますから、一概に国語と同様に考えるべきでない側面もあるものの、楽譜を読み書きできることには、思考を深める上でも一定の効果があると考えます）。

第９次学習指導要領においても、「音楽科の目標には、心に関わる記述が５つあり、他教科と比較しても多く単独一位」[6] と指摘されています。

音楽という教科は、あまりに抽象的な面をもっているのかもしれません。音楽の授業では、歌唱や器楽、鑑賞等の活動が行われますが、その内容は一見分かりやすいように思われます。まさに歌を歌えば歌唱であり、楽器を演奏すれば器楽、レコード（CD）で音楽を聴けば鑑賞、といった印象がそれです。しかし実は、音楽科は、何を学べばよいのかということ、すなわち内容が曖昧・不明確⑥でした。「多くの教師は何を指導しようということを考えて指導案を作るのではなく、どういう活動をさせようかということで指導案を作るのである」⑦という指摘で明らかなように、歌ったり楽器を奏でたりすることは活動（行為）であって、いわば国語における「読む」とか「書く」という活動（行為）に該当するため、内容ではないわけです（先掲の、例えば『さくらさくら』『ふるさと』、あるいは「楽典」等は内容です）。こうしたことは、学習指導要領の改訂によって〔共通事項〕⑧が設定される等の改善が図られたものの、〈5-2〉〈5-3〉で後述するように、戦後一貫して基本構造は変わっていません。結局は、ある楽曲の演奏が目的とされ、声量等の身体的条件も影響

⑥ 小島律子「音楽科教育と教科専門との関連を考える」『教科教育学論集』1、2002、p.73. に「音楽科教育が悩んできた問題の一つに、教育内容の不明確さということがある」という指摘があります。
⑦ 同上。
⑧ 平成 20 年版では〔共通事項〕、平成 29 年版では〔共通事項〕イ）となっています。

する⑨音楽科の学習が、主にその出来栄えで評価が決まるならば、断片的な技能を向上させることに留まるものであるといわざるをえないのです。それでは〈はじめに〉で触れた各能力が意識されずに活動が行われることになり、これから先のどうなるか分からない世界をみんなで生き抜いていくための力として、全教科等を通して行われる資質・能力の育成が音楽科においては為されないことになります。

「学習指導要領実施状況調査（平成24年度調査）」[7)]によると、「音楽の学習をすれば、ふだんの生活や社会に出て役立つ」という問いに対する答えが「そう思う」「どちらかといえばそう思う」を合わせて半数弱、さらに「音楽等質問紙調査」（平成16年度「特定の課題に関する調査」と併せて実施。小学校第4～6学年）[8)]によれば、「音楽を学習すれば、私の好きな仕事につくことに役立つ」「音楽を学習すれば、私のふだんの生活や社会に出て役立つ」「将来、音楽の学習を生かした仕事をしたい」に対する「そう思わない」「どちらかといえばそう思わない」を合わせた回答が「そう思う」「どちらかといえばそう思う」を合わせた回答を上回る状況があり、〈はじめに〉で述べた通り、役に立

⑨ 身体的条件を楽器の状態で例えるならば、調律がされていないピアノを用いて演奏した場合にも、美しい響きが得られるか否かということと重なります。

つという感覚は子どもたちにとって薄いといえます。

しかし、同じ「音楽等質問紙調査」における「音楽を学習すれば、私は、明るく、楽しい生活ができるようになる」「音楽を学習すれば、私は、心がゆたかになる」との回答は過半数であり、およそ「役に立つ」という感覚とは異なった部分に対して子どもたちは意義を感じていることが読み取れます。そうしたことを踏まえると、やはり音楽の学習には意味があると考えられます。

なお、「心が豊か」とはどのような状態か、ということをすっきり説明するのはなかなか難しそうですが、私には、過去に受け持った小学校１年生とのやりとりの記憶が鮮明に残っています。「ねえ、心が豊かって、どんな状態かな？　『豊か』って、説明するの、難しいよね」と私が投げかけると、１年生のみんなは、次々に自由に発言しました。

（：教師　：児童）

『ゆたか』って、お金が一杯あるってときに使うよ！

うちのお父さん、体が『ゆたか』って言われてたよ！

牛丼の大盛って、お肉が『ゆたか』だよ！

『ゆたか』って、のんびりできるってこと！

わかった！　のんびりできるってことは、時間がたくさんあるってことだ！

高い品物も、『ゆたか』だよ。

『ゆたか』ってたくさんあるってことだから、心が豊かって、気持ちがたくさんあるってことかな。高いってことは、レベルが高いってことかな。

高いってのも、多いことだよ。100円よりも1000円の方が数が多いよ。

多いってのと、たくさんってのは同じだ。

たくさん感じて、涙が出てくるとか。

それって、色んなことを思ったからじゃない？

同じことがあっても（筆者注：同じ出来事に遭遇しても）、たくさんのことを考えたり感じたりすることが『ゆたか』ってことか！……いいことに使う場合が多いかも。

想像することがたくさんあるとか！

たくさんアイディアが思いつくとか！……

子どもたちの言葉を聞いていて、なるほどと合点がいき、すっきりした感覚をもった記憶があります。つまり、例えばある楽曲を聴いて「感じ取る観点がたくさんある（多い）ほど」「くみ取れることがたくさんある（多い）ほど」「想像できることがたくさんある（多い）ほど」……ということだと整理できました。それをもとに、十分な説明ではないのかもしれませんが、「豊か」ということについて、子どもたちに例を示すことができるようになったのです。大人の難しい言葉で説明するよりも、子どもたちの言葉を用いてひもときながら、教師も経験を積んでいくわけです。

少し脱線しましたが、それを踏まえるならば、人間として……と考えたならば、心の豊かさは重要だといえます。豊かな情操とはどういうものかということを念頭に置きながら、授業の設計をして、音楽を学んだから確かに心が豊かになった、あるいは、みんなで心が豊かになれる環境をつくった、と実感できるようにしたいのです。〈はじめに〉で触れた心（ココロ）と頭（アタマ）との一致ですが、それらが二項対立や分離した形ではなく、統合的に捉えるべきことが、次の文章から分かります。

> 自制心は根性や気合ではない。
>
> 自制心とか意志力というと、特に日本人はただただ根性や気合でがんばると考えがちですが、そうではありません。自制心や意志力のかなりの部分は、スキルや方略なのです。し

> たがって、言葉を用いて論理的に、その考え方や具体的な手続きを教えることは可能です。[9]

たくさん知っている、たくさん思いつく、たくさんの視点をもてる、たくさん、あるいは高い技能をもっている、そういう様々なことが束になったものと心とは一体のものであって不可分であるということです（むしろ、その束になったものが心といえるのかもしれません）。衝動的な行いばかりではなく、様々に思考を巡らせつつ行動することができる態度。それは、単なる根性論、心の問題ではないわけです。

また、音楽は、「美」というものを扱う教科でもあります。

美は主観的なものではあっても、そればかりに留まると、〈5-4-2〉で述べるように、例えば「音楽の成績は先生の好みで決まってしまう」という悪印象や、「音楽に正解はないのだから何でもあり」といった安易な相対主義に陥ることになります。「『美』は理念でもあるがゆえに、必然的に普遍性を要求する。理念とは、その本性上、他者からその普遍性を吟味されうるものである」[10] ということを避けると、例えば個人の趣味で収集するものは別として、公立の美術館等は存在し得なくなってしまいます。

教育にとって重要なこと、あるいは育む必要があるのは、むしろ「美についての意識」である。より正確に言うならば、「美」とはどのようなものであるかについての本質的な理解、すなわち、主観的であると同時に普遍性を要求するものであるという、その本質の理解である。[11)]

そして、そうしたことは、学校におけるお勉強としてもふさわしいといえます。

大きな教育的意味がある。「美」についての意識、その本質的な理解は、わたしたちを安易な相対主義に陥らせることなく、互いに普遍性（共通了解可能性）を見出し合おうとする精神を育んでくれるからだ。それはまさに、教育が育むべき、この市民社会における市民の“教養”と言うにふさわしい。[12)]

学校では、そうした普遍性を言葉にして、対話によって確かめ合うことができます。

例えば、自然の風景を見て美しいと感じることがあります。自然は、人に美しいと思ってもらいたくてそのような風景になっているわけではありません。しかし、そうしたものを他者と共有することができたならば、みんなで町づくりを行っていく場面においては、観光スポットとして生かすこともできるし、「丘の町」といったような形で、町の風景を整えることすら可能になります。これは、自然界や日常の現象（音）から美を感じ取り、表現（音楽表現）へと整えることと重なります。

頭ごなしに「音楽は言葉ではいい表せない」というのは簡単ですが、音楽という、言語化しにくいものをぎりぎりまで対話によって言語化[10]することによって、安易な相対主義に陥ることなく、「普遍性」を目がけ合うことが重要です。単に脊髄反射のように「この音楽、いい」というのは、学校での味わい方としては物足りないのではないでしょうか（娯楽として行うのであれば、休憩時間等の時間を活用すればよいのですから）。そして、ぎりぎりまで言葉で表そうとして、それでもなお表せないところに

⑩ 言語活動は、単にたくさん喋ればいい、言葉を使えばいいという趣旨ではありません。言語活動の充実は、各教科等を貫く改善の視点として掲げられ、第８次学習指導要領における言語活動は合科へのワンステップといえるものでした。言語活動の導入により思考力等の育成に一定の成果は得られつつある（中央教育審議会答申「幼稚園、小学校、中学校、高等学校及び特別支援学校の学習指導要領等の改善及び必要な方策等について（答申）」（平成 28 年 12 月 21 日）『別冊初等教育資料』２月号臨時増刊、東洋館出版社、2017、p.37.）とされました。しかし、そのあとの指摘が重要で、依然、各教科等において、教える内容中心に教育課程が整理されているという問題が明らかに述べられています。

ある音楽のよさを一層実感できるのではないでしょうか。

本書は、そうした立場から、教育としての音楽の授業を組み立てていく際に、考慮していくことについて述べたものです。

自然と、それは、先に触れたような学習指導要領にも書かれていることについても、主旨を実感的に授業化することと重なるといえます。子どもたちとのお勉強に臨む上で、そこから出発することも大切ですが、むしろ、教師が自律的に何のための学習・活動かということを常に考慮して臨むこと、そうした思考をした上で学習指導要領と照らし合わせるという在り方も重要であると考えます。なぜならば、学習指導要領はしばしば改訂されるため、そのたびに振り回される、あるいは、ぶれまくるようでは、過去に教えた子どもたちにどのように説明したらよいのだろうということにもなるかもしれないからです。

1-3 「今」は「将来」そのもの

子どもたちにとって、「明らかに役に立つ」とか「楽しい」といった実感がなかったならば、「いつか役に立つかもしれないよ」という程度のことに、貴重な時間や脳の容量の大きな部分を割くということに納得は得られにくいに違いありません。

何より、そのいつかというのは、子どもにとって見通しのもてるいつかではなく、自分とは異なる人物のたどった道筋や経験であるという感覚はないでしょうか。

将来とは何でしょうか。どんな将来でしょうか。その「いつかこの学習が役に立つかもしれない将来」でしょうか。

学校でのお勉強は子どもたちの「将来のため」といわれます。このことに関わっては、ほとんどの親が「『子どもたちのいましていることは、将来に向けての準備じゃないと意味がない』と考え、『将来お金がたくさんもらえるように』『将来好きなことができるように』と、『いま』ではなく、『未来』を生きること」を求めているという指摘[13] があります。そういった在り方の教育を受けると、「いまを生きる」方法を忘れてしまい、「大人になっても、将来のための準備が一生続くような意識を持つようになってしまう」[14] というのです。必要性や充実感が認識できない（学習が終わっても、開放感はあるけれど達成感がない）、あるいは必要性を納得していない断片的な知識や技能を、いつか役に立つかもしれないからと詰め込んでいく在り方（身に付けてみたものの、先生にもそれがいつ使われるか分からない）と重なる部分があるといえます。

学校で授業に臨む子どもたちにとって、今を全力で楽しく

(楽しさについては〈5-4-1〉で後述します)、あるいは必要性や充実感を認識しながら活動することが大切であると考えます。人生は問題解決の連続です。「イノベーションは、いま身の回りで起きていることに心を開き注意を払うことから始まるのだから、フューチャリスト（未来志向者）であってはいけない。いまの出来事に集中するナウイスト（現在志向者）になるべき」[15)]であるといえます。そのためにも、何かに関心をもって意欲的に活動に取り組むことにより、「『関心・意欲・態度』は学習の入り口であり、それに支えられながら調べたり、探したりするのに必要な学習能力が『思考・判断』であり、その成果として身に付けるのが『技能』であり『知識・理解』である」[16)]といった問題解決としての学習におけるサイクルという形で説明される環境が整い、結果として血となり肉となった有機的な知識や技能が身に付いていきます（技能については、〈5-3〉で詳しく述べます)。これは、〈はじめに〉で触れたような、「どうして○○なんか勉強しなくちゃいけないの？」という子どもの言葉とも深く関わっているといえるでしょう。

こうしたことは、お勉強をやりなれていると思われる大学生にとっても同様です。「学習者が自ら答えを見出す学習への価値づけ」「なぜ自分は今まで勉強してきたのか、勉強とは自分にとって何だったのか、なぜ自分は大学にいるのか、大学でなければならなかったのか、等を自分に問いかけてみる」[17] といった具合に「価値」がキーワードになります。また、「自ら学ぶという姿勢を身につける上で、学ぶことに自分なりの意義を見出すことが重要」[18] との指摘があります。進路目標を明確にもっている学生とそうでない学生では、「利用価値」か「学習の面白さ」という具合に求めるものが異なるといい、それぞれに意義を感じるわけです。これらを踏まえると、学生にとって価値や意義を感じる授業や活動が望ましく、大学における学習に学生が目的をもっている（必要性を感じている）場合は役立つ授業を行うこと、目的をもっていない場合は楽しい授業・活動を提供することを考慮することが一つの指針になると考えられます。

これを参考にするならば、子どもたち自身が必要性を認識していることについては役立つように、そうでないことについては楽しい授業を行うという配慮をするとよいと考えられます。そして、実は「楽しさ」⑪ や問題が解決されていく喜びを伴った実感を得られることは極めて重要なことだからです（〈5-4-1〉

⑪ 必要性という点では、何らかの利益を実感できるか、あるいは、学校のお勉強では、通常はご褒美をもらえるわけではないので、楽しさが重要だと考えられます。

で後述します)。

今を全力で、実感を強くもちながら活動することの重要性と関わっては、野球の鈴木一朗（イチロー）氏が行った、高校の野球部への指導[19]にも関連が見られます。その指導には、練習量が過剰になると無意識のうちに力を加減してしまうことになるから、投球では「限界まで強い球を投げる」、打撃では「とにかく遠くに飛ばすように全力でバットを振れる」ようにしておく、という趣旨の内容がありました。長時間の練習の終了時という、いわば「将来」まで体力がもつようにペース配分してしまい、今、眼前のボールに全力を込められない。これでは、負けられない試合という重圧の中でも力を発揮して結果を残すということはできないということになるわけです。このことは、〈1-1〉で述べた、これから先のどうなるか分からない世界という、さながら負けられない試合と同様の重圧がかかってくる未来を生き抜いていくための力を育成する上で重視すべき点だと考えます。楽しく、全力で、協働的に、創造性を発揮して……という「今」が、まさに未来にどんどん進入していっている瞬間であり、「今」の態度が、すなわちそのまま未来の姿であるということになるわけです。授業の終了時（すなわち開始時から見れば未来）には、そうした姿を実感的に振り返れるような授業をつくりたいと考えています。

1-4　教育とは——対話を重視してともに学ぶ

「教育」という言葉には、たくさんの意味があります。定義がはっきりしないというより、定義がありすぎるという感じでしょうか。技能を指導するのも、知識を伝授するのも、極端にいえば「あの動物、とてもよく飼いならしてありますね」という躾や調教も、「教育」という言葉で表すことがあるでしょう。これらはすべて「教える」という在り方に属するといえます。ともすると、「技能教科」といわれる音楽科は、こうした色彩が濃いのではないでしょうか。しかしそこに留まっては、「教育」としては不十分だと考えます。

「教」「育」という文字の成り立ちから考えるならば、「教える」「学ぶ（ならう）」「引き出す」といった3つの面がある[20]といいます。

「教える」というのは普通に思いつくことですが、さながら高いところから低いところに水を流すような行為で、教える人はかなりの知識や技能をもっていなくてはならず、教え込みによるならば、教わる人は教える人以上にはならない可能性が高いということ。

「引き出す」ためには、教師は子どもの特性を正確に見抜く眼力をもっていないといけない（例：長距離走に向いている選手に、あなたは短距離走に転向すべきだと指導して、芽を摘んでしまったらどうなるでしょう）ということ。

これらの場合、教師は完璧でないといけない、ものすごく優秀な教師でないと務まらない、ということになります。しかも、まだ、教育の考え方として、３つの側面のうちの２つにすぎません。

「学ぶ」という、それも、子どもたちとともに学ぶ（これを駄洒落のように「共育（きょういく）」ということもあります）という在り方で臨むならば、〈1-2〉で紹介した（「豊か」についての）問答のように、教師自身も成長していけることになります。将来云々、未来云々、といっても、みんなで未来を生き抜いていかねばならないとするならば、子どもだけが成長すればよいわけではなく、大人も成長しなくてはならないのであって、そこでは教師が一方的に教えるのではなく、ともに学ぶという在り方こそが鍵になるのではないかと考えるのです。また、そうすることで、教師は子どもたちの理解の仕方が摑めてきます。

駆け出しの頃の私は、とにかく「教師主導」で、子どもを楽しませる、分かりやすく工夫して説明する、と意気込んで、毎時間の授業をハイテンション[21]で行っていました。しかし、ある出来事が、私を子どもとともに学ぶスタイルへと切り替える決意をさせました。

ある日、一人の子どもが私に話しかけてきました。

（：教師　：児童）

先生。先生のお勉強ね、とっても楽しくて、好きだよ。

おお、そうか、ありがとう。

分かりやすいように、一所懸命に工夫してくれて、何通りもの方法で説明してくれて、嬉しいよ。

ちゃんと授業を聴いていてくれて、ありがとうね。

でもね。

でも、どうしたの？

それでも分からないんだ……。バカだからいけないんだ。ごめんね、先生……。

私は絶句しました。子どもは自分で自分を責めている。分かるように教えることができていないのは教師である私なのに。……こんなことを子どもに言わせてしまうなんて、なんて最悪なことでしょうか。

この出来事を境に、私のスタンスは様変わりしました。教えることに注力するよりも、子どもの発言の交通整理をいかに行うかということに重点を置くようになりました。そうすることで、子どもがどのように捉え、理解していくかということの様々な様子が分かるようになってきました。ベテラン教師になる前に気づくことができてよかったと感じています。

そうしたスタンスによる子どもたちとのやり取りの例を紹介しておきたいと思います。再び、〈1-2〉で登場した1年生とのやりとりの思い出です。

（：教師　：児童）

あのね、ちょっと他の学年の道徳の時間に聴いた話なんだけどね。小学生の僕（男の子）が混雑している電車に乗っていたら、おじいさんが乗ってきて、目の前に立ったんだって。僕は席を譲ろうと思ったけれど、「どうぞ」って言う勇気が出なかったんだって。そうしたら、隣の席に座っていた中学生が「どうぞ」って言って席を譲ってね、おじいさんはとても喜んだっていうお話なんだ。僕はどうすればよかったのかな？

あのね、勇気を出して「どうぞ」って言う、ってのが正

解だと思うんだよね。でもね……。

でも？

言えないんだよ。

いえないの？　なんで？　他にもそういう人っているの？（学級の３分の１くらいが挙手したので）そんなにいるの！　一体、どうして？

僕ね、「どうぞ」って言って席を立ったことがあるんだ。でもね、「私は年寄りじゃないぞ！」って怒られて、怖かったんだ。

なんと！　そういう人って、他にもいるの？（やはり学級の３分の１くらいが挙手したので）そんなにいるんだ！　それは、確かに、言いづらいよねぇ……。

だから、（譲ってあげようと思って）黙って席を立ったこともあるよ。でも、そうしたら、他のおばちゃんが座っちゃったの。

なんと、中年の女性が？　うわあ、それは悔しかったのでは？

ううん、いいの。その人は、座りたかったんだと思う。怒られないですんだし。

何だか、気を遣うね……。

あのね、僕ね、自分が年を取ったら、素直に席を譲ってもらうようにするよ。

どうして？

だって、そうしないと、若い人が不安になっちゃうから。

なんと、60 年くらい先の自分のあるべき姿を描いているんだね、すごいな！

僕ね、席を立ったら、ゲボ吐いた（筆者注：嘔吐）ことがある。親切にしようとしたら、かえって迷惑をかけちゃった。

そういうときは、席は譲らなくてもいいんじゃないの？
若くても、つらいときもあるよね。
元気なお年寄りと、具合の悪い若者だったら、どっちが座るべきなんだろう。

あのね、ヒットポイント（筆者注：ゲーム上の主人公等の体力メーター）の低い方が座ればいいのよ。私は普段は元気だから、多分、お年寄りよりもヒットポイントが高くて、立った方がいいの。

でも、具合が悪くてヒットポイントがお年寄りよりも低いときは、子どもが座るの。

――まさか1年生が、ここまで深い話をするとはと驚いたのですが、私なりに気づいていることとしては、私が発問ではなく質問をするという意識をもっていることと関係があると考えています。発問とは授業中における答えがある程度想定できる「96 ÷ 16の計算はどのようにしたらよいか」というような問であることが多く、質問は「今日の朝食は何でしたか」というような、答えの予想できない問のことです。そうすることで、子どもたちの発言に、演技抜きで感動できるようになり、子どもたちにも自己肯定感が育まれていきます。どんどん話したくなって（主体的）、子ども同士や子どもと教師のやり取りが盛んになり（対話的）、話題もどんどん広く深くなっていきます（深い学び）。自由にやり取りできる環境を保障すると、対話を通じて子どもたちはどんどん深く広く考えていけるのです。

ある先生から聞いたことなのですが、「主体的・対話的で深い学びが重要ですから、取り組んでいきましょう。しかし、いっぺんに取り組むのではなく、一つずつ絞って、今年は主体的な学び、来年は対話的な学び、そして3年次目に深い学びの研修をしていきましょう」という指導を受けたというのです。これらが分離できるものでないことは、先に述べた「席を譲る」話を見れば明らかです。そうした誤《ご》謬《びゅう》に振り回されることなく、まずは、自由に対話をできる環境をつくること[12]が、主体的・対話的で深い学びそのものになる可能性があるということです。そして、その中の一員である教師も、子どもとともに育っていくことになるのだと考えます。その際、必ずしも深い感動を得ることばかりが目指される必要はありません。ある楽曲を話題としたときに、その曲に関わる感動ばかりではなく、その時代の世相や友達との記憶も、子どもたちの資質の一部になっていくからです。授業としては、他人とやり取りしたということ自体が楽しく充実したものであったならば、楽曲はその「きっかけにすぎない」のではなく「きっかけとして貴重」だったということでよいのだと考えます。

なお、こうした対話のできる学級（環境）ができてしまえば、ここまでに挙げた例のようなやり取りも楽しいのですが、担任でない先生（専科）等は、ときには、落ち着かない子どもたちの授業を担当することもあります。そうした環境でも、対話の

⑫ タブーなく語り合えるようにすることが重要ですが、子どもですから、当然好ましくないことを口に出すことがあるでしょう。それが単に俗にいう「放送禁止用語」的なものであれば、やんわりと「その言葉は教室の外で使うと品性とか常識を疑われることがあるから、そのことは覚えておこうね」と教えればよい（ここが「教える」の出番です）し、内容的に考えなければならないことであれば、それさえもきちんと話題にして考え合えばいいのです。その際、教師は、「それはだめだよ」と最初からいうのではなく、反例を提示してみんなで考えていくようにすると話が深まっていきます。

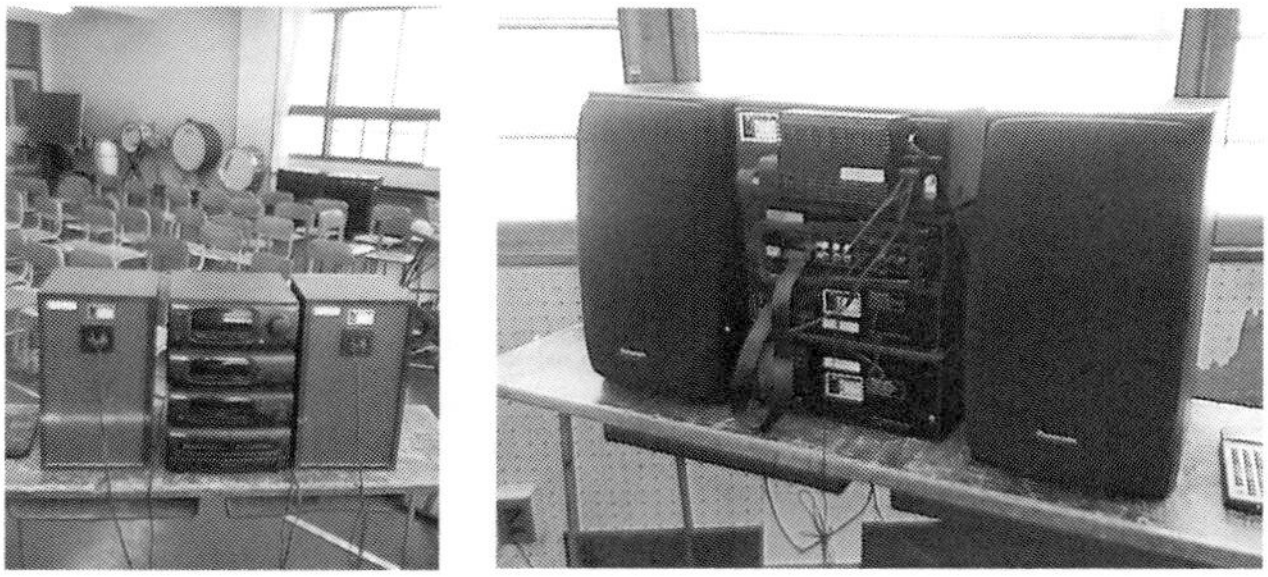

【図1a】（左）【図1b】（右）子どもたちと対話しながら操作できるようにセットしたステレオ

糸口を摑んでいくということが重要であると考えます。対話を重視した授業展開について、私が模索していたころの、記録を以下に掲出します[22]。

なお、その際に使用するステレオは、【図 1a】【図 1b】のように操作パネルは教師側に、スピーカーは左右配置に留意して子どもの方に向けてセットします。

このことで、機器の操作をしながら子どもたちと向き合っての対話が可能になります。

以下に、やんちゃな学級に専科教員として臨んだ際の記録を掲出します。チャイムが鳴った時点で、まだ子どもたちは揃っておらず……、ようやく全員が着席しかかった状況からの様子です。

・・・・・・・・・・・・ 授業内容：山田耕筰の歌曲を聴く ・・・・・・・・・・・・

（　：教師　　：児童）

対話の記録・教室の様子	交通整理の意図と技術

（まだ騒がしいが、そのままの状態で『**赤とんぼ（女声ソロ）**』をかけ、短く“聞”かせて問う）

> 取っ掛かりをつくるため、騒がしい状況であってもCDをかける。静かになるのを待っていたら、いつまでも開始できない。

気づいたことは？

女の声。

> どんな反応であっても、それを糸口に、そこから展開していく。

（態度にはいい加減さが見える。薄ら笑っている）

なるほど（黒板に書いておく）。他には？

ない！

> 反応があったら、間を空けてはいけない。

（まだ姿勢は斜めである）

……では。

（間髪入れずに『**赤とんぼ（混声四部）**』をかける）

……変わったか？

> まずは受け止めて、そこから掘り下げていく。

大きくなった。

ほう、いいところに気づいたな！

……で、何が大きくなった？

音が。

どうして？

人数が増えたから。

何人に？

（複数の児童が答え始める）

6 人。／100 人。／50 人。

> 挙手等の時間のロスを避け、自由にどんどん発言させる。ふざけた発言は、このあと、自然に淘汰されていく。

ほう。100 人に聞こえるか？

いや、50 くらい。

なぜ 100 人でなくて 50 人くらいだと判る？

なんとなく。

その「なんとなく」というのも重要な感じ方だ。では、とりあえず、6〜50 人でいいかな。随分と幅があるが。

> 答えを多く求めすぎない。トータルして豊富に出ればよいと、序盤は腹を括る。どんどん進もうとすれば、意欲の高まった子どもは発言を挟もうとし始める。

あ！

何？

男もいる！

ほう！

> せっかく勢いがついてきたので、ここで深入りしない。

（ここで深入りせずに次の曲をかける。『**この道 (女声二部・重唱) = 1 番はソロ**』……かけると同時に反応がある）

> 言葉はよくないが、今ここでそれを注意すると終わってしまう。後日「女声」という用語に置き換えて教えればよい。

あ、女だ。

（＝**２番に入ると重唱**になる）

増えた！

何が増えた？

人数が、２人に！

どうして２人と分かる？

ズレ。

ズレてはいないでしょう？　ぴったり合わせて歌っているもの。

いいたいことは分かるが、説明できないもどかしさを感じさせることで、どうにか表現しようという意欲が高まる。

いや、なんちゅーか、広がっちゃうからさー。

広がる？

音の幅とか。上と下に広がって、間にいないから２人さ。

２人ずつ上と下だったら？

いや、上の音は１人で、下の音も１人だよ。１人にしか聞こえない。

なぜ？

ううん……上手くいえないなあ……。

（すぐに次へと進む。『**この道（混声四部合唱）**』かける。……かかると同時に反応）

対話が止まってしまうことのないように。

もっと広がった！

……ところで楽しそうな感じかな？

いや。

なぜ？

なんとなく……。

「広がる」の感覚は既に教室中で共有されているため、いい換え等にはこだわらず、他の視点への転換を促す。

——ここまでの４曲で 10 分強。テンポよく流してきた。ここからじっくりになるだろうか。

（**『待ちぼうけ（男声）』**をかけようとする仕草をゆっくり見せる）

次の？ 早くかけて！

（聴くと同時に）

CDを聴く、という“規律”が定着したことを確認してみた。教師の動作に注目しているとしたら、ここからは“聴ける”のである。

男だ！ この歌、面白い！

なぜ面白い？

ウサギが転がった、とか言ってる。

木の根っこにぶつかったって？

男が？

次のを聴こう。

いや、もう１回聞きたい！ もう１回かけて！

（せがまれる）

この段階に及んで、歌詞も聴こうという態度に変わってきている。こうなれば、聴く姿勢はでき上がっているといえよう。チャンス到来。……さらにその姿勢を揺さぶる。

いやあ、ケチ！

（全員がステレオに注目している）

しかし、次の広がりを期待して進む

（『**待ちぼうけ（混声四部合唱）**』をかける）

どんな様子が思い浮かぶ？

（元気よく様々な答えを口々に言っている）

・木の根っこと転がったウサギと、おじさん。

・待ち構えているおじさん。

・50 人くらいの合唱団。

・面白そうな顔や、びっくりした顔をして歌っている。

・最初元気なのに、だんだんとおとなしくなってくる。

もはや、様々な観点（歌詞の内容や楽曲の構成、合唱団の様子等）を自分なりに持って“聴く”態度へ変化している。
※これが授業規律として定着していけば、一問多答の豊かな授業に発展していくことになる。

――最後の２曲で 20 分強。聴き込んでいく姿勢に、時間的な面でも変化が表れたのが見て取れよう。

（去り際に）

もっと聴きたかったな～。

今度、いつやるの？

♪待ちぼ～け～。

こうして子どもたちは、しっとり聴き込む音楽鑑賞授業の世界へと足を踏み入れる準備ができてきた。しかし、まだ、それは準備にすぎない。

また、音楽鑑賞の学習指導過程の類型と適用[23]について、少し触れておきます。

「○○に注意して聴きましょう（→後述【B】）」という指示が極めてその典型を示すのですが、教師が示した聴取のポイント（楽曲の構成や使用されている楽器、特徴的な旋律（メロディー）の反復（くりかえし）等）に沿って聴かせるという授業法が一般に行われます。教育雑誌や研究会・講習会等で紹介される実践例には、この形が多く見られます。一方、「どんな気分？（→後述【A】）」ということを問いかけるような自由な実践も多く行われています。その大きく分けて２通りの形態を「音楽を聴き味わう活動を【A】」「味わうための能力を高める活動を【B】」とすると、「【A】のみの活動」「【B】のみの活動」「【B】→【A】の活動」「【A】→【B】の活動」「【B】→【A】→【B】」のような、様々なものが想定できます。しかし、これらのいずれも、効果を上げる場合と、成立さえしない場合とがあります。

それは、「関心・意欲・態度」（主体的に学習に取り組む態度）という観点から見て、「聴く態勢が整っているか否か」との関係が鍵となります。「ベートーベンに興味がある」「音楽鑑賞が大好き」といった「関心」「意欲」に満ちていたり、日ごろから話を聴く態度がよい、厳しい先生でピシっとした学級（これは必ずしも主体的であるとはいえませんが）等、何らかの形で「関心・意欲・態度」を満たす状況があるならば、先述の【A】から導入すると効果を上げる傾向があります。一方、それらの状況にないならば、【B】から導入して、知識等を得ることにより、「関心・意欲・態度」につなげていくということを目指していくことになります。先掲の例は、やり取りの中から、徐々に【B】的なことを紡ぎ出し、【A】的なことにつないでいく意図をもった展開です。

【A】から導入する場合、「この曲を聴いて、お話をつくってみよう」とか「どんなときに聴きたい曲かな」「どんな様子が思い浮かぶかな」ということを、一緒に考えながら聴きます。

【B】の場合は、「シンバルの音に注目してみようか」とか「同じふしが何回出てくるかな」「○○を表した部分はどこだろう」と提示して、一緒に反応しながら聴きます。その上で、「印象」と「そう聴こえる原因」の関係性を一緒に考えていきます。

【A】【B】いずれから導入した場合も、これらを関連づけること（聴き取ったことと感じ取ったこと（知覚と感受）を結びつける）が重要で、どちらも含んだものにすることを忘れないようにしたいところです。

1-5　教科とは――音楽という教科

ここで、一体「教科」(国語とか算数・数学、といったイメージがあろうかと思います)はどんなものであるか、「教科」とは何かということを考えたとき、「今日まで、総合の時間の解説も含め、この教科等の構成の在り方なり、教科の性格について頭からとりあげた論文なり書物はなかった」[24]との指摘(平成25年当時)から、「教科」について整理しておくことにします。

各教科、また、その系統性というものは、各教科の専門家や大学で学問研究をしている該当教科の専門家に関したことであって、わが国における問題解決学習か系統学習かの論争も「アメリカが宇宙競争でソ連に負けたのは、アメリカの科学技術が負けたからであり、これを立て直すには学校時代のできるだけ早い段階から大学で一線級が取り組んでいる科学技術(=教科)を教え―学ぶ必要があるといった認識である。一刻も早く生活適応主義―経験主義教育を改めるべきであるというのが教科書編纂の基本方針だった」[25]という事情によることです。その上で、「宇宙競争の負けなり、つけを、あるいは知識の日進月歩の要因を、もっぱら子どもに回すというのはどうであろうか。“なぜ、子どもが”、であろうか。子どもが自らの生活を犠牲にしてまでなぜ大人の言うことを聞かねばならないのだろうか。学校にはそれなりの教育の目標なり、目指す子ども像がある。それらから学ぶべき内容を導き出して、どうして問題があるのだろうか。子どもは子どもとして尊重されるべきであろう」[26] という主張があります。

一方、終戦後間もない昭和22年の学習指導要領では、「目標に達するためには、多面的な内容をもった指導がなされなくてはならない。この内容をその性質によって分類し、それで幾つかのまとまりを作ったものが教科である。このまとめ方にはいろいろな立場があるので、教科といっても、そのたて方にはいろいろあるわけである」[27] といった教科観に立っていました。

これらのことを踏まえると、「わが国で“教科”というとき、その見方には大きく二つの見方が提出されてきたといえよう。一つは戦後の新教育の影響を強く受け、このもとで教育の目標を達成するための経験の組織が教科であるといった児童中心の見方を提出したような教科観であり、他は、むしろ大学で行われている学問研究なり科学研究に範を求め、これを高等学校→中学校→小学校に下ろしてくることこそ大事だとする大人中心の教科観である。子ども中心か大人中心かによって“教科”の見方なり在り方は大きく変わってくる」[28] といえるわけです。

しかし、我々の普通の感覚としては、例えば、歴史に関することは社会科で、生物に関することは理科で……という具合に、その内容によって教科が成立している（大学で行われている学問研究なり科学研究に範を求めたもの）ということではないでしょうか。今を生きている我々は、過去に学び、それが将来の準備になるということから、例えば歴史が過去のことを扱う研究のように思えても、その出発点はあくまでも現在の何かの問題解決を目指すものといえます。ところが、「従来はどちらかといえば内容の“過去性”が重視されてきたのではないだろうか。あるいは、既に研究され蓄積されてきた結論としての知識（広くは文化遺産）が重視されてきたのではないだろうか」[29]という指摘のようであって、「子どもはそれらの内容を過去のものとして、自分とは関係のない、あるいは薄いものとして、それらを次から次へと暗記していく。そしてその結果はといえば、ゆとりのない学校生活、生活と学校との二重生活、知識と行動の乖離等」[30]につながっていくことになるのです。近年になって、ある歴史上の出来事の年代が修正されたこともあるようですが、そのことによって、「今」の何がどう変わったでしょうか。深い学びとせずに、もしも単純に、先述のような「自分とは関係のない、あるいは薄いものとして、それらを次から次へと暗記」して、そして「生活と学校との二重生活」や「知識と行動の乖離」等が起きているとしたら、どうでしょうか。

「教科」の学習には、そのようなことが起きていると考えられ、学校教育の内容は、「科学・学問を基礎にするといわれながら、現実にはそこで創造された“結論や結果”が一面的に重視され、このため、子どもはそれらを覚え、記憶する以外に手がなくなることになる。（中略）今日の学校教育においては（中略）、知識の学習と知識の使用との乖離（学んだ知識が使えない）、学校と生活との遊離等が進行」[31]していることになります。これでも、お勉強することの意味が実感できるでしょうか。

そうした背景にあって、学習指導要領の改訂は、従来は改訂に向けての作業開始当初から各教科等別の部会に分かれて改訂に向けての作業が進められる[32]ところが、第９次の学習指導要領改訂では、従来と異なり、教科等別の部会は当初からは立ち上げられずに、ほぼ10か月の間、教育課程企画特別部会という部会で、子どもたちに育成を目指す資質・能力について検討がされました[33]。「学習する子供たちの視点に立ち」[34]、「はじめに在来の『教科ありき』ではなく、また『内容』の習得それ自体が教育の最終目標でもないことを言明した点にこれまでにない新しさ」[35]があったのです。

そのことを踏まえるならば、なおさら資質・能力を育むことに音楽科も寄与しなくてはいけないといえます。音楽を何かの目的で利用するのではなく、音楽は音楽のためにやるのだ（それならば個人内の作用となり、やりたい人が町の音楽教室に行けばいいではないかとなり、趣味と同じということになり）、音楽をやっていれば、自然に心も育つ、という在り方[36]に漠然と寄りかかり切ったり、音楽をすれば心が豊かに・美しくなると漠然と思ったりしているのではなく（〈1-2〉において【表1】を交えて述べた通り、音楽の授業自体が十分に行われるとはいえない状況になる）、学校におけるお勉強であるということを明確に考慮するということです。このことに関しては、とても楽しく豊かな音楽の授業を第一線で実践されている先生の「音楽に接するだけで心が十分に育つなら、学校でわざわざ教科として存在する価値はないのではないか」[37]という明確な主張も見られます。

高校受験を控えた中学生向けの学習支援サイトには、「実技教科は『副教科』ともいわれます。『副』なんていう字がついていると、何だかほかの５教科（筆者注：国語・英語・社会・数学・理科）の方が大事な気がしてしまいます」という表現に続き、高校入試における「内申点」に影響を及ぼすことから、「あなどってはいけません」と書かれています[38]。このことから、音楽科が教育現場において必ずしも重視されていない可能性があることが推察されます。

次の章からは、実践例に多めに取り上げながら、少しずつ具体的に述べていくことにします。

コラム　子どもの立場か学問の立場か～その混在

平成元年の（第６次）学習指導要領では小学校低学年の理科と社会科が廃止され生活科が設置されました。ここには、小学校低学年の児童が発達段階的には思考や感情が未分化の段階にあることから、総合的な学びとして導入されたという経緯があります。成長とともに分化していく形で、上級学校に進むにしたがって内容も専門的に分かれていきます。

一方、音楽科の学習指導要領（第９次）上において、小学校では、各学年の〔共通事項〕に示す「音楽を形づくっている要素」について、「ア　音楽を特徴付けている要素」と「イ　音楽の仕組み」が分けられているのに対して、中学校では、それらがまとめて書かれています。すなわち、小学校で分析的に、中学校では音楽を丸ごと総合的に指導するように読むことができます。

これらは、子どもの発達を視点にしているか、音楽の専門的な内容を視点にしているか、という違い（教育の在り方そのものが異なる）であると考えることもできます。

第２章

理論を少しずつ実践として具現化していく
――主に楽器を用いた授業を例に

2-1　必要性を感じながら技能を習得していく展開（リコーダーを用いた活動の例）

音楽が技能教科と称されることの問題点については〈1-4〉で触れた通りですが、それは能力の４つの観点（〈3-2〉等で触れます）のうちの一つを指すにすぎず、結局は、ある楽曲の演奏が目的とされ、その出来栄えで評価が決まるという、断片的な技能を向上させることに留まることになるからです。しかも、声量や声の音色等の身体的条件も影響するわけですが、それは必ずしも学習によって克服・向上できるものでなく、学校のお勉強の対象としてふさわしいとはいえません。

身体的条件等の影響で、自分ではよい出来栄えの演奏ができなかったとしても、深く味わったり他人に示唆を与えたりできる知識や、創作する思考、そして何より音楽活動への強い関心・意欲という重要な各能力を備えれば、いわば名選手でなくとも名コーチであることと同様の総合的な評価を受けられることが大切です。技能に対する苦手意識から音楽を敬遠することもなく、全人的な教育にとって重要な意義があるといえます。

学習のためには、また、様々なことを実現していくためには技能が必要です。その技能は、必要性もないのに技能訓練として独立して行うばかりでは「断片的な技能」となってしまいます。算数における割り算の学習に置き換えるならば、「○÷△」という計算問題を延々と解き続けるようなものです。実際問題、日常生活でそうした手計算を行うことはほぼなく、電卓を利用することが多いわけですから、むしろ価値はそこだけに求めるよりも、学習としてもっと豊かにすることを考慮すべきです。その際、例えば、次のような「追究型ドリル」[39]という出題方法が効果的であるといえます。

（：教師　：児童）

１÷７を計算してみよう

0.142857142……割り切れないや

では、２÷７は？

0.285714285……また割り切れないや

（黒板に並べて書いておく）

次、何て書くと思う？

３÷７！

はい、では、３÷７を解いてみよう

0.428571428……

子どもたちは、徐々に、この循環小数の数字の並び方には法

則性があるということに気づいて、次の問題の答えを予測しながら計算したり、人より速く計算して答えを出したくなったり、様々な形でどんどん計算がしたくなっていき、結果的に計算の技能も向上していきます。「次は、÷９でやってみたい」「÷13だとどうなるかな」等、何となく割り切れなそうな数にも敏感になってきます。そうした、単に計算練習の数をこなすという「積極性」だけでなく「自律性」を併せもった「主体性」が見られるようになってきます。

では、リコーダーの導入段階について、少し考えてみましょう。以下の事柄を盛り込むことを考えていきます。

- 音で自由に表現できる（音楽づくり等）ようになるために器楽（リコーダー）の技能が必要になるようにしつつ技能を高める〈3-1〉
- 主体性が育まれるようにする〈5-4-1〉、他

2-1-1　導入時の活動

リコーダーで最初に覚える音は「シ」[13] であることが多いです。これは【図 2a】でいうところの、0 番の穴（裏側）と 1 番の穴（表側の一番上の穴）を塞いで出す音です。

しかし、私は、0 番と 2 番の穴を塞ぐ「（高い）ド」から始めることがよいと考えます。理由は、多くの場合、子どもたちがリコーダーを習う直前まで使っている楽器が鍵盤ハーモニカであることが多いからです。鍵盤ハーモニカは、俗に一本指打法というような、例えば人差し指一本のみを使った弾き方でも、それなりに曲を演奏できます。つまりドのキーを押せばド、レのキーを押せばレの音が出る、指一本で音一つなのです。しかし、リコーダーは多くの場合、複数の指の組み合わせで一つの音を出す楽器です。鍵盤ハーモニカの感覚が残っている子どもは、【図 2a】のような、1 の穴も 2 も 3 も、人差し指一本で塞ごうとすることにこだわってしまい（【図 2b】参照）、最初からつまずいてしまうことがあります。そんなことはないだろうと思うのは、あくまで既に運指を知っている大人の感覚であって、リコーダーは各指の塞ぐべき穴が決まっている、ということを

⑬ 本来は音名で「B」（ビー［英語］）「H」（ハー［独語］）や「ロ」と表示すべきですが、以降も、一般的に用いられているドレミで記していきます。

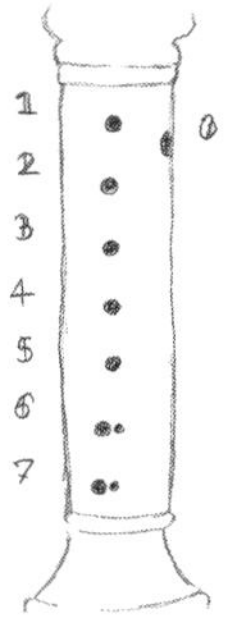

【図2a】リコーダーの指番号

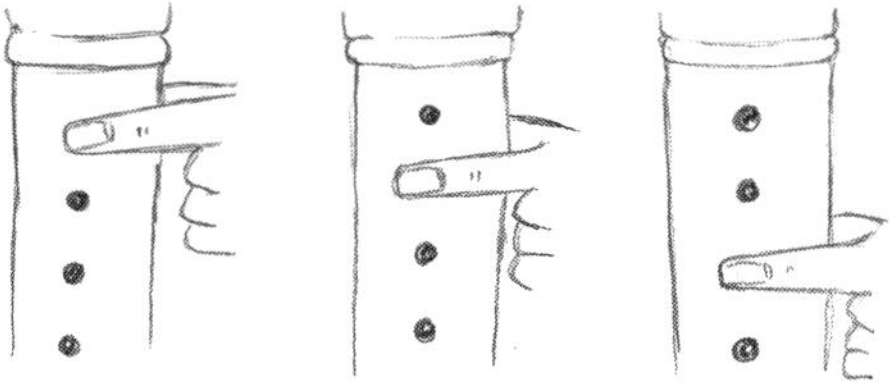

【図2b】鍵盤ハーモニカとリコーダーの指遣いの混同

基礎から子どもたちに理解・定着させるためにも「(高い) ド」から始めるとよいわけです[14]。

前置きが長くなりました。あとは以下のように、一般的に見られる指導法ですが、これを丁寧かつ着実に展開します。

先生と同じように吹いてみよう〔教師：ドー・ドー・ドー・ウン〕→〔子ども：ドー・ドー・ドー・ウン〕→

---

⑭ 穴を指で塞ぐ前に、リコーダーの手入れの仕方、そして息の様々な強さについて最初の段階で触れておくとよいです。ものすごく強い息で吹いてみる（ぴぃー!）と騒音が出ますが、「その音は、今後、曲を通常の演奏する場合には出さないように」と確認しておいたり、最も弱く吹くとどうなるか〜さっきの「ぴぃ〜!」の一歩手前までの範囲を、自由自在に吹けるようにしよう、という形で、自在に息を操作したり、好ましい音を探したりできるようにしたいところです。指を使うのは、そのあとにします。子どもたちにとって、息と指とをいきなり同時に操作するのは、とても大変なことでもあります。

〔教師：ドー・ドド・ドー・ウン〕→〔子ども：ドー・ドド・ドー・ウン〕……

先生と違うように吹いてみよう〔教師：ドー・ドド・ドー・ウン〕→〔子ども：ドー・ドー・ドー・ウン〕→〔教師：ドド・ドド・ドー・ウン〕→〔子ども：ドー・ドー・ドド・ウン〕……

今やったのを、速くしてみるよ！……

続いて、「(高い) ド」と「(高い) レ」の２音で行います（【図3】参照）。

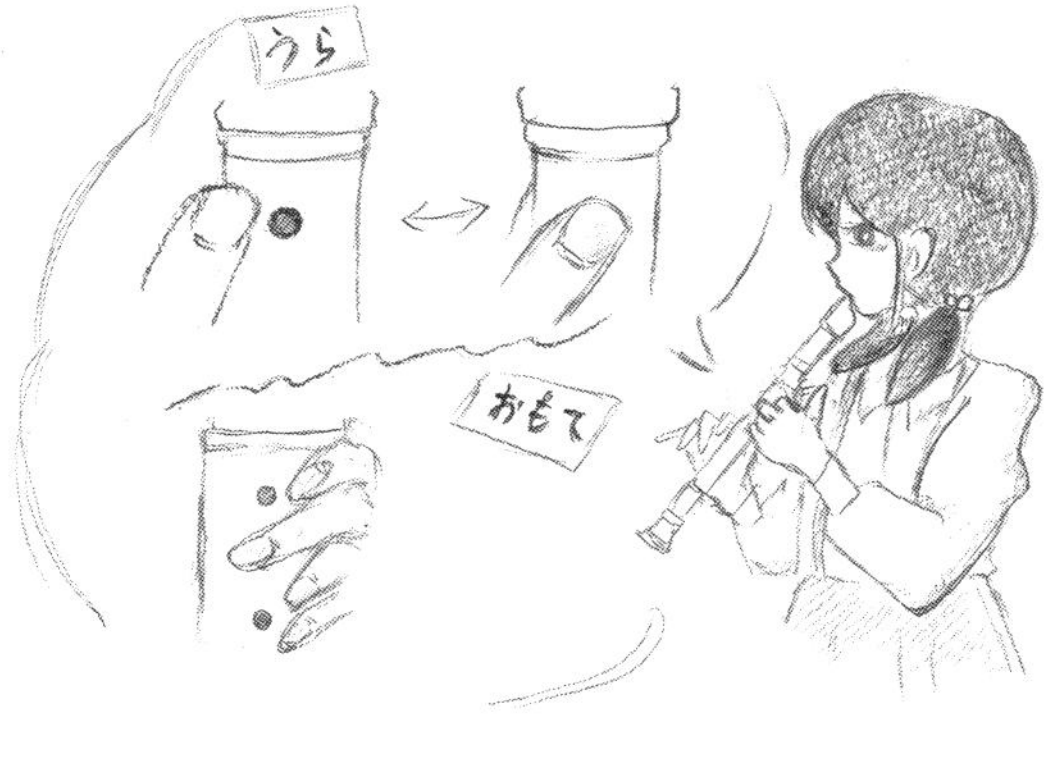

【図3】ドとレの指遣い・ドとレの2つの音で即興演奏をする様子

先生と同じように吹いてみよう〔教師：ドー・レー・ドー・ウン〕→〔子ども：ドー・レー・ドー・ウン〕→〔教師：レー・ドド・レー・ウン〕→〔子ども：レー・ドド・レー・ウン〕……

これを、教師が後ろを向いて行えば、音を敏感に聴き取りながらの活動となりますし、子どもたちが教師の模倣をしている間に、教師は次のふしを（子どもたちが前のふしを吹いているところに重ねて）吹くと、異なったふしを頭の中に描くような力も鍛えられます。

先生と違うように吹いてみよう〔教師：ドー・ドド・レー・ウン〕→〔子ども：レー・ドー・レレ・ウン〕→〔教師：ドド・レー・ドー・ウン〕→〔子ども：ドー・ドー・レー・ウン〕……

先生が○○ちゃん、あそびましょ、とやるので、いいよ、とか、まっててねー、という具合に、ドとレを組み合わせてお返事してね〔教師：レー・ドー・レー・ウン・ドレ・レド・レー・ウン〕→〔子ども：レー・ドー・レー・ウン〕……

今やったのを、速くしてみるよ！

みんなでリレーしてみよう……

こうしたことを、次第に教師抜きで、子どもたち同士で自由に行うことも忘れないようにします。

続いて、「ラ」を追加します。その次は、「ソ」を追加します。

その次は、「ミ」です。「ファ」にしないのは、理由が二つあります。一つは、ここまでの音で五音音階ができ、「ラ」や「レ」で終われば日本の音楽のようになるからです（「ド」で終わると日本というよりスコットランドのようになります）。もう一つは、「ファ」の音が、学校によって、イギリス式（バロック）を使用している場合は指遣いが難しいためです。

このように、スリルを感じながら、みんなと即興でふしを演奏する（これは音楽づくりの初歩でもあります）、あるいは応答するためにリコーダーの指遣いが身に付いていくことになります。

また、しばしば見られる、できている子は飽きてしまう、苦手な子は諦めてしまう、ということも発生しづらくなります。先の例のように、音を徐々に増やしていったときに、くじけそうになった子どもがいれば、随時「ここまで○個の音を覚えたね。今から、リレーをするけれど、○個以内の音でやるよ」という形にすれば、まずは自分のできる音を選んで参加すること（自らの学習を調整）ができるわけです。

ふしづくり（思考）の活動のために技能が必要となり、それはその活動を行うために、短期で身に付けるということになるという事例について述べました。

2-1-2　運指（指遣い）を探る

半音等の運指（指遣い）も、いきなり教えるのは、もったいないといえます。

例えば、いきなり「シｂ（シのフラット。またはラ#）の指遣いを覚えよう」といわれても、必要性を感じません。シｂ（ラ#）の現われる曲の演奏に取りかかる前とか、単に楽しむためにリコーダーでどんな音が出せるか実験するあそび等の状況下で、「シとラの間の音」を出す必要性が生じてから行います。

しかも、「どうやったらシとラの間の音を出せるかな。つくってみよう！」（【図4a】参照）と投げかけて、運指という知識・技能さえ、みんなで考えながら獲得していくようにします（思考の結果に得られるのが知識であり技能という在り方です。方法を突き止めて、音が出せれば技能、その方法を言語で説明できれば知識です）。「ドから２オクターブ上のドまでのすべての音を見つけよう（つくって

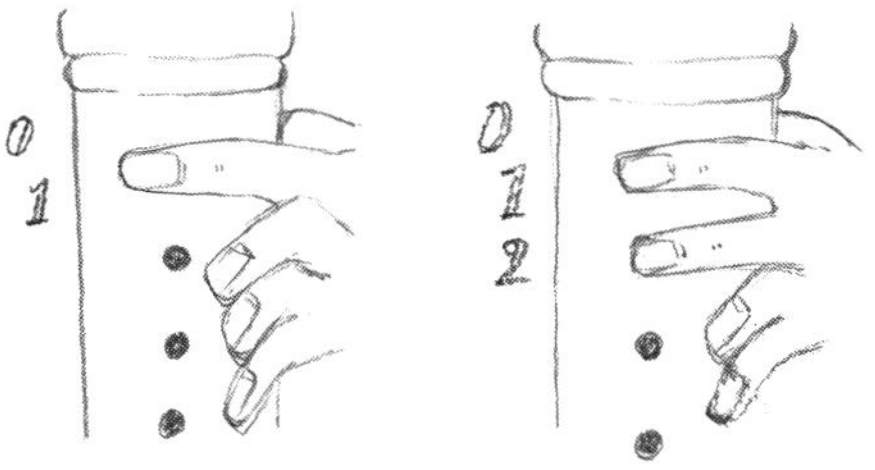

【図4a】シとラの間の音を探そう

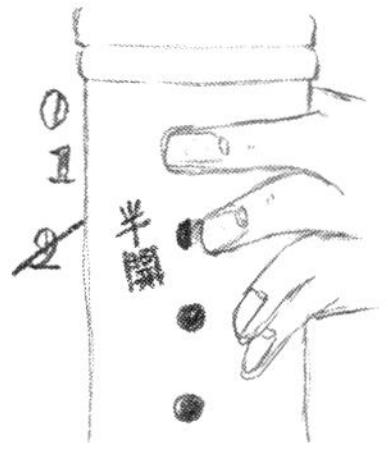

【図4b】0・1.5 !!

みよう)」と投げかけるのもよいです。

子どもたちは様々に試行錯誤して、次のような方法を考え出しました。

「指が1《いち》と2《に》の間だから、1.5《いってんご》かな？」とつぶやいた子どもが２番の穴を半分だけ塞ぐと、確かにシb（ラ#）の音になった（【図 4b】参照）。

しかも、

「きっかり半分でなくて、1.3 とか 1.7 とかもできる！」と言って微妙な音程を楽しんだ挙句、

「２番の指をスライドしてだんだん開けていくと、ウニョーンってなる！」と、まるでスライドホイッスルのような音を出してシとラの中間のすべての音を出せるようになった。こ

のことは、ケーナ等の笛にそのまま通用することでもあり、リコーダーという特殊なものから管楽器一般へとつながる重要な子どもたち自身の発見となる。

　他にも、

「1の次の穴（2）をとばして3の穴を塞ぐと、シとラの間の音が出る！　ラとソの場合も一つとばして塞ぐと出るみたい！」（【図 5a】【図 5b】参照）

「でも、ピアノのシｂ（ラ#）の音と微妙に音がずれてるみたいな気がする」と、微妙な音程の違いにも気づいていった。さらに、それを補正するために他の穴も追加で塞ぐという発見にもつながっていった。

このような、例えば「シとラの間の音」をつくる活動を通し

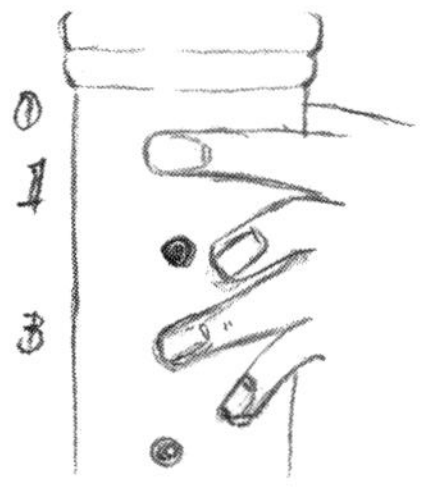

【図5a】シとラの間の音を探る

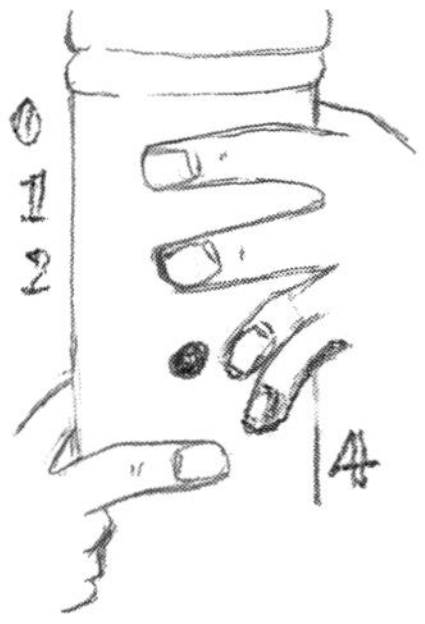

【図5b】ラとソの間の音も同じような方法で出るかな

て、「シとラの間の音はピアノの黒鍵のシｂ（ラ#）だけではない」ということに気づきます。弦楽器で奏でると、「シｂ」と「ラ#」の音程が異なることがあるといいますが、そういう敏感さや、音程に対する柔軟な捉え方も、「違いが分かる人」として育っていく上で重要であるといえます。

2-2　楽器の奏法について――教える？ 考えさせる？

〈2-1-2〉では、リコーダーの運指（指遣い）さえ、教えずに考えさせることについて述べましたが、楽器の奏法（音の出し方）について、やはり考えさせるべきか教えるべきか、ということを、改めて考えてみたいと思います。若い頃の私は、どうやって分かりやすく・楽しく、楽器の奏法を教えるか、ということに腐心していました。ひたすら工夫に明け暮れたものでしたが、それは「教える」という範囲を出ないものでした。

ここでは、シンバルの音の出し方についてみんなで考え、その経験を生かして、同じ打楽器としての手作り太鼓を用いて音色の工夫を交えた音楽づくりの活動を行います。音楽づくり（創作）のために器楽の技能を知識化しながら摑んでいくという活動です[40)]。

まず、教師がシンバルの範奏を行う（【図6a】参照）。続いて、希望して教壇に上った代表の子どもに「先生と同じ音を出してごらん」と指示し、音を出させる。その際、聴いている他の子どもは、「もっと強く」とか「角度を変えて」等の意見を述べ、教室が一体となって試行錯誤する（【図6b】参照）。

次に、曲に合わせて教師がシンバルの音を出し、曲想に合わせた奏法を探る（この展開については、後述）。

このあと、4つの班に分かれ、「思い通りの音を出せるようにする」という目標のもと、班ごとに「マリンバ」「グロッケン」「スネアドラム」「サスペンデッドシンバル」の奏法を試行錯誤して見いだす活動を行った（【図7a】～【図7d】参照）。

【図6a】教師によるシンバルの範奏

【図6b】児童によるシンバル演奏

【図7a】マリンバ

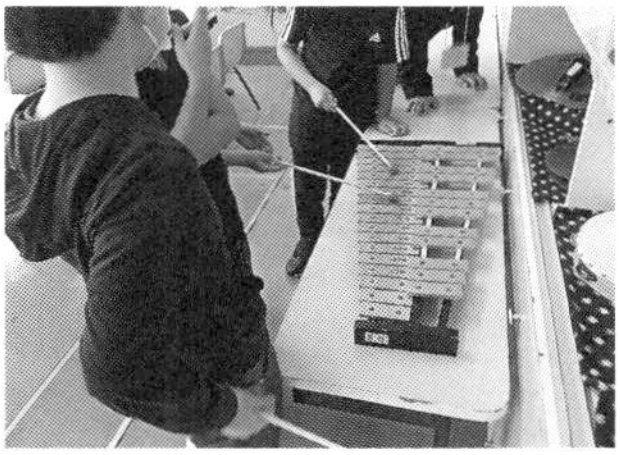

【図7b】グロッケン

【図7c】スネアドラム

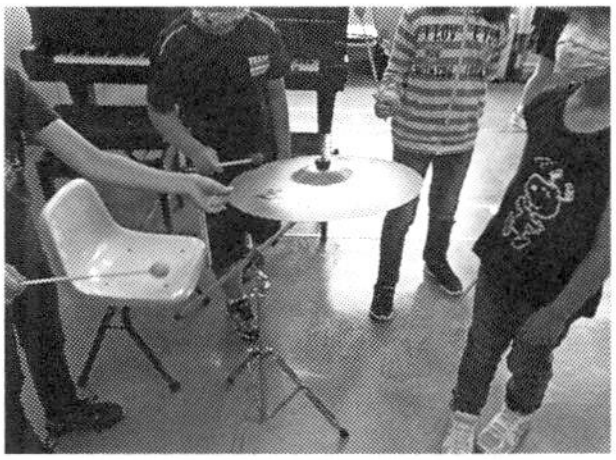

【図7d】サスペンデッドシンバル

活動後の子どもの感想には、次のようなものが見られた（原文ママ）。

「さいしょは、少しうるさかったけど、なれてくると、歌と楽器の音が合っていてすごく上手でした。」

「先生がシンバルのたたきかたが、とてもすごかったです。少しすきまをちぢめて、合わせてうでを広げると、大きな音がなって、びっくりしました。またシンバルの音をききたいです。」

「でるようになってとてもおもしろかったです。（中略）シンバルですきな音をさがすのがたのしかったです。」

「いろいろな音が１つのがっきで鳴ると教えてくれました。」

これらのことから、関心・意欲等の向上に資するということは示唆されたと考えました。一方、活動の後半（シンバルの音の出し方についてみんなで考えたあと）で、他の楽器の奏法を試行錯誤する際に、限られた時間でも学級全体で深く追究することを可能とするためには、用いる教材は全員が同じ物を持つことが望ましいと考えました。そこで、後半部分を変更して、別の学校で実践してみました[41]。

展開は、前半については先に述べた実践と同様に行い、続いて、教材として用いる楽器を、学級全員同じく手作り太鼓（塩ビパイプに布ガムテープをはったもの。【図８】参照）とした。その楽器を用いて奏法の工夫に取り組んだあと、リズム作曲の活動を行った（【図９】）。

まず「打楽器とは何か」「打楽器の望ましい奏法」等につい

【図8】手作り太鼓

【図9】リズム創作の活動

て、子どもたちと考えることから始めます。

（：教師　：児童）

先生もよくこういうところに腕をぶつけたりするんだけど、すごい痛いよね →（多数）うん。分かる →打楽器はぶつけても大丈夫なのかな？ →大丈夫！ →大丈夫じゃない →大丈夫なように作ってある →大丈夫なように作ってある？ →傷つく →傷つくって言ってる人もいるけど、みんなはどう思う？ →うーん →激しくなければいいんじゃない？ →傷つくときもあるけど、傷つかないときもある →うんと鋭いものだったら傷つくけど →鋭いものなら傷つく。鋭いもので叩いちゃだめなんだ。なるほど →だから、丸っこい

ものとか → 丸っこいもので叩くの！ → やわらかいもの → ふわふわなもの → ふわふわなものならいいんだね → ふわふわだったら音出ない → 丸くて → やわらかい → この鋭いものはだめなのね → 硬い → 硬かったら音でなくなる → 穴開く → 弾力あるからいいけど……

ここでは、教師が子どもの「ふわふわだったら音出ない」「弾力あるからいいけど……」という発言を聞き取れていませんでした。もし対応できていたら、素材についての話題をさらに広げ、複数のマレットを提示する好機であったといえるだけに、残念であるといえます。

ほうほう。じゃあ、そういう音が出るか試してみるよ。いきます → うわっ（耳を塞ぐ子がいる）→ 今、耳塞ぎがちな子がいるけど、どうして？ → うるさい → うるさくありません → うるさくない？　うるさいとだめなのかな → いや、そういうわけじゃないけど、我慢すれば → そういう楽器 → そういう楽器？　うるさいってどういうこと？ → えっと、音が大きすぎる →

いっぱい響く → 遠くまで響く → でも、音が大きいってことは賑やかだからいいんじゃない？ → うーん、いいことだけど → 大きい音が苦手な人もいるのかな → じゃあ、ここで叩いたら迷惑になっちゃうのかな → 苦手な人もいる → 叩いてほしい。取りあえず

響きと音量の違いが明確でないことが読み取れます。直前の発言から、音量についてよりも「遠くまで響くことはいいことではないのか」等、響きに関連して切り返せば、より深い学びになった可能性があると考えられます。音の「強弱」と「大小」は異なります⑮が、分かちがたく関係もしています。

続いて、先の【図6a】【図6b】に関わる、シンバルの音の出し方についてみんなで考える展開です。

（シンバルを鳴らす） → あ、こうやって、縦にやってた → 縦にやるの？　こう？（大げさに縦に叩く） → パーンって → 後ろがこうなってて……（身振り） → こう？

⑮ 例えば工事現場の解体音のような「強い」音を録音して、ステレオでボリュームを下げて再生すると、強い音が小さく聞こえることになります。針を落としたような小さな音を大音量で再生すれば、弱い音が大きく聞こえます。

（の身振りのとおり叩く）→ うーん、なんかさっきと違う → そんな感じかなあ → ちょっと斜めに → ちょっと斜めにして？（斜めに構える）→ 近づけて → 擦る感じ → 擦る感じ？（大げさに擦って叩く）→ 違う！ → もうちょっと速く！ → もっと速く！ → もっと速く？（速くして叩く）→ おー！（拍手）→ おー！　なるほどね。速く擦るんだ → 難しいなあ（シンバルを持ち始める）

実演してくれる子どもが助言どおりに角度等を少しずつ変えながら試すことを想定していましたが、子どもの体力的な条件から、楽器を持ち続けることが困難であると判断し、教師が子どもの意見を反映して実演することとしました。その上で、シンバルの演奏を継続すると、次のような対話が展開されました。

あれ、みんなさっき、『うるさい』っていってたのに、今は『いい音』がするっていってたね。ジャーンが『いい音』なんだ → 慣れてきたんだ → 慣れてきたんだ！　そうだ → 最初はびっくりした → 最初はびっくりしたんだもんね授業開始時、すなわちシンバルを叩き始めた時点では、耳を塞ぐ子どもがいたり、大きすぎる音は苦手な子どももいることを確認したりしましたが、「大きい音＝うるさい音」という価値観から「大きくても、いい音は聴ける」というように変容してきたことが見て取れます。

（明るく元気な曲を流す）これはどういう感じだったかな →明るい曲だったから、ドーンって →明るい曲だったら強く（叩い）てもいいよね。ジャーンでやってみようかな →盛り上がっていい →じゃあいくよ（曲に合わせて叩く）どう？ →いい →音が高かった →いいと思う →いいと思った人！（大多数が手を挙げる）→えぇっ、と思った人！（何人か手を挙げる）→どうしてえぇっ、て思ったの？ →なんか、音が強すぎて →強すぎた →なんか、音楽が聴こえなくなっちゃった →音楽が聴こえなくなっちゃった！　あなたはどう思った？ →同じ →同じ。試してみようか。強すぎるって意見もあるよ →じゃあさっきより →さっきくらい？ →さっきより優しくこの対話のように、納得のいかない表情をしている子どもがいた場合は意見を聴き、大勢の意見に流されないよう配慮します。その結果、子どもはさらに丁寧に聴き取り、他者の感じ方も考慮しながら聴き取っていくようになると考えられます。

この『ぶつける』って、さっき△を付けた（後掲の板書の写真。【図 10】参照）、楽器が壊れちゃうような言葉だから、『当てる』っていう言葉を覚えとくといいね → シンバルを当てる → シンバルを当てた感じ。ぶつけるだと壊れちゃうもんね → うん → 優しい感じ。じゃあ、叩いてみます（叩く）→ ポンッ → 穏やか → みんな、どういう風に叩いたらいい？ → 優しく → 強く！ → どっちだ。優しいと強いは、一緒にできる？ → できない → なんか、ポーンって → じゃあ、強いと優しくないのか。もう一回叩いてみるよ（叩く）

この対話からは、叩き方（腕の角度、等）とニュアンス（優しく、等）が混同されたことが読み取れます。これらは分別して考えることが必要であったと考えられます。後半の演奏の活動時に、優しく叩けているものの、弱々しすぎる子どもが見られる展開になりました。両立が難しい表現については、その理由を一層掘り下げ、叩き方の違いを明確にする必要があるといえます。

みんなは、試しながら、面白い音ができたと、自分で発見してた人いたけど、それ発表してくれる人いる？　違う音出たよって（数人が手を挙げる）→ じゃあ、聴かせてもらってもいい？（一人指名）→ （コンと叩く）→ すごい、大発見だ！

教師は子どもができたことを褒めるのではなく、思考したという行為について評価することを考慮することが大切です。これは〈1-4〉〈2-1〉で述べたように、技能に偏ることを防ぐ意味でも重要です。なお、この授業の板書は【図10】の通りです。

このように、教師と子ども、または子どもと子ども同士の対話により、基本的な奏法や曲想に応じた奏法の変化の表現法を獲得していきます。「ジャーン」という、いわゆるシンバルらしい音ばかりでなく、喜劇等に活用できるような「パホン」という、いわば通常では失敗と思われるような音にも、適用できる場面があることを見いだしていくことが重要です。仮に

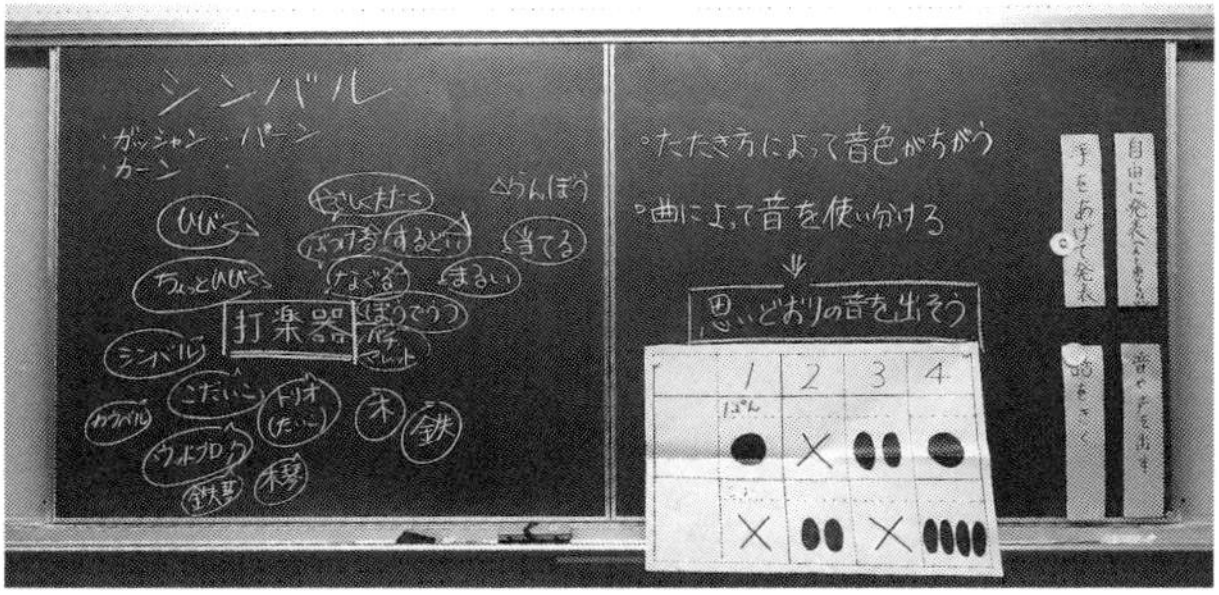

【図10】本実践の板書

「ジャーン」を正しい奏法とするならば、そればかりを追求すると「パホン」という音を間違い、あるいは下手、と見なすことになりますが、それはまさに断片的な技能に留まる捉え方であり、音そのものを豊かに感じ取ることとは異なります。正解は無数にある、間違いと思われるものにも活用法がある、という豊かな捉え方を目指すことが重要であると考えます。

なお、参考までに、この実践の結果、子どもたちの意識の変化が次ページの【表2】のように見られました。

変化の見られない子どももいましたが、先生に教えてもらうというよりも、友達と協力、さらには自分自身で工夫するという、より自律的に学習をすることができるという意識に移行し

【表2】子どもたちの意識の変化（18名）

打楽器（シンバルや太鼓など）の演奏を（①～④の当てはまるものを選択）	実践前	実践後
①先生に教えてもらったらできる	12件	→4件
②友達と協力しながらならできる	5件	→8件
③自分で工夫してできる	0件	→4件
④もっと他の楽器（鉄琴や木琴など）も工夫して演奏できる	1件	→2件

た子どもが半数以上になったことが分かります（「友達と協力しながらならできる」が増加しているのは、太鼓を叩くときにペア同士で助言し合う活動を取り入れたことも要因であることが考えられます）。

楽器の奏法は先生が教えるもの、という観念と異なった指導法ですが、特に小学校の教育現場においては、音楽を専攻したわけではない教師が多いので、自分ができなかったら・知らなかったら教えられないという消極的な在り方よりも、むしろ子どもたちと一緒に奏法を工夫してみるという姿勢で臨んだ方が教師にとっても楽しく充実感が味わえる音楽の時間になるのではないでしょうか。

第３章

音楽のお勉強は何のため
――歌唱の授業を例に

3-1　学校における音楽のお勉強は何のため

〈1-5〉で、音楽のお勉強は何のためにやるのか、ということに少し触れましたが、そうしたことは、他教科のお勉強を参照していくと、理解がしやすくなるのではないでしょうか。

例えば「楽譜に書かれている曲を演奏（歌唱・器楽）する」という活動（行為）を国語のお勉強に置き換えてみましょう。それはすなわち、「教科書に書かれていることを音読」するということと重ねることができます。さて、国語のお勉強は、教科書を読み上げるだけでよいのでしょうか。そのようなことはあり得ません。自分が伝えたいこと、訴えたいこと、さらには生きていくためにそれらを主張しなくてはならない必要に迫られる場合に、言葉を操って自由自在に話したり書いたりできる、すなわち表現できるようにしなくてはならないはずです。お手本の文章を書き写すこともあるでしょうが、それだけでよいはずはなく、表現せねばならない事柄は子ども、ひいては人それぞれによって異なります。

そう考えれば、音楽科のすべきことは、自ずと明らかになってきます。音（のレシピ）を自由自在に操って表現できるようにすること（また、そうした表現から深く読み取ることができる）が、真骨頂であるといえましょう。例えば、言葉と声やBGM等を自在に操ることが組み合わさった表現が一層効果的になることは明らかです（声のトーンを変えるだけで、言葉による発表も大きく印象が異なってくるはずです）。こうした言葉と音楽との関係[42] は密接であるといえます。このことに該当する音楽科の創作的な活動として、表現領域に掲げられている音楽づくりの分野に充てられている時間は、14.9%（担任）・14.2%（専科）という状況であるといわれ、音楽科のもつ問題の一つとして、「音楽づくり」（および「鑑賞」も）が十分に行われていないという実態があります[43]。

感染症対策として歌唱や（息を使う楽器による）器楽演奏が大幅に制限されたことにより、歌唱や器楽ばかりが主に行われている音楽の授業や活動がほとんどできなくなり、CDばかり聴かせられたという話もよく聞きますが、実は、ここに本末転倒が見られるわけです。

先の、国語の例を参照すれば明らかなように、**自分が伝えたいこと、訴えたいこと等を、音を操って自由自在に表現するために、欲しい声をどうやって得たらよいか――そこで歌唱が必要になるし、声だけで不足であれば手を叩くとか足踏みをする、それでもほしい音が得られないとなれば、道具、すなわち楽器が必要になる（この逆に、楽器で行えない表現のために声が必要に**

なることもあります）——**その様々な方法を知るために鑑賞**[16]**をする**、というわけです。こうした仕組みに気づいていくためには、各教科を分離的に見ないで、子どもたちのお勉強の仕組みや、何のためのお勉強かということを考えていくことが鍵になります。**音楽が得意な先生が、歌い方や楽器の演奏法の技能を教えてあげる、授けてあげる、ということ自体に留まることは、教育としては不十分**であるといえます。

従来、〈1-2〉で述べたように、「歌を歌えば歌唱であり、楽器を演奏すれば器楽、レコード（CD）で音楽を聴けば鑑賞、といった印象」で、それらの活動（行為）を行ってさえいれば音楽の授業が行われたような気がしていたところですが、ここまで述べたような事柄に配慮されていたといえるでしょうか。

こうした背景には、音楽科教育の歴史（明治以来、鑑賞の組み込まれる昭和16年の国民学校が始まる以前の約70年もの間は歌唱（教科名は「唱歌」）が中心で、徐々に鑑賞、そして器楽が追加されていったような経

⑯ 余談ですが、その参考としての教材として、民族音楽（世界の音楽）が大変有効です。学習指導要領等には、国際理解等の目的が書いてあります（その方が取り扱う理由が分かりやすい）が、実は、リズム・メロディ・ハーモニーという音楽の三要素を、それぞれを分けて理解しやすい教材として適している（リズムならインドネシアのケチャ、メロディならモンゴルのオルティンドー、ハーモニーなら台湾の布農族の和音唱法といった具合に）ことが指摘できます。オーケストラ等の西洋音楽は、それらが一挙に現れ、複雑に絡み合っていることから、子どもたちにとって要素を捉えることが大変です。

緯）が影響していることが分かります[44)]が、もはや、〈1-5〉で述べてきたような第９次学習指導要領に至って以降は、そろそろ脱却していかねばならないのではないかと思われます。

そう考えると、当然、歌ったり楽器を演奏したりということに留まる音楽の授業では、教育としては物足りないということであるといえますし、子どもたちにも、学校でお勉強する意味が実感されにくいということになるのではないでしょうか。

3-2　評価の観点の話
――「関心・意欲・態度」から評価の４つ（３つ）の観点

教科書に掲載されている楽曲等の範唱CDを、「聴きなさい」と言わずとも、子どもたちが「聴かせて！」と言ってくれる。さらに聴き取る力も養われる。そんな展開にするにはどんな方法があるでしょう。

こんなエピソード[45)]があります。

小さな学校の職員室で、私が漢字ドリルの丸つけをしていると、大柄な男性教師が、顔を紅潮させて音楽室から戻ってきた。

「いやあ、すごいもんだ、『とんび』、終わらないよ！」

「？　……どういう意味さ？」

彼の言葉の意味がよく分からず訊き返すと、

「軽く歌って終わりかな、と思ったら、子どもらが『もっと聴かせて！』って言って、結局また次回、続きをやることになっちゃったんだよ」

彼はとても明るく活気あふれる人物で、いつも元気な声が学校中に響き渡っている青年教師である。しかし、新卒以来10年近く、彼は音楽の授業に強く苦手意識を持ち、音楽の時間になると抜け殻のようになってしまっていた。その時間だけ、まるで別人のようになってしまうのを、私も目撃したことがある。

しかし、彼が音楽を嫌いかといえば、全くそうではなく、カラオケのあるスナック等では常にヒーロー、人気者となってしまうのであった。ダンスをしてもセンスは抜群の彼。

……実は、彼が苦手なのは、音楽教師だったのである。音楽を専攻した教師に、歌唱や器楽、鑑賞や楽典の学習についての指導法の“あまりに素人レベル”な質問をすると、返ってくる答えに彼はいつも傷ついた。

そして彼は思った。……“高級な楽しみ”は、そういう世界の人がやればいい。

——「山頂は何の支えもなく、宙に浮いているのではない。それは、地上にただ置かれているのでもない。それは際立った作動の一つとしての地球そのものである」（傍点は原文ママ）[46] とあるように、本来、生活と芸術とが連続的な存在であるはずの音楽に壁が存在しているのは紛れもない事実である⑰。壁とは、「芸術を崇高なもの、自分のような一般人とは関係ないと思う感覚」である。そして、本来は存在しないはずの壁を作ってしまう原因として挙げたいのは、双方に内在する「不完全な自己」である。

「オレ、ピアノ弾けないし、ベートーベンとかって分からないし、もう、別に知ろうとも思わないし」と、他の教科に関しては一切そういった後ろ向きの発言をしない彼が口走った。……よほど傷ついているのだろうな、と、私は悲しくなった。

「あのさ、範唱用の CD あるでしょ?」

⑰ 芸術といえば「クラシック」が思い浮かびます。「classic」は「古典」という意味で用いられることが多いですが、由来は「クラス」であり、『新英和中辞典』第７版（研究社、2003）を参照すると、最初に「一流の、最高水準の、古典的な」と記されています。「最高クラスの」とか「一流の」という気配を帯びるのは自然なことかもしれません。

「もちろんありますよ、あれがないと、俺ピアノ弾けないから」と、彼はCDを手に苦笑いした。

「それ一つで、熱中するし、力もつく授業ができるぞ。何より、子どもの姿勢が変わる」

子どもは、聴きたいと思わなければ聴かない、ということに着目して行われた、彼の授業の情景[47]は次の通りである。

- 教科書を閉じたまま、いきなり『とんび』の範唱CDをかける（不意討ち）
- 聴き終わったあと、「『とんび』の歌の中で、とんびは何と鳴いていたでしょうか？」と発問する
- 子どもたちは戸惑い、口々に「ピーピロロロー?」「ヒードロー?」と、当てずっぽうな回答をする⑱
- 「歌詞も書き取ってごらん。聴いていたなら書けるでしょう？」

「えっ!?　書けないよ～」

「何？　まさか、聴いていなかったの？」

「聴いていたよー!」

---

⑱ 本来の歌詞は「ピンヨロー」です。俗にいう「耳コピー」ですが、私が実践したときは「フィンランド～」等、やはりかなり違った回答をする子どもが見られました。話が逸れますが、歌を教えるときには「耳コピー」のみで行うことは危険であるといえます。

「ならば書けるでしょ?」

「先生！　もう一回聴かせて!!」（もう一回CDをかける）

- 「ピンヨロ～」の部分のリズム、音程も捉えていく。その際、該当部分について、わざと外した音を混ぜてピアノで弾いて聴かせ、正しい音を探していく。その際、ドレミはいわずにリコーダーを使って音を探していく
- 既に15回は反復して『とんび』を聴いている。書き取った歌詞を確認するために教科書を開く

「あ！　まだ違うところがあった!!」

- 完成させた歌詞カードを頼りに、範唱無しのCD伴奏で『とんび』を歌う（自信をもって歌っていた）

このエピソードは、評価の観点[19]でいえば〈1-3〉で述べた[20]「関心・意欲・態度」からスタートした好例です。少し荒っぽいですが、子どもたちから「聴かせて！」と言いたくなる状況

⑲ 本書では、評価の観点を、現行の３つの観点ではなく、主に平成の時代の（知識と技能が分かれている）４つの観点で話を進めていきます。言語化されないと知識にならない一方、言葉で言い表せなくてもやってのけられることは技能であるため、それらを分けて話を進めていきます（本文中でも、そのことに触れます）。

⑳ 〈1-3〉で「『関心・意欲・態度』は学習の入り口であり、それに支えられながら調べたり、探したりするのに必要な学習能力が『思考・判断』であり、その成果として身に付けるのが『技能』であり『知識・理解』である」と掲出した、問題解決としての学習におけるサイクル。

をつくりだしています。しかも、聴取が徐々に正確になっていきますので、聴き取る技能（鑑賞における技能については、〈5-3〉で改めて触れます）も向上します。

音楽科において、評価㉑は大変に問題の多い話題[48]ですが、そのことについては折に触れて実践例も交えながら述べることにします。本書では、「評価の観点」を切り口にしてお勉強を捉えていくことで、その仕組みや方策が見えてくるということを、実践例を交えながらお話ししていきたいと思います。

なお、その際、あえて平成3・13・22年の指導要録㉒における、評価の４つの観点で述べていきます。現行の３つの観点は学校教育法に掲出されている学力の３要素に基づくものですが、それとは矛盾しません。〈1-3〉で述べた、結果として得られる知識と技能の２つ[49]を「知識・技能」という形でひとつの観点にまとめたという形です。ただし、本書では、言語化できたものを知識、言葉で説明できなくとも、「こんな感じ」と

㉑ まず、「音楽は評価できない」という言葉を本当によく聞きますので、そういうイメージが一般にもたれているものと思います。しかしそれは、例えば演奏や作品についての「出来栄え」や、曲を聴いて感じ取った感想等に対することであって、そのことと「お勉強の様子」を評価することとを混同することから起こるイメージであるといえます。

㉒ 指導要録は、学校に備え付けておく、いわば成績等の原簿のようなものです。児童生徒の学籍に関わることや、学習状況等の記録を記録していき、児童生徒理解を深めて指導に役立てます。

いう具合にやってのけられれば技能と分別します㉓。

評価の観点について、変遷を確認しておきます。『絶対評価とルーブリックの理論と実際』[50] には、昭和 55 年までの指導要録の評価の観点が「内容分析的観点（→教える側の立場から見る）」であったのに対し、平成３年の改訂では、学習者中心の「能力分析的観点[51]（→学習者の立場から見る）」へと転換したと述べられています。これは、多くの知識を教え込むことになりがちであった教育の基調から、子どもの主体的に学ぶ力を身に付ける教育へと転換したことに伴って、評価も「学力の測定」から「学力を育てる評価」へと転換したことを意味しています。平成元年告示の学習指導要領に対応してのことで、わが国の教育は、（あまり実感がないかも知れませんが）平成の時代に入って大きく変わったということができます。特に、「知識」が最上段、「関心・意欲」が最下段に配されていたものが逆順になったのでした。こうした記載順は、教育観と関わっていると考えるこ

㉓ 言語化は、様々な立場によって、いいきることができない、という場合もありますが、実践においては、教師も子どもも、物事を曖昧なままでなく明確に認識していくことが、物事に実感や納得をもって臨む安心感につながると考えます。そのことをきっかけに、身の周りの現象を自ら定義しなおしていくような主体性につながっていけば、それこそが、深い学びであるといえるのではないでしょうか。

ともできます[52]。

平成３（1991）年３月に改訂された指導要録における「観点別学習状況」欄の評価の観点は、「自ら学ぶ意欲の育成や思考力、判断力などの育成に重点を置くことが明確になるよう配慮」して、学習活動を構成する４つの側面であり能力である「関心・意欲・態度」「思考・判断」「技能・表現」「知識・理解」の評価の４つの観点が各教科でほぼ共通に採用されるようになりました。どの教科、道徳、特別活動、総合的な学習であっても、統一的に採用すべき評価の観点です。すべては「新学力」の育成に貢献すべきことが目的とされ、学習が一個の人間の行為として統合的に捉えられるようになった[53]と考えられます。さらに、平成13年の指導要録改訂では、平成３年の指導要録の評価の４つの観点「関心・意欲・態度」「思考・判断」「技能・表現」「知識・理解」を発展させて、より統一的に各教科の４つの観点がつくられました。

これらのような評価の４つの観点は、このような子どもの能力、すなわち、子どもが問題解決する能力の発達状況を捉える４つの側面であると考えられます。できるだけ分かりやすく捉えておくことが実践する上では重要であり、「やる気（→関心・意欲・態度）」「考える力（→思考・判断・表現）」「できる（→技能）」

「知っている（→知識）」と大雑把に捉えるとよいと考えます。これらの（4つの観点で表される）諸能力は、あくまで一個の人間の内にあるものと考えると、それらを【図11】のように各側面から見るという形になります（しばしば見かける「四本柱」という表現は分離的であるため総合的な発達を目指す上で好ましくないと考えます）。そして、それぞれは関連し合っていて分かちがたいものですが、子どもがどこで、何につまずいたか、ということ等を分析的に捉えて、お勉強の支援をしていく上で、分析的に見ることが効果的であるといえます。これは、評価における一大転換でした。

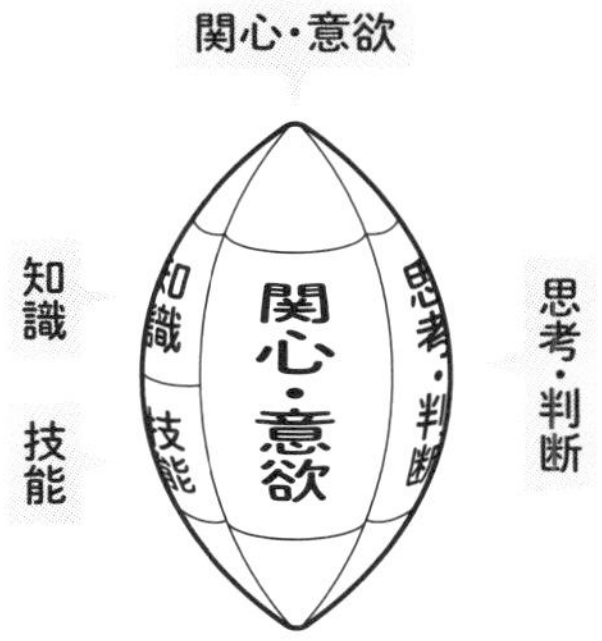

【図11】能力の４つの側面

平成22年の指導要録の改訂では、評価の観点が「関心・意欲・態度」「思考・判断・表現」「技能」「知識・理解」となりましたが、観点数は平成3・13年のものと同じ4つであり、引き続き統一的に各教科の観点がつくられていました。なお、「思考・判断」であったところが「思考・判断・表現」に、「技能・表現」であったところが「技能」になりましたが、ここでいう

「表現」は、思考・判断したことと、その内容を表現する活動とを一体的に評価することを示すもので、思考・判断したことを、記録、要約、説明、論述、討論といった言語活動等を通じて評価するもの[54]です。頭の中で考えていることは、何らかの方法で表さなければ見えないからということです。

また、「技能」については次のようになっています。「今回、『技能・表現』に替えて示す『技能』は、各教科において習得すべき技能を児童生徒が身に付けているかどうかを評価するものである。教科によって違いはあるものの、基本的には、現在の『技能・表現』で評価している内容は引き続き『技能』で評価することが適当である」といいます。したがって、例えば、音楽演奏という表現行為、つまり表現は「技能」の観点で見るということです。なお、「関心・意欲・態度」および「思考・判断・表現」は長期間かけて養われるものですが、「技能」および「知識・理解」は、その学習を成立させるためにも短期で身に付けるものです。成果を求められた教師は、「教育には時間がかかる」「音楽は成果を出すということとは馴染まない」と返答することがあると思いますが、そうした際には、まず後者に関する向上が目に見えるようにして「成果」を示しつつ、長期的な視点をもって前者を育むように取り組めばよいといえます。

3-3　子どもたちと観点や目標を設定しながら進める活動 ―― いい歌とは何かを考えながら深める歌唱

学習指導案を作成するときに、評価規準をどうやって書いたらよいのだろう……と悩む先生が多いようです。そういったことも踏まえて、普段の授業をどんなふうに子どもたちとつくっていくかについて考えてみたいと思います。例えば、「『ふるさと』[24]という歌を、聴いた人に『いい歌だね！』といってもらえるように歌う」というテーマで活動を開始したとします。

（：教師　：児童）

さて、どんなふうに歌えば、『いい歌』なのかな？

いい歌、って、上手に歌ってるってこと？

それも含まれるかな。（→子どもたち、頷く）では、上手の条件って、何？

音を外さないってこと。

よし、では、今日の段階は、どうだったら、合格にする？

１回も音を外さなかったら最高のＡ。

㉔ 高野辰之作詞・岡野貞一作曲（文部省唱歌）『ふるさと』。

今日は、何回以上外したらCにする？

今日は初めてだから、取りあえず１回は大目に見る。だから、２回以上がC。

みんな、それでいい？（→子どもたち、頷く）。ところで、音を外すって、どれくらいずれたら外れたってことになるの？

きちんとぴったりだったら理想だけど、今日のところは、初めてだから、取りあえず隣の音（筆者注：鍵盤における隣の音）までずれたらアウトでどうかな……

このやりとりで、まず、評価規準「正確な音程で歌うことができる」ということが見いだされていることが分かります（評価規準は目的概念ですから、語尾は「～できる」（知識については「～理解する」）とすべきです）。さらに、その達成度（どれだけ実現したか）を測る評価基準を伴わせていることが分かります。近年、評価規準のみが学習指導案に書かれる傾向が強いですが、評価基準なしに評価をすることは不可能です。評価とは「○○であったらよい（よくない）」と価値付けを行うことだからです[25]。さらに、

㉕ 判断は合否の２段階や５段階評価、10段階等々様々可能ですが、ABCの３段階にすることが多いです。その判断において、例えば「A= 音を１回も外さないで吹いてい

子どもたちと先生が一緒になって目標を立て、合意の上で活動に臨むことになります。(教師が設定する場合であっても、子どもたちにきちんと開示してから活動を開始することが重要です)。

さて、それに基づいて練習し、歌ってみたところ、「A」評価になったとしましょう。そこですかさず、「すごいなぁ、みんな。もう、完璧に『いい歌』歌えるようになっちゃったね!」と投げかけたなら、きっと、このような言葉が返ってくるでしょう。

——「先生。音を外さないだけで、いい歌とはいえないよ」

る（吹いた)」「B= 音を 1～2 回外して吹いている（吹いた)」「C= 音を３回以上外して吹いている（吹いた)」というように、できるだけ数値化して（それが不可能な場合は状態を具体的に設定する）書きます。どんな状態だったらよいのか、ということですから、評価基準は、本来的には語尾が「～している」「～した」となります。こうして、「評価」すなわち「価値付け」の根拠を明確に設定し、子どもたちと共有しておくこと（理想としては一緒に設定すること）が重要です。そのことで、その評価の仕方が「妥当であるか」「信頼性があるか」「客観性があるか」が決まるからです。「質」という言葉は決して用いないことが重要です。「質」は「量」で表現することが可能です（様々な観点の集合体、スペックが「質」であるといえます)。何となく曖昧な「質」という言葉に逃げると、子どもたちは「先生の好みで評価している」と感じることになります。なお、「B 水準のみ決めておけばよい」というのは望ましくないと考えます。例えば、ピアノを習っている、というだけで苦手なお友達のミニ先生になるようなことは、特権階級を設けるようなことになるため避けなくてはなりません（固定化されたミニ先生は、学級内に差別を生む可能性を孕みます)。ABC の３段階というのは、語弊を恐れずにいうならば、「B= 自他ともに特に困らない」状態、「C= 自他ともに不自由を感じる」状態（例：合奏等)、とするならば、「A= 掲げた目標を完全にクリアし、他人にも教えてあげられる水準」を一つの目安とすることができます。実際上、教師一人で 40 人の子どもに対する細かい実技指導は極めて難しいですから、努力によって誰もがミニ先生になれるという仕組みの構築にも役立ちます。

こうして、では、さらにどうだったらよいのか、何をすればいいのか、ということが見いだされてくるようになるわけです。ブレス（呼吸）、強弱の付け方、声の出し方等々、様々な項目（すなわち評価規準）が提案されてきます。それらに徐々に取り組んでいけばよいわけです。最初はたったの一つだった、それも誰でも気づくような「音を外さない」というレベルの目標（評価規準）だったものが、段々と気づきにくい、すなわち「深い」内容へと進んでいくことになります。「いい歌」という極めて抽象的な発問・指示であったために、そこに含まれるのが前述のような技能面のみでなく、徐々に楽曲の内面にも広がっていくことになります。

より上手に歌うばかりでなく、その歌を「いい歌」と聴衆が感じるようにしようという姿勢が見られるようになってきます。主役が歌い手から歌そのものにシフトしていくようなことがあれば、まさに深い学びであるといえます。

繰り返しになりますが、とにかく初めは一つの観点からスタートし、もっとよくしようという主体性を発揮しながら次々に観点を見いだしていけばよいわけで、予め教師が多くの観点を提示してそれをすべてやらせようとしたり、設定した以外の観点については取り扱わなかったりするならば、それは教師からの文化遺産の伝達を行う授業に留まる可能性が高いと考えられます。

また、何より、目標を立てたのに達成しないで済ませる、ということがたびたび起きると、それが習慣になってしまいます。目標はただのお題目、達成しようとしまいとあまり関係ないという感覚です。合唱でも合奏でもそうですが、先生は完成形や素晴らしい演奏を知っていて、いきなり完成レベルを目指そうとするかもしれませんが、そもそも音楽にゴールはないわけですから、最低限これができていれば、取りあえず演奏として見なすことができるというところをまず達成させ、徐々にハードルを上げていく（先ほどは「深い」内容と述べましたが）在り方がよいと考えます。

このように、自ら問題を見いだし、目標を設定して、達成度をはかりながら歩んでいける在り方が「自己学習力」であって、教育の究極目標であるといえるところです。〈1-1〉で触れたこれから先のどうなるか分からない世界に、各自で対応して生き抜いていかねばならないのですから……。

さて、ここに書いたのは、技能面のみという感じでしたが、実際のところ、「いい歌」とは、それだけに留まるはずはありません。また、身体的条件によって欲しい声を十分に出せない場合もあります。実際には、マイク近くでつぶやくように歌う歌手の方がたくさんの感動を呼ぶ場合もあります。そうした幅広い視野をもつ上で、「いい歌」という抽象的な投げかけをすることが効果的であるといえます。これとも関わる方策については、〈5-4-2〉でも触れたいと思います。

3-4　表現と鑑賞の一体となったゲーム的な活動

表現と鑑賞の一体化といっても、普段、演奏とCD鑑賞は別個に行っていることが多く、ピンとこないところなのではないでしょうか。ここでは、〈5-5〉で述べる、分離している表現と鑑賞とを関連させる存在としての「知識」について、具体的に取り組むトピック的な活動を掲出します。

小学校３年生の歌唱共通教材「うさぎ」（日本古謡）を教材に、歌唱と鑑賞が同一空間で並行して行われる活動「『うさぎ』を歌うゲーム」を、「はぁって言うゲーム」のゲームルール[55]を援用して試みました（【図12】参照）。

各プレーヤーは『うさぎ』の歌を、風邪をひいているウサギ、赤ちゃんのウサギ、怒っているウサギ等の状況を反映させた歌唱法で歌い、相互にどの状況で歌うことが指示されていた

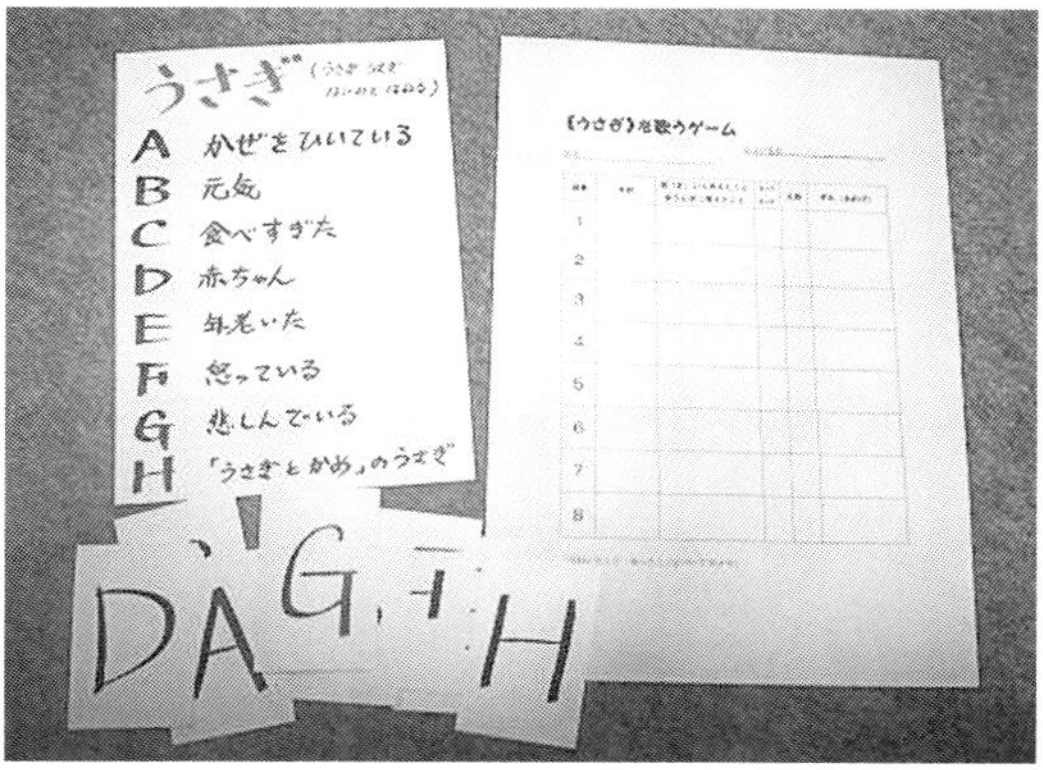

【図12】「うさぎ」を歌うゲーム
（ゲームの様子は下掲の動画で見ることができます）

「『うさぎ』を歌うゲーム（『はぁって言うゲーム』のルールを援用）」道北音楽教育研究所道北おとぼけキャラバン（https://youtu.be/ub9bPjKDvFU）

かをいい当てます。的中した場合は表現方法および読み取りが適切であったということになりますが、的中しなかった場合も、どのような表現方法が不足していたか、あるいは表現から知覚できていなかったかということを確認することが知識の拡大につながると考えます。

制作中の段階[56]で、試行した学生に、生活経験等が説明や比喩に用いられる様子が見られました。それは以下のような発言（発言ママ）から読み取ることができます。

- 「声がふるえる」＝悲しくて泣くと震える
- 「弱い（p）」＝悲しいと元気がない
- 「ゆっくり」＝悲しいとトボトボ歩く
- 「リタルダンド」＝弱ってぱたんと倒れる
- 「声色がかする・発音が固め・ふるえる」＝お年寄りにしばしば見られる声
- 「声が高い」＝赤ちゃんの声は高め
- 「スタッカート」＝赤ちゃんがチョコチョコしている
- 「発音がハッキリしないところがある」＝赤ちゃん
- 「弾むように・レガートをしない」＝元気で躍動感
- 「テンポ速め」＝元気だと動作もきびきび
- 「強めの声」＝元気だと力強い

上記を確認した上で、小学校においても実践[57]を試みたところ、同様の現象が見られました（発言ママ）。

- 「元気」＝歌うときのテンションが高かった／ノリノリだった（身体表現に関する発言）

- 「赤ちゃん」＝声が高い／声が幼い／テンポゆっくりめ
- 「年老いた」＝元気なかった／声が低かった／遅い／声がかれてた。だって、おれのばあちゃんも、水飲んで１分したらまた水飲むもん

　これらの発言からは、根拠や理由となる生活経験等を含む知識を媒介しながら表現したり聴き取ったりした様子が読み取れます。〈5-5〉で述べる知識の位置付けの有効性が示唆されたと考えられます。

　また、生活経験は個々人によって異なり、独自の思いや意図が反映されます。同時に、そうした多様な表現方法の、集団内における相互理解につながると考えられます。

　なお、歌うことを恥ずかしがる子どもが見られた際に、教師がすべて演示して、その表現に対する意見を子どもに求める方法も有効であると考えます。

第４章

考えた「理由」が知識となっていく
——音楽鑑賞・創作の授業を例に

4-1　音楽づくり（創作）をしてから鑑賞につなげることで作曲家の作品を絶対視しなくなる

　例えば、「『巨大怪獣』を音楽で表してみよう」という活動を行うとしましょう。子どもたちは鳴き声等の肉声や足踏み等の体を叩く等による音源だけでは表現しきれないことから、当然のように楽器の使用を考えていきます。

「『大太鼓』を『強く』『ゆっくり』叩く」という意見は、自然に出てくるでしょう。理由としては、「映画で観た巨大怪獣は、ゆっくり歩いていた。ずしんずしんと重たい感じで、大きく低い音がしていた」等が挙げられることが予想されます。ここでもし、次のような意見が出されたら、どんな反応が起こるでしょうか。

「笛の高い音をピロピロ鳴らす（トリルという奏法）」

　一瞬、「えっ?」という感じで教室が静まり返るかもしれません。「その音は合わないよ」という意見も出るかもしれません。しかし、笛の高い音を用いる理由として、こんなやり取りが発生したことがあります。

「だってね、巨大怪獣も、目は小さいんだよ。睨んだらピリピリするから、高い音をピロピロするの」

この発言を境に、確かに大太鼓を強くゆっくり叩くだけでは表現としては物足りない、と子どもたちが感じ、背中あたりで発生している放電（スパーク）の様子を表すトライアングルを加えたり、火を吐く様子をドラ（銅鑼）で表したりと、どんどん豊かな表現へと変容していきました。

ここでは、〔共通事項〕イ）でいえば、「音色」（大太鼓や笛、トライアングル等）が重要な視点ですが、しかし、他の「強弱」（強く）や「速度」（ゆっくり）といった要素も〈5-5〉で述べるように混然一体となって含まれています。こうしたことは、さながら、食材と調味料との関係のようなものであるといえます。「塩辛」と「大葉（シソの葉）」は、どちらをメインにしておつまみにするか、というようなことです。塩辛にシソの風味を添えて味わうか、シソの葉に塩辛で味付けして楽しむか、状況に応じてどちらもあり得るわけですから、教師が「『音色』を中心に考えなさい」等の指示を過剰に行うことは好ましいとはいえないと考えます。そうすると子どもたちは、先生の設定した「正解」を探す感じになったり、たちどころに発言しづらくなったりすることがあります。子どもたちの発言は授業の重要な資源です。一見無駄に思える大量の言葉が対話や思考の資源となって、やがてキラリと光るものが抽出されていきます。私は地元である中頓別《なかとんべつ》・浜頓別《はまとんべつ》でしばしば砂金掘りをします。そこでは、川底からどれだけたくさんの土砂を掘り集めて、それを地道に根気強く洗い流していくかが、多くの砂金を手にする秘訣であって、川底にキラリと光る砂金がいきなり見えることは奇跡以外にはないのです。

多くの場合、鑑賞の授業はレコード（CD）を聴かせた上で感想文を書かせて終えるということが多いようです。しかし、皮肉を込めていうならば、「音楽は言葉ではいい表わせない」というのであれば、「音楽を聴いて、音楽で感想を表そう！」という活動がほとんど見られないのはなぜでしょうか。

以下に、そうしたことを踏まえて、言語活動も音楽表現も組み込む形で、音楽づくり（創作）から鑑賞へと展開していく授業を掲出します（背景とする考え方は〈5-5〉で述べます）。

音楽科学習指導案㉖

小学校音楽科（教科書により）３年生または４年生
教材：サン＝サーンス『動物の謝肉祭』より「白鳥」他
趣旨：工夫を通して音楽的な表現力を身に付ける活動に楽しく本気で取り組む
単元名：音楽的な表現について学ぶ—音楽的な表現力を身に付ける

1 単元の目標

○音楽を形づくっている要素を知覚することと、それらの働きが生み出す特質や雰囲気を感受することを通して、音楽的な表現の仕組みや方法について実感的に理解したり活用したりできるようにする
- 音楽の表現方法とそれらが生み出す効果との関連について理解する（知）
- 思いや意図に適合した表現方法を活用して演奏することができる（技）
- 音楽の表現方法とそれらが生み出す効果との関連について考えることができる（思）
- 全体を構成することを念頭に音楽づくりをすることができる（思）
- 音楽的な表現力を身に付ける活動に、楽しみながら主体的に取り組むことができる（態）
- 音楽的な表現力を身に付ける活動に、楽しみながら協働的に取り組むことができる（態）

2 単元の評価規準

	知識・技能	思考・判断・表現	主体的に学習に取り組む態度
	知① 音楽の表現方法とそれらが生み出す効果との関	思① 音楽の表現方法とそれらが生み出す効果との関	態① 音楽的な表現力を身に付ける活動に、楽しみなが

㉖ 学習指導案には定型はありません。様式は自由ですから、お役所等（国立教育政策研究所等）の資料と全く同じ書き方でないものは認めないというのは、場合によっては授業をつくりにくくさせてしまう恐れがあるといえます。

評価の各観点	連について理解する 技① 思いや意図に適合した表現方法を活用して演奏することができる	連について考えることができる 思② 全体を構成することを念頭に音楽づくりをすることができる	ら主体的に取り組むことができる 態② 音楽的な表現力を身に付ける活動に、楽しみながら協働的に取り組むことができる
イメージする具体的な姿	•音楽の表現方法や音楽に関わる用語を理由をもって活用することができる	•自らが思ったり考えたりしたことを、音や言葉、図、動作等で表現することができる •音や音楽に働きかけた結果を捉え、それを評価できる •全体を構成することを念頭に音楽づくりすることができる	•自ら進んで音や音楽に関わろうとすることができる •音楽活動における目的を他者と共有し、その実現に向けて関わることができる

3 指導と評価の計画（全３時間）

(1)「●：対話により確認する内容」、「網掛け：「知識」と「思考」の関係について後述」

時間	学習活動	評価規準（評価方法）		
		知識・技能	思考・判断・表現	主体的に学習に取り組む態度
1	○音楽の表現方法と効果の関連について考える •動物「ライオン」の（消音）映像を観る •教師が明らかに間違っているような音楽表現を実演する •「変だ、という反応が多いようですね。では、みんなで、もっと映像に合う音楽を考	•知①（観察:発言／記述内容:	•思①（観察：発言）	•態①（観察:発言および反応）

	えましょう」:動物「ライオン」の（消音）映像を観ながら、実際に聞こえそうな音や雰囲気を想像し、言語化する。その際、教師と児童との対話によって豊かに言語化する（板書方法は後掲） • それを踏まえて、様々な楽器で音を出してみて、思い通りの表現ができているか否かを検討していく。密な対話によって、試行錯誤を密に行う。その際、「リズムを決める（つくる）」ことを条件とする	ワークシート） ※言語化したものを確認すると「知識」となる●		
	○音楽の表現方法と効果の関連についての知識を活用しながら音楽表現を考える •「動物を音楽で表現する活動であることは分かったと思いますが、次回、４つのグループに分かれて表現を工夫して、互いの作品を発表し合います。でも、ただ発表するのではなく、クイズにしたいと思います。クイズのやり方は、今から説明します」			
	•「今から映す２種類の動物の映像のうちの、どちらかを音楽で表します。どちらの動物か、きちんと根拠や理由をつけて、説明してください」:「白鳥（穏やか）」「小鳥（活発）」の映像を切	• 知①（観察：発言） ※前段で言語化されたものが発言されているか	• 思①（観察:発言や反応） ※前段で言語化されたものを活用して	• 態①（観察：発言および反応）

	り替えながら映しつつ、教師は「白鳥」の表現を続ける •「どちらだったと思いますか」：知覚と感受を結びつける理由について、教師と児童との対話によって豊かに言語化する •正解を知り、1名でも間違いがあった場合は、その理由（さらなる工夫の必要性）について考える •「では、次回は、それぞれのグループで、今やったのと同様に、4つの映像のうちのどれかを表す音楽をつくりましょう。きちんと4種類の動物の違いが表せるように工夫しましょう」	※言語化したものを確認すると「知識」となる●	音楽表現を捉えているか	
2 本時	○動物を音楽で表現する •「今回は、それぞれのグループで、前回やったことを参考に、4つの映像のうちのどれかを表す音楽をつくりましょう。きちんと4種類の動物の違いが表せるように工夫しましょう。なお、動物はくじ引きで決定します」 •「教室の四隅に分かれて、グループごとに表現を考えます。前回の板書も参考にしてください。だいたいできてきたら、教室中央の楽器を使って実験を繰り返してください」：教師は各グループを巡回しながら支援する	○技①（観察：演奏の様子） ※思いや意図に適合した表現方法で演奏が実現	•思①（観察：発言や反応） ※前段で言語化されたものを活用して音楽表現	•態②（観察：発言および反応／記述量：ワークシート）

	・「カメ」「ゾウ」「ウサギ」「カンガルー」の４種類の動物の映像を、グループごとにタブレットで再生しながら音楽表現を工夫し、ワークシートに記入していく。その際、「『カメ』『ゾウ』」／「『ウサギ』『カンガルー』」の類似点のある２種類の動物が隣り合わせで活動する ・おおまかにできたら、楽器を使いながら試行錯誤して完成させていく	されているか	を考えているか ○思②（記述内容：ワークシート） ※構成を考えて音楽づくりをしているか	
	○動物を音楽で表現したものについて検討し合う ・「『カメ』『ゾウ』」／「『ウサギ』『カンガルー』」の類似点のある２種類の動物を続けて演奏する			
	・まず、「カメ」と「ゾウ」の表現を行う。「今の表現は、それぞれ『カメ』『ゾウ』のどちらだったと思いますか」と「ウサギ」「カンガルー」を担当したグループに投げかけ、回答結果を板書する ・正解の理由、不正解の場合は何が不足あるいは誤解を与えたのか、原因となったかの理由の検討を行う ・続いて、「ウサギ」「カンガルー」の表現を行う。「今の表現は、それぞれ『ウサギ』『カンガルー』のどちらだったと思いますか」と「カメ」	・知①（記述内容：ワークシート） ※前回に言語化されたものが活用されているか ●	・思①（観察:発言や反応） ※ここまでで言語化されたものを活用して音楽表現を考えているか	

	と「ゾウ」を担当したグループに投げかけ、回答結果を板書する • 正解の理由、不正解の場合は何が不足あるいは誤解を与えたのか、原因となったかの理由の検討を行う •「次回は、作曲家の作品をみんなで聴いて考えてみましょう」 ○音楽表現を楽しむ • 学級全体で、一斉に演奏する。合奏「サファリパーク」	• 技①（観察：演奏の様子） ※思いや意図に適合した表現方法で演奏が実現されているか		• 態①（観察：演奏の様子）
3	○作曲家の作品について、表現方法を検討する •「今回は、作曲家の作品をみんなで聴いて考えてみましょう」 •『動物の謝肉祭』を聴き、その表現方法について検討する。各曲について、CD を聴く（1 曲あたり 90 秒程度）→意見を出し合う→楽曲に対する批評を行う、というサイクルで行う。その際、聴取と同時に動画（消音）を映示する • 扱う曲の順は以下の通り ①「ライオン」を聴きながら、	○知①（記述内容：ワークシート）● ※前回に言語化されたものが活用されているか ※意見交流の結果を	○思①（観察：発言や反応） ※ここまでで言語化されたものを活用して音楽表現を捉えているか	○態①（観察：発言および反応／記述量：ワークシート）

	表現方法について検討する ②「大きな鳥籠」（小鳥）と「白鳥」について比較検討する ③「カメ」「ゾウ」について比較検討する ④「カンガルー」「耳の長い登場人物」について比較検討する • 批評は、表現が完璧であったか、あるいは誤解が起きる可能性があるとすれば、さらにどのような表現にすればよいか等について検討する • 「『耳の長い登場人物』がウサギに聴こえないよ」という意見が出たら、「実は、耳の長い登場人物というのは、ロバのことなのです。道理でウサギに聴こえないはずですね」と話し、先入観をもとうとすることへの注意を促す ○作曲家の作品を味わう • ここまでに扱った７曲を傾聴する	記録しているか	※作曲家の作品に対しても課題点を挙げているか、または、その緻密なつくりを感じ取っているか	

○機材等の準備：

パソコンを接続したテレビ、CD『動物の謝肉祭』、ワークシート、銘々にあふれるくらいの数の手持ち楽器、大太鼓等の楽器庫にある楽器（音楽室に出しておく）

○ CD：

サンサーンス『動物の謝肉祭』より「ライオン（第１曲）」「カメ（第４曲）」「ゾウ（第５曲）」「カンガルー（第６曲）」「耳の長い登場人物（第８曲）」「大きな鳥籠（第10曲）」「白鳥（第13曲）」

○板書の基本構造[27]：

板書は、 知覚⇔感受 ではなく、 知覚—理由—感受

[27]〈5-5〉で示す板書の構造

あるいは、サウンド⇔言葉 ではなく、サウンド―理由―言葉 とする。

板書やメモの際には、児童の言葉を逐一言語化（文字）にしていく。その際、上記の内容を児童に分かりやすいように、

音（演奏）―理由―ようす（感じなど）と示す。

このように結び付けて、逐一書き取っていく。その際、これらの３つは、どの順で板書してもよいが、並び順は変えてはいけない

4 本時案（第２時／３時間配当）

(1) 本時の目標

- 音楽の表現方法とそれらが生み出す効果との関連について理解する(知)

◎思いや意図に適合した表現方法を活用して演奏することができる（技）

- 音楽の表現方法とそれらが生み出す効果との関連について考えることができる（思）

◎全体を構成することを念頭に音楽づくりをすることができる（思）

- 音楽的な表現力を身に付ける活動に、楽しみながら主体的に取り組むことができる（態）

◎音楽的な表現力を身に付ける活動に、楽しみながら協働的に取り組むことができる（態）

(2) 本時の展開

第2時	○学習活動　・児童の反応	◇留意点　☆評価
導入	○活動内容を把握する →「今回は、それぞれのグループで、前回やったことを参考に、４つの映像のうちのどれかを表す音楽をつくりましょう。きちんと４種類の動物の違いが表せるように工夫しましょう。なお、動物はくじ引きで決定します」	◇くじ引きで担当を決定する ◇教室の配置は展開部分の図の通りだが、２教室確保できる場合はカメ・ゾウとカンガルー・ウサギとで分ける
	○動物を音楽で表現する →「教室の四隅に分かれて、グループごとに表現を考えます。前回の板書も参考にしてください。だいたいでき	◇教室配置（机・イスなし） 黒板 ウサギ　　　　カメ 小さい楽器

てきたら、教室中央の楽器を使って実験を繰り返してください」

→各グループを巡回する教師の支援を受けながら活動する

→「カメ」「ゾウ」「ウサギ」「カンガルー」の４種類の動物の映像を、グループごとにタブレットで再生しながら音楽表現を工夫し、ワークシートに記入していく

- 予想される対話（実際の授業実践の記録から）

：カメとゾウの違いを一番表せる特徴ってなんだと思いますか

：大きさ

：大きさ！　なるほど。カメの歩く音は？

：ちっちゃい！

：ゾウは？

：のっしのっし、ずしんずしん

：そのゾウののっし……、ずしん……、大きさや歩く音なんかを、教室にある楽器を使うとしたら、どんな楽器だとそういう音が表現できると思うかな

：シンバル

：大太鼓

：ドラ

：ドラは長い方がいい

：ベース

：コンガ

：じゃあ、実際に叩いてもらえるかな？（以下続く）

→おおまかにできたら、楽器を使いながら試行錯誤して完成させていく

- 予想される対話（実際の授業実践の記録から）

：大太鼓とシンバル、どっちをたく

大きい楽器

カンガルー　　　　ゾウ

カメ・ゾウ／ウサギ・カンガルー、という形で、類似点のある２種類の動物を隣り合わせにする

☆◎評価規準：技①
思いや意図に適合した表現方法を活用して演奏することができる（観察：演奏の様子）

評価基準	A	常に安定して同じように音を出している
	B	出る音に時々（３割未満）ムラがある
	C	出る音に３割以上のムラがある

Ｃと判断される児童への対応：教師が横について楽器の正しい奏法を教える

☆評価規準：思①
音楽の表現方法とそれらが生み出す効果との関連について考えることができる（観察：発言や反応）

評価基準	A	自分たちの演奏の達成度について理由つきで説明している
	B	自分たちの演奏の達成度について説明している
	C	自分たちの演奏の達成度について説明していない

Ｃと判断される児童への対応：自分たちの演奏がどうだったか、対話によって確認する

☆◎評価規準：思②
全体を構成することを念頭に音楽づくりをすることができる（記述

展開

さん叩いた方がいい？
：大太鼓
：じゃあ、大太鼓２回にシンバル１回にしてみようか
：（T の合図で叩く）
：どうかな？
：いい
：今のところ、すごくいいと思います。ドラもいってみようか
：（叩く）
：（クラスメイトが様々に叩き方について発言し、そのたびにドラのCは叩き方を変える。シンバルのCも合わせて叩く）
：大きさはどうかな？もっと大きい方がいい？
：もうちょっと大きい方がいい
：これくらいがいい
：これくらいがいい？（挙手を促し、大多数がこれくらいでよいに手を挙げるまで繰り返す）では、もうちょっと大きくしよう
：（数回叩く）
：どうですか？
：いいと思います！
：それならね、カメとゾウの差がはっきりと表せるね

○動物を音楽で表現したものについて検討し合う
→カメ・ゾウ／ウサギ・カンガルーの類似点のある２種類の動物を続けて演奏する
→まず、カメとゾウの表現を行う。
→「今の表現は、それぞれカメ・ゾウの

内容：ワークシート）

評価基準	A	ワークシートの設計図に記入され、自分の工夫が２点以上含まれている
	B	ワークシートの設計図に記入され、自分の工夫が１点以上含まれている
	C	自分の工夫が書かれていない

Cと判断される児童への対応：どうしたいか、対話によって考えを引き出したり、グループの児童に当該児童の発想を訊かせる

☆◎評価規準：態②
音楽的な表現力を身に付ける活動に、楽しみながら協働的に取り組むことができる（観察：発言および反応／記述量：ワークシート）

評価基準	A	他者の担当部分も意識（目配せ・合図等）しながら演奏している
	B	自分の担当部分の演奏をしている
	C	自分の担当部分の演奏をしていない

Cと判断される児童への対応：まず他者を見て、続いて自分も演奏するように指示する

☆評価規準：思①
音楽の表現方法とそれらが生み出す効果との関連について考えることができる（観察：発言や反応）

評価基準	A	他のグループの演奏について印象と根拠を結びつける理由を指摘している
	B	他のグループの演奏について印象と根拠を結びつけている
	C	他のグループの演奏について印象か根拠のみ、また

<table>
<tr>
<td></td>
<td>どちらだったと思いますか」とウサギ・カンガルーを担当したグループに投げかけ、回答結果を板書する
→正解の理由、不正解の場合は何が不足あるいは誤解を与えたのか、原因となったかの理由の検討を行う
→続いて、ウサギ・カンガルーの表現を行う。「今の表現は、それぞれウサギ・カンガルーのどちらだったと思いますか」とカメとゾウを担当したグループに投げかけ、回答結果を板書する
→正解の理由、不正解の場合は何が不足あるいは誤解を与えたのか、原因となったかの理由の検討を行う
○次時の見通しをもつ
→「次回は、作曲家の作品を聴いて考えてみましょう」</td>
<td>
<table>
<tr><td></td><td></td><td>は両方とも把握していない</td></tr>
<tr><td colspan="3">C と判断される児童への対応：他のグループの演奏の印象と根拠を対話によって結び付けていく</td></tr>
</table>
<table>
<tr><td colspan="3">☆評価規準：知①
音楽の表現方法とそれらが生み出す効果との関連について理解する（記述内容：ワークシート）</td></tr>
<tr><td rowspan="3">評価基準</td><td>A</td><td>他のグループの演奏について根拠・理由つきで説明している</td></tr>
<tr><td>B</td><td>他のグループの演奏について根拠をもって説明している</td></tr>
<tr><td>C</td><td>他のグループの演奏について根拠をもって説明していない</td></tr>
<tr><td colspan="3">C と判断される児童への対応：他のグループの演奏の印象と根拠を対話によって結び付けていく</td></tr>
</table>
</td>
</tr>
<tr>
<td>終末</td>
<td>○音楽表現を楽しむ
• 学級全体で、一斉に演奏する。合奏「サファリパーク」</td>
<td>
<table>
<tr><td colspan="3">☆評価規準：態①
音楽的な表現力を身に付ける活動に、楽しみながら主体的に取り組むことができる（観察：演奏の様子）</td></tr>
<tr><td rowspan="3">評価基準</td><td>A</td><td>周囲に目配せしながら演奏している</td></tr>
<tr><td>B</td><td>自分の担当部分の演奏をしている</td></tr>
<tr><td>C</td><td>自分の担当部分の演奏をしていない</td></tr>
<tr><td colspan="3">C と判断される児童への対応：まず他者を見て、続いて自分も演奏するように指示する</td></tr>
</table>
</td>
</tr>
</table>

5 配慮点

- 単元を貫く課題等の設定：単元名を明確に分かりやすく意識に残るものとするため、「―音楽的な表現力を身に付ける」と明示して、しばしば意識させる。
- 児童と学習目標・評価を事前に共有する場面の設定：「評価規準・評価基準表（指導計画表中参照）」を示す。
- 節目節目に評価と重ねて設定する、音楽的な表現方法に関する知識の確認（指導計画表中「●」印）を参照しながら活動することによって、音楽表現に関する知識を形成しつつ、評価を行う際の資料を充実させる。このことは、活動中にしばしば振り返って言語化することにより、学んできたことを意識的に次の学びに生かそうとする自己評価（調整）の力を養う。音楽の表現方法と効果の関連という目に見えない世界を対話による言語化によって見える化していくことを通して思考を行う。その際「説明できる」「解釈できる」「応用できる」「複数の視点から捉える」「共感的に受け留める」「自己認識をもつ」といった理解[58)]となるよう配慮する。
- 方法：表現と鑑賞の一体化を目指した授業とする。学習指導要領における「〔共通事項〕（1）ア」に関わる趣旨の実現に向け、言語活動の際に内容として「生活経験」を伴わせることで、実感的な理解を促す。各グループが表現を考え、クイズを出し合うことで、表現力を身に付けることへの必然性をもたせ、活動への意欲を高める。
- まとめの段階について。作曲家の作品を検討し、誤解の生じる可能性について考える活動は、自分ならどのように表現するかという意見をもてることで、クラシック音楽をありがたいものとして一方的に押し付けられるような指導と一線を画すことを意図している。自ら働きかけることのできる余地を設定することを意図したものである。
- 評価表（本時案の「評価規準・評価基準表」）は、児童に分かりやすいように、提示した上で活動する。その際、すべてを掲出すると多いため、重点（◎印のついた目標と対応するもの）のみ示す。
- 音楽的な表現方法に関する知識の確認（指導計画表中「●」印）を参照しながら活動することによって、音楽表現に関する知識を形成しつつ、評価を行う際の資料を充実させる（この点については、実際の授業の記録を以下に掲出する＝例：指導計画中の「第１時」。ライオンの動画を観ながら、その様子を表す音楽をつくる対話の部分）

「ライオンを音楽で表すとしたら、どうすればよいだろう？」

「大きい」「強めの音で」「のっしのっしと歩く」「ゆっくり」「大太鼓の音色で」

「それはなぜかな？」

「大きい動物の方が小さい動物よりも足音が大きいのを動物園で聞いたことがある」「ネズミみたいに小さい動物は１秒間に何歩も足を動かすけど、映像のライオンは１秒間に１歩も動いていないから、ゆっくりなテンポで」「大きなものの方が小さなものよりも音が低いことが多いから」等
（それらを板書する）

「でも、トライアングルもいいと思うよ」

「なぜ？」「さっきまで言ってくれていたことと違う感じだよ」

「獲物を狙うときって、抜き足差し足忍び足で、大きな音はさせないかも」「草の陰から狙っている感じなので、草の細い感じの音があるといい」「緊張感みたいなのって、目覚ましみたいなピリッとした音がいい」等

以上のように言語化されたものを板書やフラッシュカードとして書き残し、以降の学習において、しばしば反復して活用していく。なお、そのカードには誰が発言したか等の印を付けておいたり、どれだけ活用したかを記録しておいたりすれば評価にも活用できると考えられる。

●「知識」と「思考」の関係について

対話が盛んに行われる場面において、「思考」「知識」の観点をまとめて見取る。

「知①（観察：発言）」と「思①（観察：発言や反応）」（この点についても、実際の授業の記録を掲出する。＝例：指導計画の当該箇所における対話の部分）

「今からこまめに交互に切り替えながら映す２種類の動物の映像（「白鳥（穏やか）」「小鳥（活発）」）のうちの、どちらかを音楽で表します。どちらの動物か、きちんと根拠や理由をつけて、説明してください」（教師は「白鳥」の音楽表現を続ける）

「どちらだったと思いますか」

「白鳥！」「白鳥！」「白鳥！」「小鳥！」「白鳥！」「白鳥！」「小鳥！」

「白鳥」が多いようですね、ではまず、なぜ白鳥と感じたのですか？

「ゆっくりだった」

「ゆっくりだと、なぜ白鳥なの？」

「ゆっくりの指揮の動きとゆったりの白鳥の動きが似ているから」「小鳥はちょこまか、パタパタ羽ばたいていて、その動きに合わせて音を出すと速い音楽になる」

「なるほど、**ゆっくり演奏―ゆっくりの指揮の動きとゆっくりの白鳥の動きが似ている―ゆったりしている白鳥**というわけですね」

「小鳥は小さくて、大きい鳥より声が高い。小さなものの方が声が高いことが多い。そういう音が入っていなかったから、白鳥」

「なるほど、高い音―小さな鳥の方が声が高いことが多い―小鳥の声ということですね」「高い音が入っていない場合は、白鳥を表した音楽である可能性が高いわけですね」

「でも、小鳥だって、ゆったりしていることもあるよ」「大きな音にすれば、小鳥ではなくなる」

「なぜ、大きな音だと、小鳥でないの？」

「小鳥の大きさだと、バサバサバサって大きな羽の音や、大きな声は、あまり出ないから」

「なるほど、大きな音―大きな鳥の方が羽の音や声が大きいことが多い―大きな鳥ということですね。白鳥と小鳥の音楽を表現し分けるには、音の大きさは決め手として活用できそうですね」


以上のような、知覚と感受を結びつける理由について、教師と児童との対話によって豊かに言語化するやり取りにおいて、音楽を聴いたり試しに演奏してみたりしながら、作業前に言語化されていなかったものを突き止めていく段階においては観点「思考」であるが、一旦言語化されたあとは観点「知識」となる。

また、知識となったあとは、それを活用することを考えたならば思考、と見てよいが、一旦それが行われたあとは知識となる。これらの分別が煩雑であると思われる場合は、一体のものとして捉えることもよいと考える。しばしば見られる誤謬、「『知識・技能』→それを活用して『思考・判断』」というのは、上記から誤りである場合があることが明らかである。こうした観点の順序性を固定的に捉えるべきではないということを確認しておきたい。なお、この時間の活動を欠席した児童が、後日、お友達に「どんなお勉強をしたの?」と訊ねた際に教わるのは、出席していた子どもたちが思考した結果であるから「知識」となる。

4-2　表現と鑑賞の一体化 ――『ブルタバ（モルダウ）』を例に

前節〈4-1〉は小学校の事例でしたが、中学校でも同様に行えます。中学校では小学校よりも「専門性の高い」難しいことを学ぶのではないか、という印象があるかもしれません。〈5-5〉で述べるように、さながらブロックの積み重ねによって学習内容が高度になっていく算数・数学とは異なり、「青くて小さいトマトの実が徐々に赤く大きく個性的な形へと育っていくようなもの」で、教材の楽曲が複雑かつ長時間、また大規模なものになるということで専門性が上昇しますが、授業方法は基本的には同様です。なお、小学校時代の環境によっては、どこまで多くの経験をしてきたかが分かりません。つまり、もう中学生だからといって、一概に十分に知識や技能が身に付いているというイメージをもつのは危険だといえます。また、複数の小学校から生徒が集まってくる中学校においては、出身校によって経験の差が大きい場合もあるといえます。

例として掲出する活動は、３時間配当（丁寧に行うためには４時間が望ましい）で、スメタナ作曲『ブルタバ』を主教材としました。題材名は「音楽における『川』の表現に挑む」とします。

表現と検討（鑑賞）→表現→鑑賞という構成として、第３次の鑑賞では、作曲家の作品であるからといって無批判に表現を受け入れるのではなく、表現に対する意見をもちながら聴くことができるようになることを目指しました。

この鑑賞教材に対し、『ブルタバ』の聴取でなく、創作の活動から導入する形で、以下のように展開しました[59)]。

予め、『ブルタバ』の構造に基づき、それを生かしつつ、生活班の数と同じ６つの場面（「二つの水源が合流し、川が本流となっていく」／「狩人が働いている森を通る川」／「農村の結婚式でダンスをしている近くを通る川」／「水の精が現われ、水面で月の光と戯れている川」／「川の水が激しく落下し、岩に激突する急流」／「雄大なゆったりとした流れの川は未来に向っていく」）に分けます。

また、生徒には『ブルタバ』の曲名や鑑賞する予定等は、一切伏せておきます。

(1)「川を音楽で表現する方法を考えよう」と投げかけ、『河は呼んでる』（水野汀子日本語詞・G. ベアール作曲）を様々に編曲することを通して、情景等に適合する表現方法について試行錯誤しながら検討し、言語化する。その際、生徒の要求に応じて、ピアノの演奏は教師が行う

⑵「川の音楽をつくろう」と投げかけ、『ブルタバ』に基づいて分けた６つの場面設定を提示して、創作の活動を行う。その際、⑴で蓄積した知識を活用しながら、情景等に適合する表現方法について試行錯誤して創作する。生徒の要求に応じ、ピアノは教師が、その他様々な楽器は各生徒が演奏する

⑶『ブルタバ』を場面ごとに分けて聴取しながら、生徒作品と作曲家の表現方法を比較検討する

⑷『ブルタバ』を一曲通して味わう

本実践の板書（【図 13】参照）および授業中の対話の様子は、以下の通りです。

（：教師　：児童）

急流は？ → 速い → まず速くて、あとどんな風にしたらいい？ → 音が低い → 音が低い。なるほど、低い音で速くするんだ。あとは？ → 適当に → 適当に、なるほどね → あの……（指さす）→ 大太鼓、大きい音鳴るやつね。あとは、→ あとあれ、（指さす）→ カバサだね（第１次）

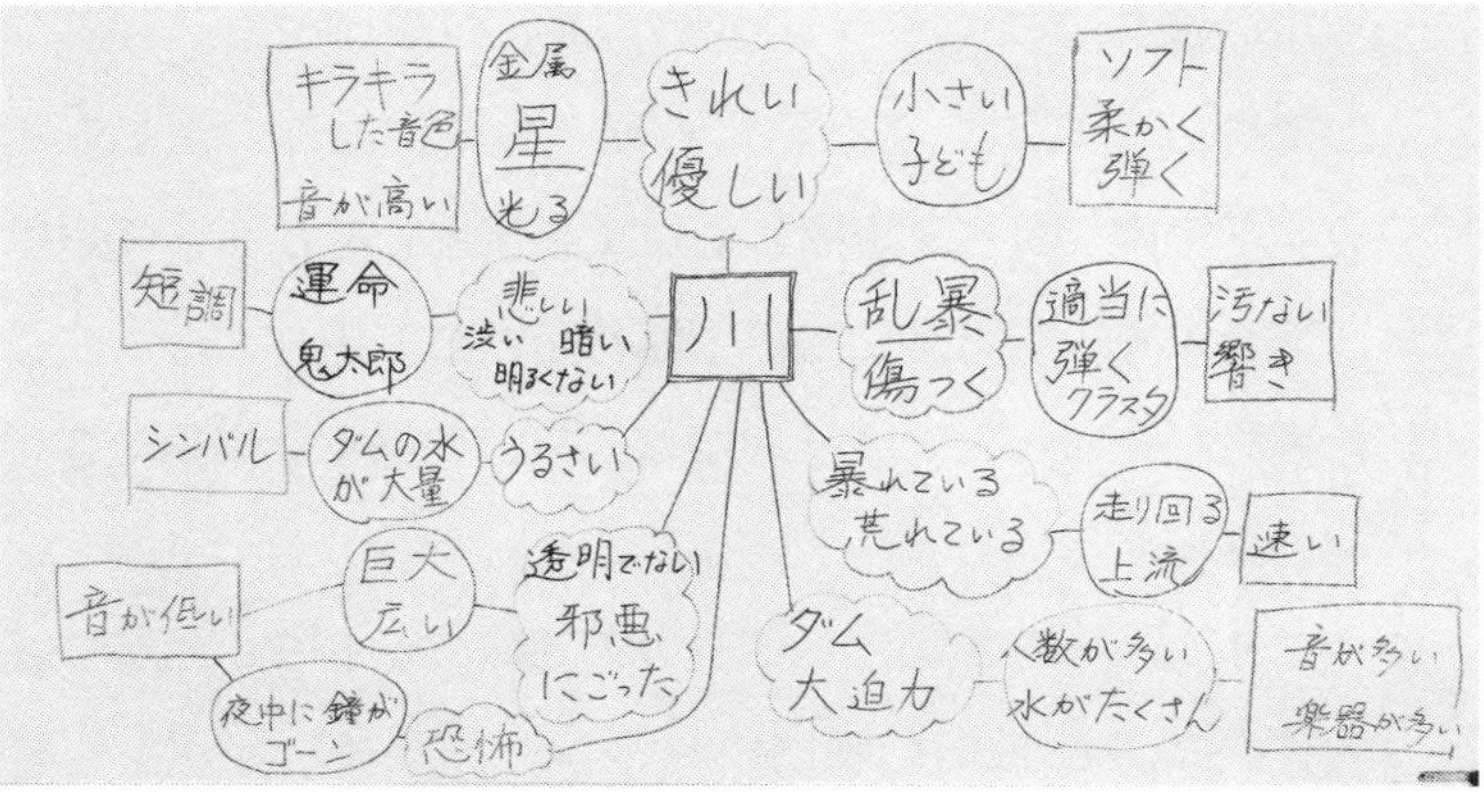

【図13】発言内容を蓄積した板書

最初のチョロチョロと細い川はどうすればいい？ → 高い音 → 高い音。あとは……ソフトにやるんだね。それだけでいい？　高い音でソフトにやれば、川の最初の方の流れになる？ → ゆっくり → ゆっくりやるのね（第1次）

音が低いってさ、この急流場面だったね、岩に激しくぶつかるような、水しぶきがビャーッとあがるような川だ。そこも、音が低いっていう意見が出てたんだけど、これはどういうことなんだろう → なんか、めっちゃ速いと濁って

る → おー → 洪水みたい → 洪水ね。災害みたいな。確かに洪水の災害って透明じゃないよね。じゃあ、この音が低いっていうのは、音が濁った透明じゃないって意味なんだ（第２次）

急流やってみようか。短調で、速くて、ちょっと適当な音が混じって、カバサと大太鼓、適当（演奏する）→ なんだか台無しにしたような気がするよ、適当な音、いる？ → （多数）いらない → もう一回やってみよう（演奏する）。やっぱりいらないって顔してる。実際に演奏してみたら、ちょっと違うのかもしれないね。では、適当な音を短調の和音にしてみます（演奏する）→ （多数）おぉ　あぁー → ありになった？ → うん → もう一回やってみるよ → おー → ありみたいだね。みんなにも手伝ってもらうよ。人手が足りないので、カバサ誰かやってくれない？→（希望する生徒が挙手）→ あとこれ、大太鼓 →（希望する生徒が挙手）→ とにかくやってみるから、みんなこうやったらいいって、どんどん言ってくださいね（演奏する）→ どう？ → 怖い → 確かに怖い感じになったよね → カバサいらないんじゃない？ → いらないことはない

→ いらないことはない。いいこと言うなあ。どういう風にしたらいいだろう。今なんかまずかったんだろうね、いらないことはないけど。もう一回やってみようか（演奏する）→ どうしたらいい？ → えーなんかやりすぎじゃない？ → やりすぎ。なるほど。どうやったらいいと思う？→（カバサ担当の生徒が実際に鳴らして提案）→ それでやってみよう。大太鼓はいい感じ？ → 大太鼓はいい感じ（第２次）

源流、チョロチョロって水が流れてくるところ。高い音で、ソフトに、ゆったりやったらいいと → あ、あれ使ったらいいと思う。金属の → 金属のなんだろう、これ？ → その奥の方（ウィンドチャイムを持ってくる）→ すごいなあ、よく発見したね。それも使うけど、ピアノどうしたらいいかな。音は高くて → 高くて、ソフトで、ゆっくり。ゆったり → こんな感じ？（演奏する）→ 高さこれくらいでいいかな→（数人うなずく）→ これくらいね → 離れてた人が近づいていく → 離れているのが近づいていく感じって → 二人で → キラキラした川の音って他に何があるんだ。２人でできて、だんだん近づいていくんだって → トライアングル → トライアングル。二

本ある（トライアングルを離れている二人に渡す）（第２次）

じゃあいくよ。これは水源かな。急流かな？（水源の音源を流す）どう？ → うーん → こっちかこっち。どうだった？ → 今のは → こっち？ こっちだと思った人（水源を指さす）→ （多数）（手を挙げる）→ こっちだと思った人（急流を指さす）→ （２名が挙手）→ 意見分かれて当然だよ。まずじゃあね、なぜこっちだと思った？（急流を指さす）→ ゲームのラスボスのときにこういうのに似てる → これ嵐の前の静けさみたいなのかもしれないな → なるほどね → ラスボス登場の感じね。あとは？ → ちょっとずつ速くなってる → 速くなってる。速かったよね → ちょっとずつっていうところがポイントかもね。じゃあ、こっちだと思った人、これが決め手だって言えるかな（水源の方を指さす）→ 音が高い → 音が高かった。確かに。それから？ → ゆったりでもなかった → ゆったりでもなかったよね、確かにね → 速かった → 速かったよね（第３次）

対話中の発言からは、生徒の発言の蓄積による板書内容が、生徒自身によって表現や鑑賞の際に活用されていることが読み取れます。

また、生徒の感想（自由記述）を分析した結果（分析表は紙幅の都合上、割愛します）、知識を介して知覚と感受が結びついたこと、知覚が高まったこと、といった音楽に関わる能力の向上や、音楽と日常の生活との結び付き、また、感動や自己肯定感の向上といった情意面における肯定的な作用が明らかになりました。

なお、感想の中には、「プロの作曲家が作った音楽のイメージと、ほぼ同じイメージを私たちが持っているのがすごいと思った」「プロの作曲家ではなくてもみんなのイメージがどんどんふくらんでいくと一つの素敵な曲ができるのがすごいと思いました」（原文ママ）というものが見られ、表現に対する意見をもちながら鑑賞したことが推察されます。

それらを総合的に見ると、全人的な力である資質・能力を育むことに資する実践方法であるといえます。

生徒が思考における言語化を経て得た知識は、ノートに板書の結果を網羅的に書き込むだけでも、活用できるデータベースとして機能を発揮すると考えられます。知識を生徒の共有財産とするための集積の方法としては、カード、事典、掲示物等、適切で効果的な形式を見いだして教具の開発を行う必要があるといえ、音楽室にも備え付けていくことが効果的であると考えます。

4-3　音楽づくり（創作）から鑑賞へ展開する活動に向けて日頃から取り入れることが可能な実践例

〈3-4〉〈4-1〉〈4-2〉で述べてきた、音楽づくり（創作）に取り組んでから楽曲の鑑賞につなげていく実践例と関連させ、普段から（毎時間）少しずつ継続的に取り組んでおくとよいと考えられる活動として、以下のようなものがあります。

(1) 拍手の仕方を考える

演奏を聴いたあと等に、拍手を送る場面を想定して行います。その際、「もっと相手に伝わる拍手について考えることができる（思考力・判断力・表現力）」「もっと相手に伝わる拍手を実際に行うことができる（知識・技能）」ということを念頭に行います[60)]。

これは、手を叩くだけの大変簡潔な活動ですが、想定する場面によって思いや意図が異なってきますから、それに合わせた音色や強弱、リズムや速度等を工夫することになりますし、姿勢や表情といった音楽そのもの以外の要素も含まれてきます。さらにスタンディングオベーションまで発展させる[61]ことによって、スポーツ観戦等にまで活用することが可能となっていきます。マナー等も併せて学習することも考慮すれば、生活や社会においても生きる知識・技能となっていきます。

(2) 詩や物語文を音楽で表すとどうなるかを少しだけ考える

人物や情景等について、言語化（ここが重要です）した上で、どのようなサウンドを設計するか考えます。その際、根拠（読解結果）と表現（〔共通事項〕イ）の表現方法）とを結び付けますが、必ず〈3-4〉〈4-1〉〈4-2〉の実践のように、「理由」を伴って結びつけるようにします。そのような経験を日頃から積んでおくと、『魔王（シューベルト）』等も、聴取前のそうした展開（歌詞の読解→サウンドの設計）を経て、複数の『魔王』（ライヒャルトやレーヴェの作品を聴いてから、最後にシューベルトの作品を）聴き、それらと自分たちの思いや意図、設計との違いを分析します。その上で批評し、最後にじっくり味わいます。

(3) 一言からイメージをふくらませたあとに鑑賞へとつなげる

例えば、何の予告もなく、いきなり、黒板の中央に「夏の思い出」と書きます。「花の街」とか「花」という形で、発想が広がりそうな題名の曲の学習に好適です。その言葉から連想されることを、どんどん生徒に発言してもらい、黒板に記していきます（【図14】は、大学生と模擬授業を行った際の板書）。その上で、それらを楽曲にしたらどのようになるか、〔共通事項〕イ）中の音色等の要素を基に、表現方法等の構想を練ります。

自分たちの「夏の思い出」の音楽の構想ができたあとで、「『夏の思い出（中田喜直作曲）』という曲があります。みなさんの考えた曲との共通点や相違点を捉えてみましょう」として、「ピアノ伴奏のみの演奏」を聴き、この曲がどのような情景等を表しているかを考えます。そのことで、伴奏のリズムや強弱の変化を精密に感じ取ります。続いて、伴奏をBGMにして歌詞を朗読し、読解も併せて行います。その上で、どのように歌いたいか歌うべきか等を考え、複数の演奏を聴いた上で、自分たちの意に沿う演奏を選びます。それらを踏まえて、最後に歌唱の練習へと進みます。

なお、これではまるで国語の授業だという印象をもたれる向きもあろうかと思います。しかし、既に触れてきたように、教科という枠組みに縛られない授業方法が重要です。例えば国語

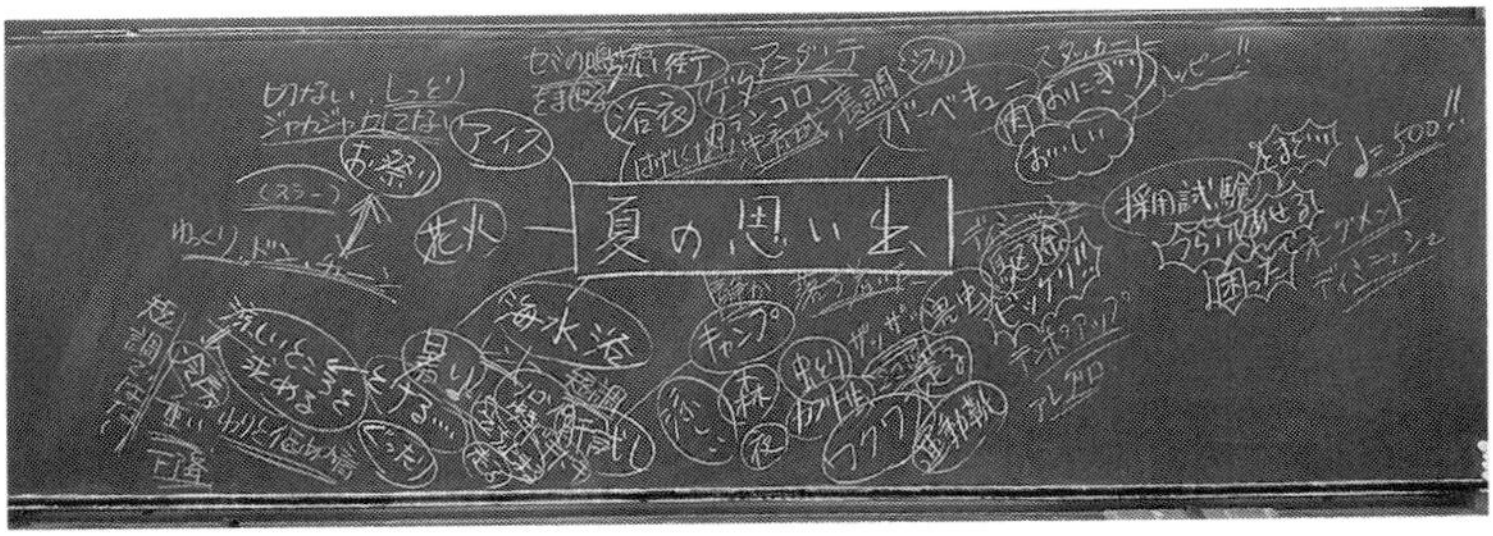

【図14】「夏の思い出」という言葉から連想されること

の授業において、映画から「読解」するという活動も、大変効果的です。映像には比喩的な表現が豊富です。映像は美術関連の教科でというのではなく、映像が示唆していることを言語化して認識していくことによって、文字のみの読解の学習を行う際にもその経験が生きてくると考えられるからです。音楽の授業においても、常にそうした意識をもっていることが大切であると考えます㉘。何せ、合唱曲等の作曲家は、歌詞を精密に読解して曲を付けていくという作業方法を取ることがあるわけですから。

㉘肩が凝るというときに、湿布薬を貼るのは整形外科的な処置であるといえますが、「もしかして胃を傷めているのでは？」と気づくことのできるような、物事を広く捉えられるような力が、これからの時代には重要であると考えています。

(4) 親しみやすい玩具の活用

「Moo 牛（モーぎゅう）」という、ユニークな人形があります（【図 15a】）。

これは、握ると「モ～」という感じで鳴き（【図 15b】）、あまり極端な変化は得られないものの、握り方で音色の変化が出せる、思わず楽しくなってしまう玩具です。それ[29]を用いて、ペアやグループで即興のリズム遊び、あるいはリズム作曲をします。

これは、例えば、『ボレロ（ラヴェル）』の鑑賞の導入にも取り入れることができます。

- 「（３拍子）♩ ♩ ♫」というリズムは最初から最後まで通す（このリズムが絶えないようにグループ内で何らかの形で工夫する。固定された人がずっと通してもよいし、交替で演奏してもよい）
- 15 分（ボレロの演奏時間とほぼ同じくらい）の長い曲をつくることに挑戦する
- 単調であるため、飽きてしまわないように工夫が必要となる

㉙ 音色に多少の変化がつけられる音の出るものであれば何でも構いません。こうした玩具にこだわらなくとも、石ころや廃物となったプラスチック容器等も十分活用することはできます。ただ、こうした楽しいデザインは、ストーリーを考える上では有効に作用します。

【図15a】 Moo牛のシリーズ[62]

【図15b】 握ると音が出る

> その際、ストーリーや構成を考えて、他の動物を入れたり、異なったリズムも重ねたりして、できるだけ長く、楽しめる曲をつくる。鳴らし方や動かし方で感情を表現したりすると楽しい

楽しく創作（音楽づくり）をしたあとで、ラヴェル作曲の『ボレロ』を鑑賞することで、作曲者の工夫の多様さと緻密さを実感することができます。

4-4　多能な展開を模索する実践

4-4-1　郷土の音楽を考える――アイヌ民族の音楽[63]

積極的に「郷土の音楽」としてアイヌ民族の音楽を捉え、そのよさを学校教育の場で伝えていきたいと考えています。しかし、子どもたちはアイヌの音楽に対して、必ずしも馴染み深いとはいえないと考えられます。そこで、まず、急激に本格的なものに触れさせる形でない方法で迫ってみることにしました。馴染み深いとはいえない音楽にいきなり全面的に触れさせて、距離感を感じさせてしまう結果になることを避ける意図です。

アイヌの音楽については、他の伝統音楽と同様に、別のジャンルの音楽との交わりを認めるか、そのままを保存・伝承していくかという異なった立場があると考えられます。しかし、いずれにしても、学校教育における数時間の授業ではアイヌの音楽の僅かな一面に触れることしかできません。これまでの文化遺産の伝承に留まらず、様式を取り入れながら絶えず新作が追加されていくといった、固定的でない在り方も考慮してもよいのではないかと考えます。

そのことを踏まえたとき、特別な形を取らずに教科書に掲載されている学習に自然に組み込んでいく実践も必要であると考えました[30]。すなわち、アイヌの音楽を殊更強調したり、特別

㉚ 学校の教育課程は、教科書会社による教育課程モデルが参考にされ、教科書を軸に構築されていることが多いと考えられます。そうした条件下において教育課程の変更を伴う実践を行うのは難しいといえます。多くの学校で手軽に取り組むことができるようにしない限り、アイヌの音楽と子どもたちとの距離を近づける授業の提案が行われたとしても、実践が現実的でない側面があります。

に多くの時間を配したりせずに行うという方法です。そこで、教科書に掲載されている活動に、アイヌの音楽の要素を組み込んで、いつの間にか親しめるような活動を構想することにしました。そのことで、子どもたちとアイヌの音楽との距離を少しでも近付け、創造的に、また、意欲的に、かけがえのない文化であるアイヌの音楽に馴染ませたいと考えました。

実は、第９次小学校学習指導要領の解説における「郷土の音楽」に関する記述を検討すると、歌唱の分野においてアイヌの音楽が意識されているように読み取ることは難しいのです。郷土の音楽として想定されている音楽が、伝統芸能や民謡といった日本の音楽であると読めます。器楽に関しては、やはり和楽器は意識されているものの、アイヌの音楽や楽器が意識されているように読み取ることは難しいです。鑑賞に関わってもアイヌの音楽が意識されているように読み取ることは難しいところですが、強いていえば「人の声が重なり合う響き」については、アイヌの輪唱（ウコウㇰ）との関連があるというくらいです。こうしたことからは、「郷土の音楽」が日本《やまと》の音楽を指し、アイヌの音楽はどの程度意識されているかは疑問が残ります。「諸外国の音楽」という記述が見られるものの、国内のアイヌ民族については、どこに位置付けたらよいのでしょうか。いずれにせよ、一つ明確にいえることは、学習指導要領やその解説には、「アイヌの音楽」と明記されていないということです。もしも学習指導要領や解説に、教材の例として「アイヌの音楽」が記載されたならば、教科書や学校で取り上げられる機会も増加することが期待されますが、現状はそのようになっていないといえます。

では、音楽づくりに関わる記述を見るとどうでしょうか。やはり、特段そこにアイヌの音楽が意識されているように読み取ることは難しいのですが、音楽づくりの分野は、自由度が高く、関連をもたせることが行いやすいと考えることができます。

そこで、音楽づくりの分野における活動を企図することにしました。

音楽づくりに好適な教材の選択は、以下のように行いました。

アイヌの歌には、歌詞がアイヌ語である点や、輪唱（ウコウク）が和声を考慮した西洋式の輪唱と異なり１拍ずつずらして歌う方法であること、音程が個人差のある高低の相対的なものである場合があること、といった特徴があります。アイヌの音楽の特徴を実感するためには好適なのですが、導入からいきなり本格的なものに触れさせることになり、子どもたちが日常で触れている音楽との相違点が同時に複数現れることになります。

楽器については、まず有名なものはムックル（ムックリ・口琴）ですが、子どもたちにとって鳴らすことが難しく、また、他者と協同した演奏に至ることが困難であり、習得と活用という観点からも選択することが難しいと考えました。

弦楽器「トンコリ」は、子どもの人数に対応する台数を準備することや、その演奏の習得には課題があるといえます。しかし、４度幅の５個の音組織を活用した音楽づくりは可能で、音の配列の特徴（後述）にも無理なく触れることができると考えました。

そこで、「トンコリ」の音組織を、音楽づくりの教材として取り入れることにしました。

「トンコリ」を概説するならば、「樺太と北海道のアイヌ民族が弾いていた弦楽器であり、５弦のものが多く、チューニングが独特である。宗教的な儀式や集会、また酒宴・余興の楽しみの集まり等様々な場面で弾かれ、災難を防ぐ、病魔を祓う等の力があると考えられていた」いうことになりますが、文献によっても、話者によっても、その記述はまちまちであり、トンコリを一概に括ることは難しいと思われます。

なお、筆者が実践の中で児童に紹介するトンコリは、【図16】の一台です。

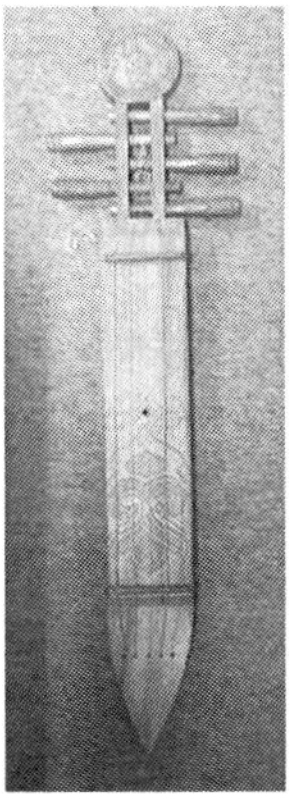

【図16】本研究で使用するトンコリ（筆者所有）

教科書に掲載されている活動に、アイヌの音楽の要素を組み込んで、児童が自然にアイヌの音楽に親しめるようにすることを目指します。そこで、活動の枠組みとして、教科書に掲載されている「ドローンをもとに音を組み合わせて音楽をつくろう」[64]を選択しました。その概要は、「持続低音と呼ばれ、一定の音を伸ばしたり、くり返したりして音楽全体を支える役割をもつドローンの音型に、何度も同じ音型でくり返すオスティナート伴奏、旋律を組み合わせて、音の重ね方を工夫して音楽をつくる活動」[65]というものです。

そして、そこにアイヌの音楽や「トンコリ」の音組織を組み込みますが、方法は、以下の通りです。

子ども一人一人が親しめるようにすることをねらうとき、普段から児童が使用している楽器を使用することが望ましいと考えました。そこで、銘々が所持する鍵盤ハーモニカを採用することにしました。

黒鍵のみを使用した５つの音は、トンコリの調弦で用いられる音組織に基づいて選択します。「ファ#」「ド #」「ソ #」「レ#」「ラ #」[31](それぞれトンコリの弦番号1~5と対応。下線は最低音を示す)[66]を使用します。銘々の鍵盤ハーモニカには、弦番号に対応するキーが分かるように表示します(【図17】参照)。音楽づくりには、ドレミではなく、この弦番号を使用します。

また、その5つの音を、ドローンやオスティナートも含めた、すべてのパートで使用することにします。その際、廃品の鉄琴から取り外した音板を、弦番号に則して並べた、オルフ木琴のような楽器を用意しました(【図18】参照。図中の下線は最低音を示す)。

また、ドローンの演奏には、同様に廃品の鉄琴から取り外した音板を手にぶら下げて叩く方法を採用しました(【図19】参照)。

しかし、ただ単にそれらの5音を使用するだけでは、ヨナ抜き音階と同じになり、アイヌの音楽らしさが得られない可能性があります。そのため、トンコリの楽曲の構造等の要素を組み込む必要があると考えました。そこで、「法則的な要素が分かりやすく、活動の枠組として採用した教科書の活動をそのまま

---

[31] 本来は音名で表記すべきところですが、〈2-1-1〉と同様ドレミで記します。音名では、「F#」「C#」「G#」「D#」「A#」となります。

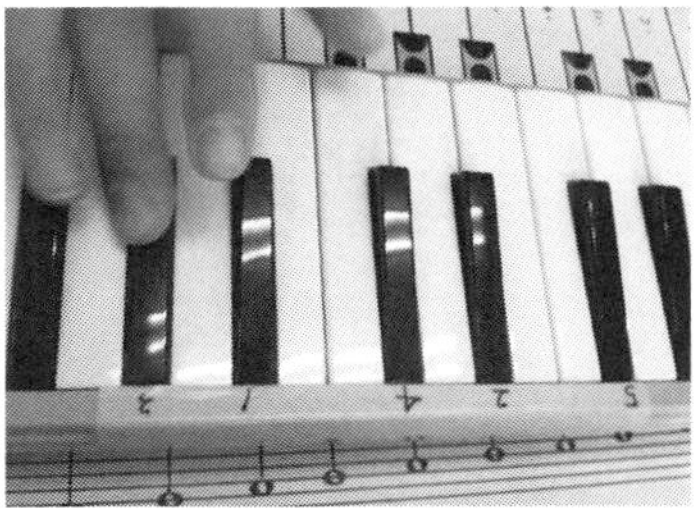

【図17】鍵盤ハーモニカに弦の番号を貼った様子

【図18】音板を弦と同じ順に並べた様子

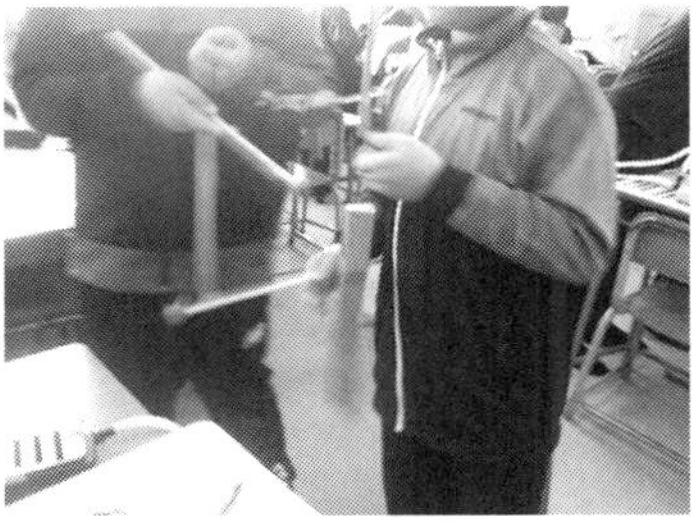

【図19】ドローン用の音板を叩く様子

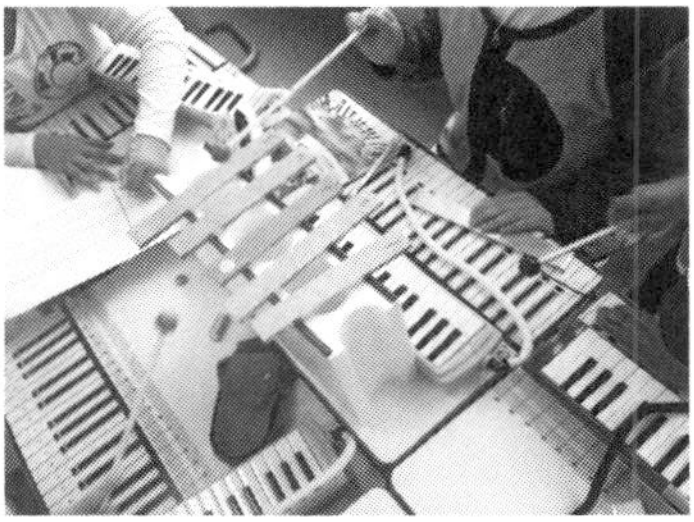

【図20】音楽づくりに取り組む様子

行うことができる」「オスティナートは、短いリズムを繰り返す音型であるが、この楽曲も同様に短い基本のリズム（タンタタタンタン＝♩♫♩♩）が繰り返される」という理由から、トンコリの楽曲『トーキトランラン』をサンプル曲とすることにしました。

なお、『トーキトランラン』は、フレーズの終わりの音と次

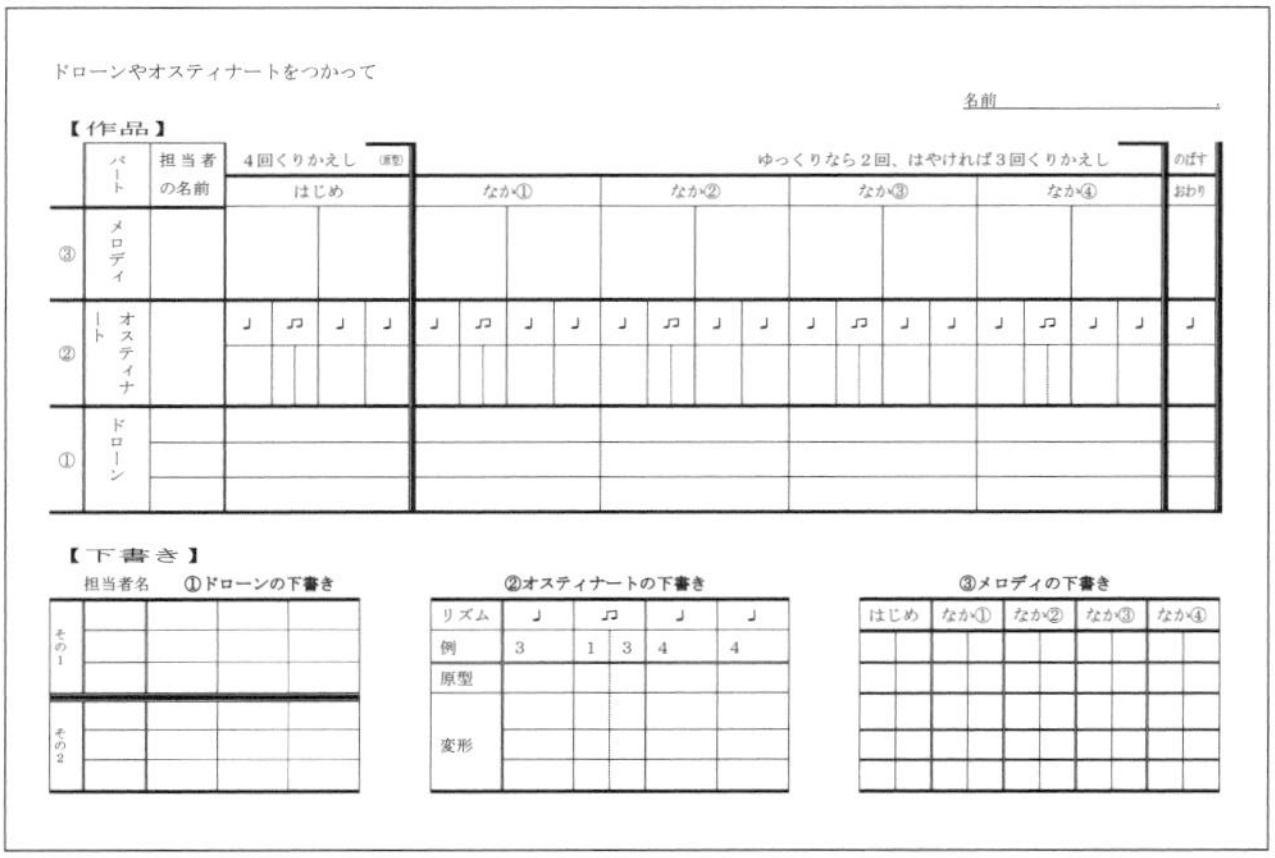

【図21】使用したワークシート

のフレーズのはじめの音が同じになっており、「しりとり」のような法則性があります。この点も、音楽づくりのルールとして旋律のパートに取り入れます（ただし、それらは、この曲における特徴であって、アイヌの音楽全般の法則であるとはいえません）。

活動の様子は【図20】の通りです（使用したワークシートは、【図21】参照）。

実践[67]においては、子どもたちから「おー」という歓声が上がる等、活発な反応が得られました。

活動の最後に授業者によるトンコリの演奏を聴き、実際にアイヌの音楽に触れたことや、自分たちのつくった音楽に、アイヌの音楽の要素が組み込まれていたことに対し、自然に受け止めた様子が見て取れました。先に述べた「急激に本格的なものに触れさせる形でない方法」によって、アイヌの音楽に自然に親しませることを意図していましたが、殊更強調したわけではないにも拘わらず、子どもたちがアイヌの音楽そのものに関心を示したことから、本実践を導入として、より本格的な内容を取り扱っていくことができると考えられます。

この実践に関するアンケートの結果、次のようなことが分かりました。

> アイヌの音楽や楽器に対する「分かる」「馴染みがある」という意識が上昇し、１カ月後でも保たれていた。「アイヌの音楽」「アイヌの楽器」と児童とを近付けることができたといえ、それが時間を経過しても概ね保たれていることが分かった。

> 感想の自由記述を分析した結果（分析表は紙幅の都合上割愛）からは、「アイヌの音楽やトンコリの音組織を活用して音楽づくりをすることで、意欲が高まったり、児童が楽しんだ」

ということが分かった。

世界には様々な音楽が存在し、極めて長い間、形を変えずに伝承されている我が国の雅楽のような例はあるものの、むしろ、何らかの変化や、他の音楽への転移という形で伝えられていくものがあります。ふとした瞬間に、アイヌの音楽を口ずさんだり、トンコリの楽曲を別の楽器であっても演奏してみたりという児童が現れることを強く願って、本実践を企図しました。それも、未来にアイヌの文化の遺伝子を伝えていくということの、一つの在り方であると考えたからです。

しかも、できあがった作品は、「おお、『トーキトランラン』のように聞こえる！」という専門家（川村兼一先生）のコメントをいただきました。本格的なアイヌの音楽にも接近できた側面があるといえそうです。

これらのことから、本格的な内容を取り扱っていく学習の導入とすることができるものと考えられます。

さらに、それを録音したものを持ち帰り、自宅で流して家庭内でも触れるようにすることも考えられます。

学校における、アイヌの音楽の要素を取り入れた活動を皮切りに、生活や、ひいては社会の中にアイヌの音楽が何らかの形で根ざしていくことに資する研究が盛んになることを願うところです。

4-4-2　日本の音楽から世界の音楽（民族音楽）への橋渡しとして、モンゴルの音楽を取り入れる[68]

我が国の音楽科教育において、取り扱うことが学習指導要領に明記されているものの、世界の音楽（民族音楽。以下、民族音楽と記します）を題材とした授業は盛んであるとはいえません。教材に対する理解を深めたり指導法を検討したりする、いわば教材研究の時間も確保が難しい[69]状況があり、CD（レコード）やDVD（ビデオ）の視聴に留まる授業が多くを占めて、関心をもつ僅かな教師の個人的な教材研究によって授業が支えられている状況[70]も指摘されています。

〈3-1〉で触れたように、民族音楽は、子どもたちが音楽や音楽の表現方法を理解していく上で効果的な教材ですから、その学習へのハードルを下げることを考えていきたいところです。

ここでは、五音音階であることや、旋法等による共通性が日本伝統音楽と高いことによって、日本伝統音楽に続いて「民族音楽学習の導入として東アジア音楽を扱うこと」の利点に関する先行研究[71]を踏まえ、モンゴルの音楽を取り上げます。

> 東アジア音楽は、日本伝統音楽との共通性が高く３、４年で日本音楽を学習し、高学年で民族音楽を学ぶのであれば、その民族音楽学習の導入として東アジア音楽を扱うことは学習の移行がしやすく、共通性というメリットを活かすことができる。そのためにはまず、日本古曲や民謡など日本の伝統的な音楽文化から学習を始めることが諸民族の音楽学習において効果的である。[72]

そうした教材としての利点ももつモンゴルの音楽は、モンゴル民族の住む地域以外にはあまり広がりを見せていませんが、我が国の音楽の教科書にも少しずつ掲載されてきています[73]。

そこで、教材として、筆者らが作成した動画を使用するというのはいかがでしょうか。知らなくては教えられないというのではなく、子どもたちと一緒に学ぶという、〈2-2〉で触れた姿勢が重要であると考えます。

学校の先生は忙しいです。他教科の授業も大変で、こうした民族音楽の教材研究までやりきって「ばっちり知っているから教えられる」という状態に至るのは現実的には容易ではありません。

そこで、子どもたちと一緒に動画を観ながら、お互いに気づきを語り合うことにより、先生（大人）ならではの経験を踏まえた感想と、子どもならではの直観的な発見とが混じり合った、素敵な学び合いの空間が展開されるかもしれません。

民族音楽の学習の導入に使用できそうなモンゴルの音楽の動画の例[32]は、以下の通り[74)]です。

- 解説：【秘技】喉歌（のどうた／ホーミー）をスペクトラムアナライザで視覚化してみました
- 演奏：【モンゴルの秘技】ホーミーで『チューリップ』を歌う!?
- 解説：馬頭琴奏法による日本の音楽のモンゴル様式への変奏
- 演奏：ジャラムハル（黒馬の歌）【馬頭琴演奏】morin khuur / morin huur
- 演奏：オトリーンジャロース（牧場〔草原・遊牧地〕の青年）（全曲）
- 楽曲：ムフルームフルーショロンハトゥ（高い山）【モンゴル民謡を歌おう】
- 楽曲：シャルハヅ（黄色い岩）【モンゴル民謡を歌おう】

㉜ ここに掲出したのは一部です。他にも関連動画をアップロードしています。道北音楽教育研究所（YouTube）「モンゴルの音楽」、https://www.youtube.com/playlist?list=PLBox1k0KGuRioUBZtrVUiFN2i9V8Jz_z4

第５章

ここまで述べてきたことの背景をもう少し詳しく

5-1　音楽科の評価の観点の話

人間はそもそも一個のものですから、様々な活動においても能力を見取る観点を統一することが自然であるといえます。各教科等特有の知識は教科ごとに異なりますが、理科の学習をするのも音楽の学習をするのも同じ一個の人です。〈3-2〉で詳しく述べたように、新しい学力の育成状況を評価するための評価の４つの観点は、各教科でほぼ共通に採用され、音楽においても同様であることが望ましいと考えていました。ところが、平成22年の改訂に至っても、音楽科における評価の４つの観点は、それ以前の形を踏襲して、他の教科と異なっていました。「能力分析的観点」と、活動の種類による「内容分析的観点」（第３観点＝「表現の技能」・第４観点＝「鑑賞の能力」）が混在した形となっていたのです（【図22】参照）。

各教科で評価の観点が異なるということ、つまり、「各教科の目標」から評価の観点が割り出されるということは、「評価の観点としての統一性はなく、各教科でマチマチ、バラバラということになって（中略）子どもは各教科ごとの評価に振り回されることになり、評価されればされる程、自己の統一性が壊

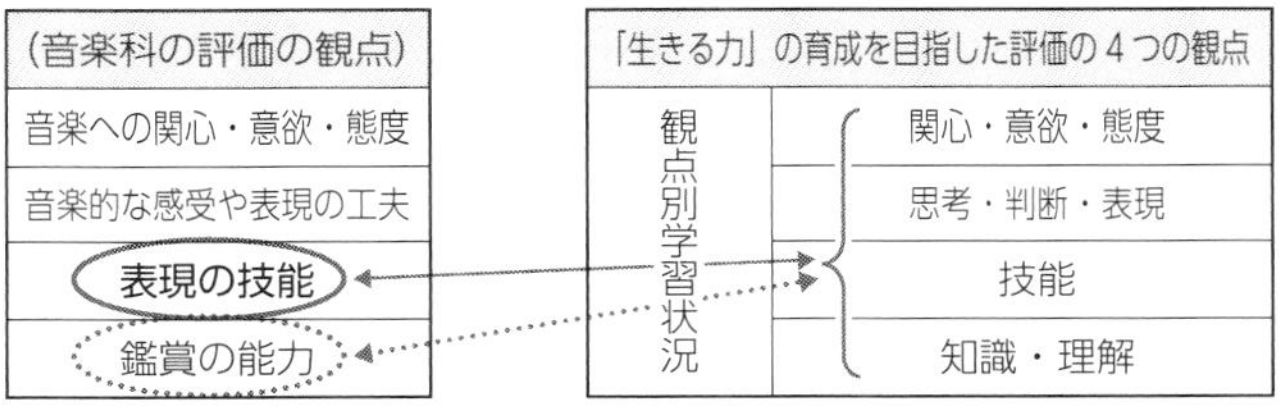

【図22】他教科と音楽科の評価の観点の関係

されていくということになりかねない」[75]。どんな教科であっても、必要な能力は一緒であるということであって、学習者の立場から評価を行う際には、評価の観点が統一されることは極めて重要な意味をもつものであると考えます。

例えば、演奏が上手くいかなかったときに、その原因が、表現方法に関する知識の不足、あるいは活動に対する関心・意欲の低さ等、どこにあったかが分析できず、一概に技能の問題であると見なされることになってしまいます。また、鑑賞における感想文の記述が多かったときに、それが、音楽を構成する要素が聴き取れたこと、判断するための根拠たる知識を備えていたことや理由を考える思考力が優れていたこと、作文力が高いこと等、どんな要因であったのか分析できません。すなわち、抽象的で、学力の構造が読み取りにくく、現場の教師が各教科共通に行う資質・能力を育むために評価を生かすことが困難であったと考えられます。

5-2　表現と鑑賞の一体化と評価の4つの観点

このような問題を生む要因となっているといっても過言ではないのが、「表現と鑑賞の分離」です。実は、これらは本来は一体のものと考えられます。例えば、花を写生するというのは、「花弁の色や形が美しい」と感じ取りながら描画する、表現と鑑賞が一体となった行為[76]です。料理中の味見も同様です。また、楽譜自体は音楽ではありません㉝が、それを演奏してみて、「こんな曲だったのか」と分かる、というのも鑑賞という側面があるといえます。

表現と鑑賞、いずれの活動を行う上でも、〈1-3〉で触れたように、「『関心・意欲・態度』は学習の入り口であり、それに支えられながら調べたり、探したりするのに必要な学習能力が『思考・判断』であり、その成果として身に付けるのが『技能』であり『知識・理解』である」[77]というように、【図23】中の括

㉝ 頭の中で音を思い浮かべるような「内的聴覚（内的聴感）」を含め、サウンド化されないと音楽とはいえず、ただ記号が記された紙です。

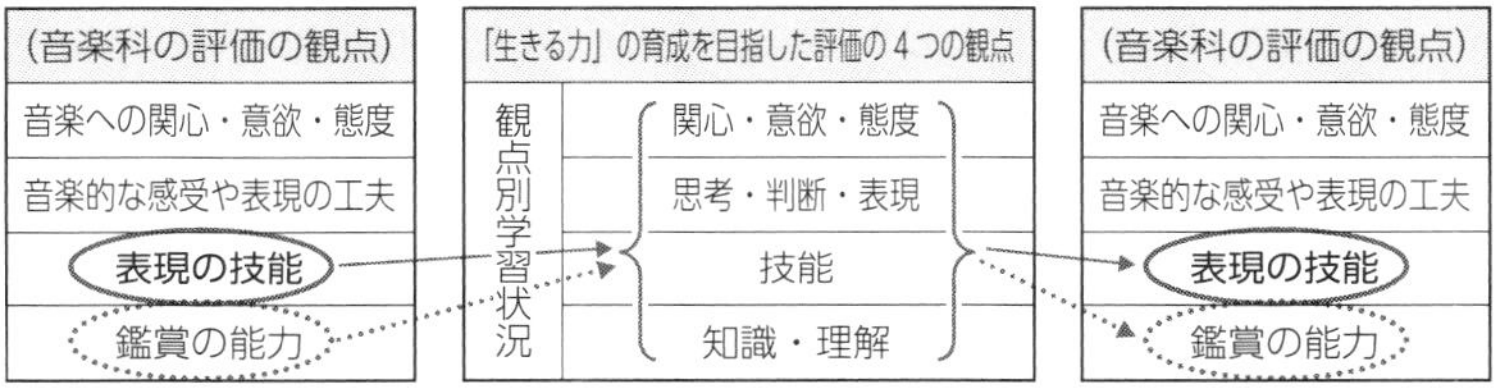

【図23】 表現・鑑賞いずれの活動にも「関心・意欲・態度」「思考・判断・表現」「技能」「知識・理解」

弧と矢印のように存在しており、表現・鑑賞どちらの活動も同様な構造で捉えられなければならないといえます。

こうした構造が曖昧だったために、リコーダーを演奏するならば取りあえず音を外さないで曲の最後まで行けばよし、曲を聴いたら感想文を書けばよし、という雰囲気になってしまうと考えられます。

5-3　音楽科における技能

ここまで述べてきたことを踏まえて、全人的に資質・能力を育む在り方を考慮するとき、表現と鑑賞の各活動を、他の教科と同様に共通に貫く観点である「能力分析的観点」を念頭に活動を構成することを考えます。第９次学習指導要領に基づく指導要録の改訂で、評価の観点は、ついに各教科統一されました。しかし、【図 24】に掲出するように、中央教育審議会の資料[78]を見ると、その構造が異なっている部分が認められます。表現領域には「知識・技能」とありますが、鑑賞領域に掲げられているのは「知識」のみしかありません。

楽器の音色、音の高低、強弱、リズム等を聴き分けることは「技能」（聴き分けることができる）です。音楽を言葉で表現する練習によって、より音楽を分化、知覚できるようになると考えられます[79]。知覚する力を高めたり、知覚したことから読み取ったりする上で拠りどころとなるのは言語化であり、言語化された内容が知識となります。言語は自己の内面に根付いたもので、言語と諸観念は分かちがたく[80]、思考や認識、そして学び合いにとって重要な存在です。

表現についても鑑賞についても、あくまで「思いや意図」を音楽表現として実現するため、かつ、「思いや意図」を読み取るために必要な技能として適度に知覚を高める練習をする意味があると考えられます。さらに、知覚を高めたりそこから読み取ったりする上で拠りどころとなる言語化された知識は、共通理解を伴う学び合いの手掛かりとなり、活用可能な存在となります。

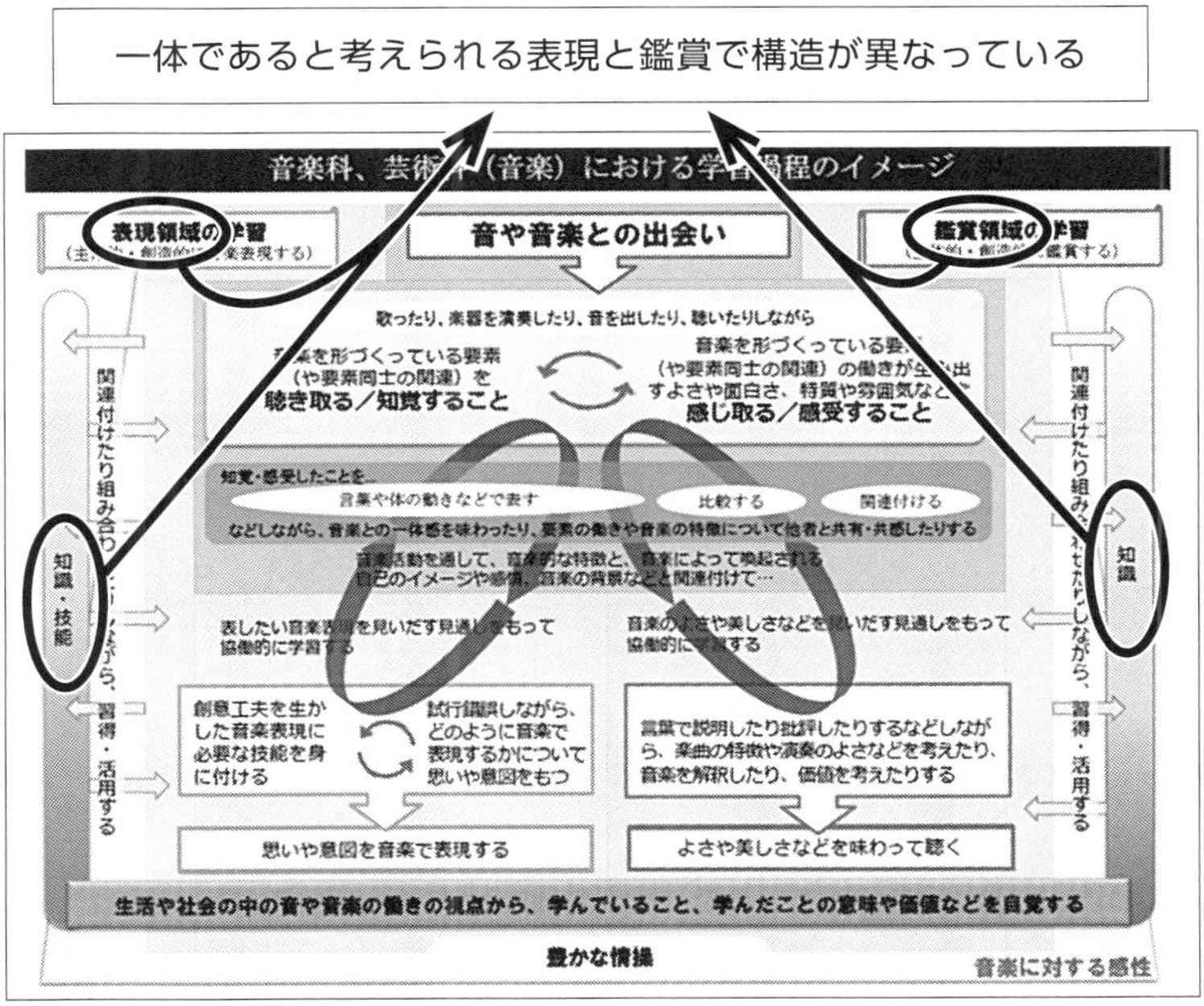

【図24】中央教育審議会の資料（丸と矢印は筆者加筆）

なお、第９次学習指導要領においても、鑑賞に技能が配されない状況が見られる背景としては、音楽の基礎として、聴音等の技能の習得が目指された昭和40年代の在り方が無機的と見なされたり、さらにそれより前の時代に音感教育が軍事利用[81)]されたりという経験や歴史の影響が考えられます。

しかし、このような活動の不自然な分離は、例えば「歌唱共通教材」として指定されている楽曲は、鑑賞教材ではないと見なされ、レコード（CD）を聴いて感動なり批評なりを深める学習は学習指導要領から逸脱しているのではないかという印象をもたれる可能性をも孕みます（〈3-2〉で掲出した『とんび』の例は、「聴く」活動が圧倒的に多かったのですが、そういう教材の扱い方は不可であるかのような印象を生みます）。

音楽科がこのような「表現」「鑑賞」の二つの領域から成り立っている基本構造は、学習指導要領としては、昭和22年（1947）の第1次から変わっていません[82)]。現在、「表現と鑑賞の関連を図る」という文言が多く見受けられますが、「関連」という言葉が示す通り、もはや一体のものであるというよりも、別個のものとして認識されているといえます。

ここまで述べた問題の解消のためにも、表現と鑑賞の分離という呪縛といってもよい固定観念から脱却する必要があると考えます。第9次学習指導要領において〔共通事項〕ア）として掲げられているのは、まさにここに関わることなのですが、教育現場において、これまでの感覚（表現と鑑賞との分離）を切り替えて実感的に捉えていくことは、大変なことなのだと思われます。

5-4　実践に臨む前に、今一度、評価の観点の話

5-4-1　３つの観点の運用に当たって

〈1-4〉で「主体的・対話的で深い学び」の話題に際し、主体的／対話的／深い学びを１年ずつ分割して研修しましょう、という誤《ご》謬《びゅう》について触れました。学習指導要領の用語や教育上の常識とされているようなことは、言葉をそのまま丸暗記したり受け取ったりすると、授業実践上で行き詰まってしまうことがあります。以下に、二つばかり例を挙げたいと思います。

――△【挙手の回数で評価することは適当ではない】

→○挙手を生かす・生かせる挙手の方法を工夫する

子どもたちの「関心・意欲・態度」（評価の３つの観点においては「主体的に学ぶ態度」）を評価する際に、単純に「挙手の回数など、その形式的態度を評価することは適当ではなく（後略）」[34]とあり

㉞ 挙手でその観点の成績が上がると考えると、演技してでも成績を上げようとする子どもがいるかもしれない等の事情があるといわれます。中央教育審議会 初等中等教育分科会 教育課程部会「児童生徒の学習評価の在り方について（報告）」（平成 31 年 1 月 21 日）、p.12. には、「中学生が、入学時から常に『内申点をいかに上げるか』を意識した学校生活を送らざるを得なくなっている状況もあり、例えば、授業中の話合いや生徒会で意見を述べるときに教師の意向を踏まえたり、本意でないまま授業中に挙手したり、生徒会の役員に立候補したりするなど、自由な議論や行動の抑制につながっている場合もある」との指摘があります。https://www.mext.go.jp/component/b_menu/shingi/toushin/__icsFiles/afieldfile/2019/04/17/1415602_1_1_1.pdf [2022.3.15.11.56. 閲覧]

ます。こうした言葉を額面通り（文字の通り）に受け取って、お困りの先生方がいらっしゃいます（挙手はやる気とは関係ないのでしょうか、と）。「主体的（主体性）」には、「積極的（積極性）」と「自律的（自律性）」の両面が含まれています。「宿題として、今日習った漢字をノートに10回ずつ書いてきましょうね」と指示をしたところ、「100回ずつ書いてきた」というのは「積極性」に属するお話で、「例文も考えて書いてきた」「似ている漢字も調べてきた」等が「自律性」に該当します。「積極性」が見られれば教師は安心してしまうことがあるかもしれませんが、それら両方があることが望ましいわけです。

そこで、「挙手」について工夫するならば、「様々な角度に挙げる」という方法を取り入れることができるのではないでしょうか。例えば「曲を聴きながら、盛り上がりに合わせて手の角度を変えよう」とか、「自分の考えた答えについて、自信があれば真上に、半分くらいの自信ならば45度くらい、全く自信がなければ横に挙げよう（これで参観日にも安心して挙手できます）」とすれば、子どもたちは毎回意思表示のために挙手することになります（確実に挙手することが授業への参加を図るバロメーターともなります→積極性）し、自分自身の思考状況を認知（→自律性につながる）しながら学習に参加することができます。挙手しながら周りのお友達を見渡したならば、自分とお友達の比較をすることもできます。教師は、子どもたちの理解や参加等の状況を一目して見取ることが可能になります。

――△【ABB はあっても、BAA とか BBA はあり得ない】
→○きちんと分析的に見ること

評価（評定）の際に「『知識・技能』A・『思考・判断・表現』B・『主体的に学ぶ態度』B、というのはありえるが、同 B・同 A・同 A はあり得ない」と指導されたといってお困りの先生方にしばしば出会います。思考・判断のもととなる知識が B なのに、そこから A の思考ができるはずがないという理由とのことです（〈4-1〉の学習指導案の末尾に関連記述）。

しかし、この点については、掛け算九九を例に考えると分かりやすいと思います。すなわち、掛け算の仕組みや計算方法を知っているのは「知識」ですが、知らなくても丸暗記して唱えることができます。機械的にでも唱えることができるというのは「技能」です。しかし、唱えることができず、仕組みを予め知らなかったとしても、掛け算の仕組みや数の性質について考えることができるならば、それは「思考」力です。さらに、これらが上手くいっていなかったとしても、とても一所懸命に掛け算の学習に取り組んでいたならば、それは「態度」です。こうして諸能力を分析的に見取ることで、子どもたちのお勉強を支えていくことができることになります。「ABBはあっても、BAAはあり得ない」というのは、「やる気があったって、できなかったらだめなんだ」という教育観の反映であるといえます。とにかく、「いずれの観点についてもその特性に沿って適切に評価をおこなうことが求められること、ここに示す評価の観点の順序が学習指導の順序と必ずしも結び付けられるものではないことに十分留意する必要がある」[83] とか、「必ずしも、別々に分けて育成したり、『知識・技能』を習得してから『思考力・判断力・表現力等』を身に付けるといった順序性㉟を持って育成したりするものではないことに留意する必要がある」[84] ということを踏まえ、本書では、〈1-3〉で触れた「『関心・意欲・態度』は学習の入り口であり、それに支えられながら調べたり、探したりするのに必要な学習能力が『思考・判

㉟ 順序性という意味では、「思考・判断・表現」というのも同様であると考えます。単純化して述べるならば、文字通り考えることを思考した場合、思考したあとに判断、そしてそれを言葉等で表す、ということになってしまいます。しかし、考えれば考えるほど話題が拡散してしまい、収集がつかなくなることもあるでしょう。むしろ判断を先に行って「○○するためにどうしたらよいか」と思考する方が建設的に考えを進めることができることがあります。また、スタートからゴールまで完成した考えを表現するばかりでなく、その場のひらめきや一部分に対する考えを即時に表現し、それも思考のパーツにしていくことも有効な方法であるといえます。

断』であり、その成果として身に付けるのが『技能』であり『知識・理解』である」という在り方を基本として念頭におきます（ただし、これも常に固定的に見るわけではありません）。「関心・意欲・態度」を重視㊱しますが、これは下掲のように、決して単なる「気分」ではないのです。

> 意欲も無気力も学習される
>
> 意欲は十分に教育的な育成や改善の対象となるのであり、むしろ学力論の中に正当に位置付け、その子が質の高い問題解決を成し遂げられるよう適切に育むことが望まれるのです。[85)]

語弊があることを恐れずにいうならば、「楽しければそれでいい」という言葉への挑戦です。この言葉は、学校においてはタブー視㊲されますが、筆者は実は重要なことであると考えています。

㊱ この「関心・意欲・態度」の評価は難しいといわれます。様々に評価方法を工夫する向きもあります。しかし、重要なのは成績を付けることではなく、あくまで、そうした情意面が重要であるということを、教師が認識、さらに常に意識するために設定してあるのだという感覚をもつことが大切ではないかと考えます。

㊲ この背景には、「楽しい」ということを単なる消費的な娯楽と捉える向きがあると思われます。しかし、創造的で生産的な活動も、実はとても楽しいのであって、一概に楽しいことを否定することには問題があると考えます。

「楽しい」ことを目的としたならば、それをずっと継続していくためには、相当な「思考力」が必要で、考えたり工夫し続けたりしなければなりませんし、そうした工夫を実行する「技能」も「知識」も生み出されたり活用され続けたりしなくてはなりません。

従来、楽しいことは、手段にされることが多かったのではないでしょうか。導入に楽しい話題や装置が提供され、学習を始めてみたら、次第につまらなくなったり苦しくなったりしていく……。こういう経験を繰り返すと、子どもはどんどん冷めていってしまいます。楽しいことは手段ではなく目的とすべきです。

〈1-3〉で述べたように、「今」を全力で楽しんでいくことを目的として、それを継続していく先が未来、将来なのだという在り方でもって、子どもたちとの授業に臨んでいくことが重要なのではないでしょうか。

5-4-2 人気投票を活用した音楽づくり（創作）

体育では、例えば「走り幅跳び」等は、昔は単純に跳んだ距離の長さで評価されたこともあるでしょうが、現在は、主体的に活動に取り組んだ態度（関心・意欲・態度）や、跳ぶために行った工夫（思考・判断・表現。陸上部のきょうだいに教わるとか図書館で文献を調べる等の方法を考えることも含む）、フォームの適切さ（技能）や、それらを言語で説明できるか否か（知識・理解）といったことを総合して評価しています。したがって、体格や筋力等の身体的条件によってのみ決まってしまうわけではなく、あくまで学習の評価がなされることになるため、努力のし甲斐があるといえます。

一方、音楽ではどうでしょうか。

〈3-3〉では歌唱を話題にしましたが、一所懸命に活動に取り組んだ子どもよりも、身体的条件に恵まれていて、特段の努力もせずに美しい歌声を披露した場合はどうなるでしょうか。

音楽には、〈1-1〉で触れた通り、快・不快が伴いますが、実は、評価まで、かなりそれに左右されて行われている可能性は否定できません。大学生に過去の音楽の成績に関する思い出を訊くと、相当な割合で、「音楽の成績は、先生の好みによって決まっていた印象がある」と答えます。「ピアノを習っている人は有利である」との回答も目立ちます。学校のお勉強として、果たして、これでよいのでしょうか。それを繰り返せば、授業への信頼も感動も遠のくばかりです。

そうしたことに陥らないためにも、〈3-3〉で述べたようなことを丁寧に行う必要があります。しかし、音楽には、どうしても〈1-2〉で触れた「美」という問題が伴います。この点について、音楽づくり（創作）を話題に取り上げて考えていきたいと思います。

授業中に学んだことをきちんと取り入れて、入念に工夫を凝らし、時間をかけてつくった作品が、今一つぱっとしない出来になってしまった。一方、授業中、全く集中して取り組んでいなかったにも拘わらず、終了間際に場当たり的につくった作品が名曲になった、とします。この場合、どのように評価したらよいでしょうか。

結論から述べるならば、「学習の様子」と「出来栄え」は切り分けて考えるということです。前者は〈3-3〉で述べたように多様な観点によって絶対評価[38]、客観的な評価を行い、後者は成績[39]となる評価の対象とはせずに人気投票を行えばよいと

㊳他人と比較する評価（順位や上下を判断する）を相対評価、揺るがぬ絶対の基準があって行われる評価を絶対評価といいます。揺るがぬ絶対の基準は、〈3-3〉で触れたような評価規準・評価基準の表等を設定しておいてそれに基づいて行うことが望ましいといえます。なお、「私がＣだといったのだから君はＣなのだ」というような、先生が絶対の基準という方法も、それは絶対評価的であるといえます。ですから、一概にどちらの評価の方がよいという性質の話ではないのです。

㊴「評価」という用語は、〈1-4〉で述べた「教育」という用語のように定義が多く、もたれる理解や印象も様々です。「先生があなたのことを評価していたよ」といえばそれは「褒めていた」という意味ですし、「成績」とか「順位」「ランク」「合否」という厳しい印象に関するものもあります。「測定」も「査定」も「評価」という用語で表さ

いうことです。

- ワークシートやノートに、つくった作品（例えば、５個）を記入する
- 出来栄えを書き込む欄に、（例えば５個の）作品それぞれに「＊（＝ジャリ：ピンとこない作品）」「◇（＝ダイヤ：とてもいいと感じた作品）」の表示を書き込む
- ジャリの作品を発表し合い、学級みんなの印象を確認する
- ダイヤの作品を発表し合い、学級みんなの印象を確認する（人気投票）
- それら（ジャリと評された作品とダイヤと評された作品）の違いを、対話によって分析していく

この展開は、人気投票、すなわち「直感」から出発して、作品を聴き取ったことと感じ取ったこと（知覚と感受）を関連付けながら、表現方法について分析的に理解していく活動です。すなわち、ともすれば、従来、先生の好みで云々といわれがちで

れることがしばしばです。しかし本書では、あくまで子どもたちが楽しく、成長の実感をもってお勉強できるようにすることを評価ということにします。これは主に「形成的評価」を意識したものです。成績を付けるために行うわけではありませんが、もちろん成績にも活用可能です。

あったもの自体を教材にしてしまうという発想です。そして、そこに、明らかな法則等が見いだされたならば、それは客観的な技法なのであって、それを知ることは「知識」、その方法を用いて表現できることは「技能」となるわけです（ただし、特定の知識・技能のみを正解とするのではなく、正解は多様であることを是とする）。

話が脱線しますが、〈3-3〉〈5-4-2〉両方に関連することとして、明らかに他人がまねできない事柄は評価の対象外とすればよいということに触れておきます。

例えばそれが身体的条件であったり、学校外におけるトレーニングによってしか得られない特別な技能であったりするならば、それは学校におけるお勉強の評価としては対象外とするのもよいのです。

ただし、それは素敵な個性ですから、無視するのではなく、人気として、あるいは、対外的な行事等で必要な場合（合唱のピアノ伴奏等）に活躍してもらうという形にすればよく、通信簿では所見欄に記入すればよいということになります。

こうした眼力を日頃から鍛えるならば、例えば、同じ曲を「担任がわざとあまり上手くなく歌う」「クラシックの歌手の名演奏」「ポピュラーの歌手のカジュアルな歌い方」等の異なった演奏を比較して聴いた子どもたちに人気投票を行った上で、その理由を掘り下げていくような活動が考えられます。そのことで、磨き上げられた技能の素晴らしさ（しばしば「本物には力がある」といわれます）はもちろん、それとは性質を異にする身近な担任の先生が心情的に応援されることもあるでしょう。これは、音楽が、必ずしも上手であればよいというわけではないことを示すものとなります。決して歌唱の技能が長けているわけではないタレントが支持される理由も、明らかになってくるでしょう。たとえそれが容姿によるものだったとしても、音楽と無関係であると軽々に考えるべきではありません。音楽と無関係であるならば、静かに立っているだけのタレントさんを見ればよいかといえばそうではなく、そこには音楽が必要だからです。音楽の位置付けということにも視線が向くことにつながっていくことが考えられます。

　そうした、音楽以外の要素（先述の身体的条件等も含む）も影響するということを考慮しなかったならば、生活や社会とのつながり等は担保できないといえます。何せ、合唱を行う際には、表情や姿勢等も、またソロや伴奏の出来栄えも、現に影響を及ぼすことがあるのですから[86)]。

5-5　自分たちの文化をつくる「理由」としての知識 ――知識の位置付けと板書

音楽科では「知識」の観点が設定されたのが、第９次学習指導要領に対応する、令和の時代に用いられる指導要録からです。このことは昭和36（1961）年以降一貫して「知識」（理解）という名称の評価の観点が設定されていなかった音楽科にとって大変化です。そのため、その扱いについて、明確な形で現場の教師に意識付けることのできる具体策が必要であると考えます。

第９次学習指導要領とそれに対応する指導要録の音楽科の評価の観点に「知識」が明記されました。しかし、その言葉が独り歩きして、教師がペーパーテストの結果で測定即評価するような「知識」と同じものであると認識してしまうことを筆者は危惧します。現に、例えば中学校の定期試験等では、滝廉太郎作曲の『花』に関して、滝が明治12（1879）年に東京都で生まれたこと、ドイツに留学したこと、病気を患って帰国し、父の故郷の大分県で療養する23歳で亡くなったこと等がしばしば出題されます。また、例えば、強弱記号の種類や意味を、機械的に暗記して回答するというのも、まさに断片的な知識の再生

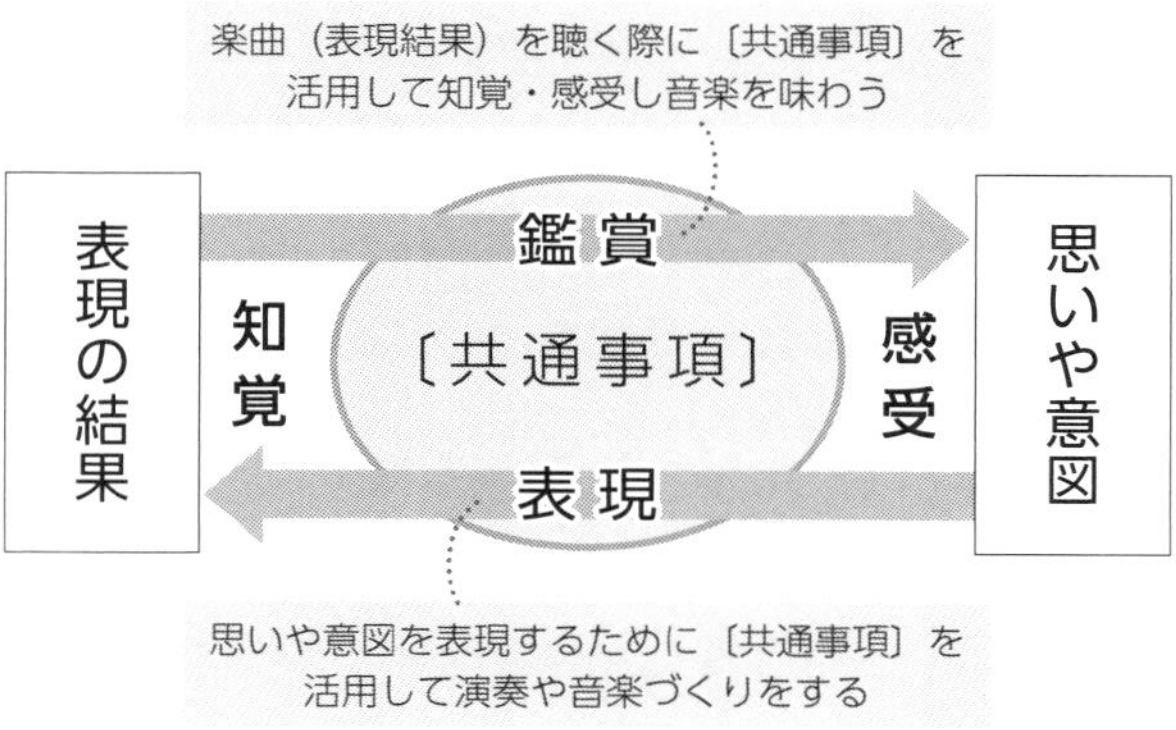

【図25】〔共通事項〕の位置づけ

です。演奏において、なぜその指示（記号）が選択されているか、表現の結果においていかなる効果や意味をもつか、という表現技巧による演奏効果とその根拠を、表現の結果を伴いつつ理解することによって「音楽活動を伴う知識」[87] としていくことが重要です。

分離している表現と鑑賞とを関連させる存在として、平成20（2008）年告示の第８次学習指導要領から〈1-2〉で触れた〔共通事項〕が導入され、その関連の軸は音楽の要素等にありました。【図25】のように「表現の結果」と「思いや意図」とを架橋する存在 [88] であるといえます。

これらは第９次学習指導要領では〔共通事項〕(1) イ）として設定されています。〔共通事項〕(1) ア）については、「表現及び鑑賞の学習において共通に必要となる資質・能力」として示され、概観すると、音や音楽を聴いて、音楽の要素や要素同士の関連がどのようになっているかを知覚することと、それらの働きが生み出す特質や雰囲気を感受することを常に関係付けて音楽に向き合うことと捉えられます。いわば知覚と感受の一体化であり、先述の鑑賞と表現の一体性を裏付け、それらの分離の克服に資するものと考えられます。

しかし、例えば「短調の和音と旋律を弱くゆっくりとピアノの高い音で演奏していた（→知覚）」ので「悲しみの情景を想像した（→感受）」とします。一見、知覚と感受が結び付いているようですが、筆者はそれだけでは不十分であると考えます。なぜ短調が、なぜ弱い音が、遅いテンポが悲しみを表すのでしょうか。なぜピアノの高音が悲しみなのでしょうか。〔共通事項〕(1) イ）（以下、単に〔共通事項〕と記します）を知っていれば音楽をある程度解釈することはできるでしょう。しかし例えば「低い音の方が悲しい感じがする」という子どもにとっては、今一つ実感が伴わないのではないでしょうか。このことに関し、「知覚」すなわち聴き取った音を「根拠」（客観的）、「感受」すなわち自分はこのように感じ取ったということを「主張」（主観的）と見なすならば、トゥルミンの論証モデルをもとにした、国語科における「根拠→主張の間に『理由付け』を配する」、教科等を横断する汎用的なスキル[89]が音楽科における知識についての示唆を与えるものと考えられます。「根拠とは証拠資料のことである。それがなぜ主張を支えることになるのか、どうしてその証拠資料からその主張ができるのかを説明するのが『理由付け』である。言い換えると、主張と根拠をリンクさせるのが『理由付け』の役目である」[90]という構造から、理由の存在が、子どもが実感や納得をもって知覚と感受とを結び付けることに資するといえます。「私たちは他者と『対話する』ために言語を使用します。対話（言語的コミュニケーション）には言語が必要です。そうであるならば、自己内対話（＝思考）にも言語が必要となってくる」[91]といいますが、これは〈はじめに〉〈3-3〉で触れた教育の究極目標である「自己学習力」の育成と深く関わることです。「内的言語を身に付けて思考ができるようになるということは、感情のコントロールができるようになり、より理性的なふるまいにつながって」[92]いくことを目指し、現実的な根拠や裏付けに基づいた言語による対話を通して、筋道を立てて、つじつまを合わせられる「理由付け」をみんなで行う活動を重視したいと考えます。

知識としては、学習指導要領において「音楽の背景となる文化や歴史など」[93]が挙げられています。さらに指導内容を導き出すための視点として「音楽の『形式的側面』『内容的側面』『技能的側面』『文化的側面』」[94]が提案されています。これらは有効であると考えますが、音楽の世界、すなわち芸術の領域に位置付けられるものと生活経験等を結び付けるべきということを考慮する必要があります。表現の結果の基となる「思いや意図」は、言い換えるならば、内面に根差した心情的、日常的な事柄であって、音楽の世界、芸術の領域に留まるものではないからです。先述のように、デューイが「山頂は何の支えもなく、宙に浮いているのではない。それは、地上にただ置かれているのでもない。それは際立った作動の一つとしての地球そのものである（傍点は原文ママ）」[95]という比喩を用いて説明しているように、本来、芸術と日常の生活は連続的なものです。「学校唱歌校門を出ず」（学校で勉強した音楽は学校の外では歌われない）といわれる音楽科の授業ですが、展開される活動は、日常の生活、すなわち子どもたちの内面に根差したものとの連続性が確保されるべきです（それがないと、実感が得られず、「どうして音楽なんか勉強しなくちゃいけないの？」という問いにつながると考えます）。このことをもって、学習指導要領に掲げられている生活や社会との関わりが確保される手掛かりとなります。

そこで、知識として、音楽の世界に位置する〔共通事項〕イ）や音楽そのものに関わる事柄に留まらず、知覚と感受とを結び付ける理由としての子どもたちの生活経験等を伴わせることを提案します。

音楽も子どもたちの生活に立脚していなければ実感のもてるものになりません。先述の「悲しみの情景」を例に取れば、「先週歌った、悲しみを表した曲は短調だった」「○○という映画の悲しい場面で流れる曲は短調だ」という形で「知っている楽曲」の知識を通して実感的に共通理解されます。また、「悲しいときは挨拶の声も弱くなる」「悲しいと足取りもゆっくりになる」といった「状況を表す言葉」を音楽を構成する要素としての「強弱」「速度（テンポ）」と重ね合わせて理解されます。「悲しいと涙が出るけれど、涙は透明でガラスの破片みたいで、それは高くて澄んだ音がする」という形で「物体から出る音」を比喩にして「ピアノの高い音」について知覚と感受が結び付けられます。その際、「状況を表す言葉」を介して「悲しいと落ち込んだり気持ちが沈んだりするから、むしろ低い音の方が悲しい感じがする」という前出の「高くて澄んだ音」と異なる意見が聞かれたならば、音楽の見方・考え方も拡張していくことになります。「沈んでいる様子の低音と、涙を表す高音を組み合わせる」という具合に、創造性や感性も高まることが考えられます。

さて、知識の位置付けについて考えたいと思います。

現状、知識をどのように位置付けたらよいかについて、文献における「表現や鑑賞などに生かすことができる」ような知識[96)]、「『音楽の特徴』などと関わりをもたせて理解する内容」[97)]、知識と実際の曲を味わうこととの「2つの軸を往還しながら学習を進める」[98)]という傍線を付した記述は、活動や音楽、感受することと知識が一体というよりは、別個の存在という印象をもたれ得るといえます。

また、芸術系教科の知識について、「一人ひとりが感性[㊵]な

㊵「感性」というのも、また捉え方の難しい用語であるといえます。ここでは、辞書等の解説と若干の隔たりがあることを承知の上で、その実感的な説明を試みます。例えば、YさんがZさんにステーキをごちそうしたとしましょう。Y「美味しいかい?」→Z「すごく美味しいです!」→Y「それ、どんな肉だか知ってる?」→Z「いえ、分かりません」――このあとの展開ですが、次のようなやり取りになったらどうでしょうか。Y「それは○○牛（ブランド牛）のA5ランクのお肉だよ!」→Z「よく分かりません。私は、そういうの興味ないんで。でも美味しいことは分かりますよ」――一方、次のようだったらどうでしょうか。Y「それは○○牛（ブランド牛）のA5ランクのお肉だよ!」→Z「えっ!　えっ!　これ、あの○○牛のA5ランクですかっ!?　これがあの幻の!?　そんなの食べたことありません、テレビで見て、いっぺん食べてみたかったんです!　うわぁ、感動です!　よだれが一気に噴き出してきます、もったいなくてちょっとずつ食べます!」→Y「まあまあ、そんなちょっとずつ食べたら味が分からないだろう。食べたいだけご馳走してあげるから、

どを働かせて様々なことを感じ取りながら考え、自分なりに理解」[99]するものであることに留意することが求められていますが、ここで考慮すべきことは、個人的な行為として展開するのではなく、他者とともに学習することによって、表現結果と思いや意図を結び付けて言語化した「知識」を共有し、音楽の表現方法に対する理解を深めることであると考えます。

そうした知識は、活動の中で児童生徒自身が気付きを得て拡大していく存在としたいところですが、これは、第９次の学習指導要領の改訂が「学習する子供の視点」に立つ形で行われたことと関わります。「知識・技能が子供の中でどのように息付き、彼らの人生を支えていくのか。そのことが明らかにならない限り、せっかく教えた知識・技能も『生きて働かない』『宝の持ち腐れ』学力に留まる危険性があります」[100]という問題意

頬張って食べなよ！」――後者は、知覚（味覚）と感受と知識が混然一体となって、感動が倍増し、さらに知覚（味覚）も敏感になっていくことが予想されます。感性豊かとは、こうした状態を指すとしたら、知識の意味合いの重要性、価値がぐっと実感されるのではないでしょうか。ただし、次のような場合はどうでしょうか。食事前にＹ「今日は○○牛の A5 ランクのお肉をご馳走しよう」→Ｚ「あ、知ってます、テレビで観ました。○○牛は□□県の△△エリアで生産された牛のみに付けられるブランドで（中略）ＡとかＢとかっていうのは、直接的に味を評価したものではなく、生産性を表すものなんですよね。高級ってのは確かで（中略）評価の高いお肉ですね。食べたことはありませんが」――これはまさに断片的な知識であって、本当に感動につながっているか否かは不明であり、「感性豊か」というよりは「物知り」といった方がよいといえます。音楽の授業においても、その知識のおかげで鑑賞時に涙が出るというような、また、納得のいく表現を何度も試行錯誤して実現して満足感を味わえるような状況を目指したいと考えます。

識と向き合うものです。「知覚」と「感受」を結び付ける「理由」について、授業の参加者同士の対話によって豊かに言語化するやり取りを行いますが、その際、音楽を聴いたり試しに演奏してみたりしながら、言語化されていなかったものを見いだしていく過程が「思考」であるといえます。しかし、一旦言語化されたあとは「知識」となります（例えば、その授業を欠席した友達に、授業内容を教えてあげるとしたら、既に言語化された内容を伝えることになるため、「知識」の伝達ということになります）。知識となったものは、それが活用される場面は思考であり、その思考が行われた結果はまた知識となります。こうして「知識」が根拠および理由として位置付けられる形で知覚と感受を結び付けることで、より実感を伴う音楽の活動になると考えられます。子どもたちが、音や音楽からそこに込められた意味等を読み取ることができ、また、自らの内面を表現しようとする際に根拠と理由をもって音を自在に操作できれば、実生活にも生きる能力となります。

そこで、〔共通事項〕（1）イ）を一層活用するための工夫が必要となります。

先ほど、「知識」に生活経験等を伴わせることを提案しました。先の【図 25】に加筆して、構造を表したものが【図 26】です。

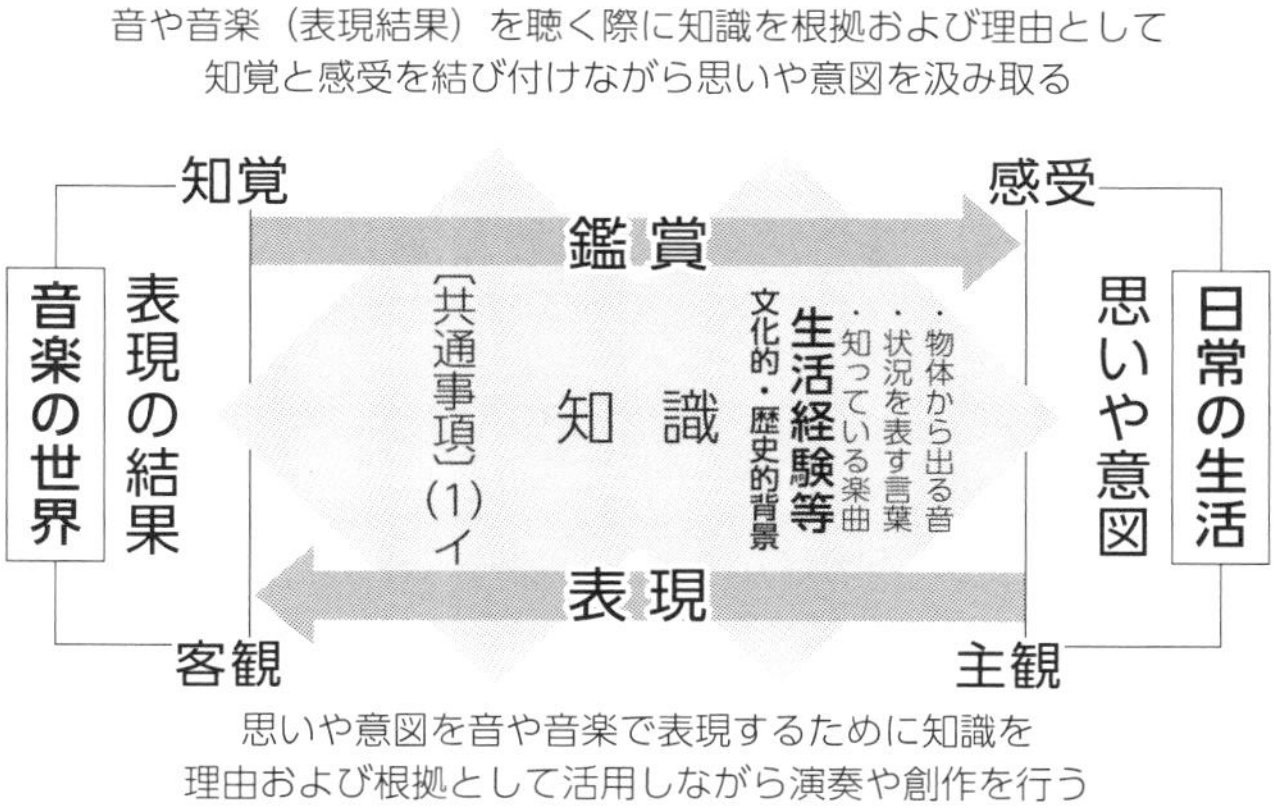

【図26】知識を媒介にした活動の構造

〔共通事項〕（1）イ）は音楽の世界の事柄ですから「表現の結果」（作品や演奏等）に、一方、「生活経験等」は子どもたちの内面に根差したものですから「思いや意図」に近い位置に配することが自然であるといえます。さらに、奏法や音色等の事情としての文化的・歴史的背景を位置付ける必要もあります。その際、文化遺産の伝達だからといって教師がそれらを教え込むのではなく、それらを「理由」として知識の中に十分な対話を通して有機的に取り込んでいけるようにすることで、子どもたちの（教室の・学級の・集団の）文化が生まれることになります。文化は古くからのものを押し付けるばかりのものではなく、子どもたちの集団の中に生まれるものも尊重するという認識をもっていないと、一過性で終わり、「学校唱歌校門を出ず」ということになるのではないでしょうか。

また、「知識」が独立して分離されたところに存在するような印象ではなく、能力の一側面として、表現の結果・思いや意図と混然一体で連続的な存在としたいと考えます。

そこで次に考えなくてはならないのが、その扱いを実践的に具体化することです。日常の授業において、「断片的な知識」ではなく、生きてはたらく「知識」を得ていけるような授業方法の開発が必要です。

そこで、発言内容を蓄積した板書、かつ、その内容が表現においても鑑賞においても活用されることを考慮した板書方法とします。【図26】を踏まえて整理したその構造は【図27】の通りであり、〈4-1〉〈4-2〉で実践に供されたものです[101]。

上掲の「『知覚』される音」―「結び付ける知識」―「『感受』される思いや意図・情景・雰囲気等」という構造を反映させた板書を、子どもたちの発言を蓄積することで作成していきます。

算数の学習では、足し算を学んでから引き算をお勉強し、掛

音楽の世界		日常の生活	
表現の結果	生活経験等	〔共通事項〕イ)	思いや意図
知覚		感受	
客観		主観	

↓　板書する内容

〔共通事項〕イ) 知覚される音	生活経験等 結び付ける知識	思いや意図 ・情景・雰囲気等

【図27】板書の構成

け算も理解したあとでないと割り算は不可能、という形で、まさにブロックを積み重ねていくようなお勉強の仕組みがあります。

一方、音楽では、ある楽曲を聴くにしても、その曲が「強弱」のみでできているとか「音色」の組み合わせのみでつくられているということは、まずあり得ません。「強弱」「音色」や「旋律」「速度」等々、様々な要素が混然一体となって含まれているわけで、最初に「強弱」のみの学習をして、続いて「音色」、そして……という具合には進められません。先述の、音楽の学習における「知識」は、さながら青くて小さいトマトの実が徐々に赤く大きく個性的な形へと育っていくようなものです。したがって、内容的にも区切りが付けにくいことから、音楽科では、「単元」とはいわずに「題材」ということが多いといえます。様々な鑑賞や表現の活動を通して、ここまで述べたような学習を繰り返し行うことで、小さく青かったトマトの実が、大きく赤く熟していくように、豊かな感性が育まれていくと考えます。

その際、子どもたちの言葉で授業をつくることを意識した場合、例えば、教師が「強弱」について教えたかったとしても、子どもたちが「速度」や「音色」に着目したならば、まずはその観点に付き合ってみることが大切だと考えます。音楽では、算数と異なり、教師の想定と順序が違っても、いずれは教師の想定していた観点にも子どもたちは気付いていきます。どれだけ待てるかが、子どもたちの主体性を育む上でも重要な在り方であると考えます。

なお、単に知識を植え付けることが目的になってしまわないよう、あくまで、先に述べた「感性」のことを常に意識しておくことが重要と考えます。「基礎と応用（や発展）」という教育観（学校教育には確かに文化遺産の伝達という役目はあるでしょうが）では、どうしても、基礎を身に付けてから何かに取り組むという展開になりがちです。しかし、基礎の段階でくじけたり、欠席していて内容が欠落した状態になったりしていると、活動自体が成立しなくなってしまいます。基礎と応用というような関係は、どちらが先とか、どこまでが基礎かとかは一概にいえないものです。そのように考えれば、教えるべきことと摑み取らせることの峻別《しゅんべつ》、判断も可能になってくるものと考えます。

繰り返しになりますが、文化は教師が教え込むというより、そうした背景を、十分な対話を通して、「理由」として知識の中に有機的に取り込んでいくことで、集団の文化として生まれることになるという認識ももっておくことが重要であるといえます。

5-6　音楽の特性を生かした新たな展開

5-6-1　へき地・小規模校や複式における音楽の授業の展開[102)]

複式学級とは、「2以上の学年の児童生徒を1学級に編制している学級」をいいます㊶。

私がへき地の複式校に勤務していた平成10年代の勤務校の教育課程は、同内容指導㊷を主に、学年別指導㊸は算数と低学

㊶ 北海道教育大学 へき地・小規模校教育研究センター『へき地・複式学級における学習指導の手引』平成31年3月、p.79. の解説によります。

㊷ 1単位時間の指導過程において、上・下学年に対し同単元（題材・教材）を指導していくとき、取り扱う教材が上下学年とも同一である場合の指導をいいます。同上書、同ページ。

㊸ 上・下学年の児童生徒に対して、学年ごとの教科書あるいは指導事項に沿った教材を指導する指導法式をいいます。同上書、p.77.

年の国語で行うような形でした。漢字の学習を進める２年生と、まだ文字を習っていない１年生とが混在する低学年の国語や、足し算を習っていないと掛け算ができないといった学習の順序性が無視できない算数では学年別指導が行われていたとしても、それ以外の教科では同内容指導で行うことは可能でした。私の勤務地では「Ａ・Ｂ年度方式」と呼ばれる、例えばＡ年度は下学年、Ｂ年度は上学年の教科書を使用するという形で行われていました。教科書については、下学年進級時に２箇学年分が同時に支給されます。国語では、上学年の教科書を使用する年度には、下学年生は時間のやりくりをして下学年で習得すべき漢字の学習をしながら上学年の教科書教材に挑みました。高学年の社会科では、日本地理が未習である下学年生が日本史の学習に取り組む形になるため、国語における漢字の学習のように、必要に応じて日本地理等の内容を身に付けていくということをしていました。これらは一見すると、学習上不利なようにも思えますが、必要に応じて必要な知識を獲得していくという側面をもつため、断片的な知識の習得ではないと考えることができ、資質・能力を育む上でマイナスであったとはいえない面があると考えられます。なお、上・下学年の教科書の内容を交互等の形で組み合わせてＡ・Ｂ年度の教育課程をつくる方法もあり、私の勤務校における音楽科は、その形でした。

音楽科は、異なる教材を同時に学習すると、他の楽曲の音が聞こえてくるという点に難しさがあり、例えば、片方の学年が『春の小川』のレコード（CD）を聴いているときに、もう片方の学年が元気に『まきばの朝』を歌うといった状況は、音楽科の常識としてはあり得ないといわれます。

しかし、学校の統廃合を含め、児童の転出入を考慮した際に、歌唱共通教材等に未習の内容が生じることを防止する観点で、異内容で行われる状況もあります[103)]。

そうしたことを差し置いても、私は、むしろ積極的に、児童の自律的な学習を促す上で有効な方法として、異内容による授業設計をしたいと考えていました。学習中以外の楽曲が聞こえてくるという、いわばタブーに打ち勝つ自律性を育むことで、ひいては個性化教育にもつながる可能性をもった学習であると考えられ、そうした形態の学習が、より主体的・対話的で深い学びを実現するものとなると考えられるからです。それは、へき地・小規模校を対象とした学習に限らず、また、音楽科に留まらず、指導法全般の改善につながると考えられます。

そこで、普通であれば、音楽と、音楽と比べて比較的音を出すことが少ない図画工作とを組み合わせることが現実的な方策の一つであるところですが、あえて、ここでは、音楽科同士で組み合わせることにしました。

「同じ教室に異なる音楽があることで生じる困難さ」[104]を踏まえ、「表現領域の『歌唱』と『音楽づくり』との異なる分野の組合せ（1・2学年複式＝【図28】［指導案a］）」「歌唱分野における異なる教材（楽曲）の組合せ（4・5学年複式＝【図29】［指導案b］）」の二つのタイプによる、異内容指導を試みました。その際、「わたり・ずらし」を基底とする北海道の授業方法の指導過程に、「共通導入」と「共通終末」[105]を組み込み、学級全員（上下学年が一緒）で行う、いわば「同時直接指導」を活動のはじめと終わりに設定しました。

上掲の二つの授業とも、学習指導案通りに展開しました。私は教育現場における複式指導の経験を有しますが、さながら算数等の学年別指導と全く変わらない印象を受けました。このことは、「同じ教室に異なる音楽があることで生じる困難さ」を常識として認識していた筆者にとって極めて意外であり、衝撃でした。

授業に関する児童に対するアンケート調査結果は「他学年の活動が自学年の学習の妨げになっていない（邪魔になっていない）」「しかも、他の学年の学習に関心をもちつつ自分の学習に

令和元年９月10日５校時
１年生：３名　２年生：２名　計５名（複式）

準備：ラジカセ１台、キーボード１台（１年生用）

１年生			２年生		
児童の活動	教師の働きかけ			教師の働きかけ	児童の活動
・『村まつり』を知る	・『村まつり』のCDをかける	直接指導	直接指導	・『村まつり』のCDをかける ・『村まつり』がどんな曲だったか確認する	・『村まつり』のおさらいをする（既習曲）
・CDを聴いて歌詞を書き取る	・CDを聴いて歌詞を聴き取るよう指示を出す	間接指導	直接指導	・教科書「ことばのリズムであそぼう」を確認する ・教科書「森の音楽隊」確認後、音色・問いと答えの指導をする	・言葉のリズムであそぶ。 ・言葉の会話の後リズムでやってみて、音色・問いと答えについて知る
・答え合わせをする	・歌詞書き取りの答え合わせをする	直接指導	間接指導	・モーモー牛を用意する	・モー牛（握ると鳴く牛の人形）を使用して、問いと答えのリズム遊びを行う
・階名が書かれているプリントを見ながら、音符に階名を書き込む	・音符に階名を書くよう指示を出す	間接指導	直接指導	・プリントに、リズムを叩く順番を書くよう指示を出す	・4→4小節、2→2小節、一緒に4小節のワクでリズム遊びをする（まず、シンプルに4拍、その後、徐々に複雑なリズムに）
・ドレミ唱をした後、歌詞唱をする	・ドレミ唱をするため、キーボード伴奏をする	直接指導	間接指導	・楽器の説明をする	・色々な楽器で3パターンつくる（2人で楽器を分担してつくる）
・自分たちでおどり（振付）を考える	・おどりの例示をする	間接指導	直接指導	・作品を発表してもらい、助言をする	・作品を発表する
・仕上げの練習をする	・CDをかける	間接指導・小わたり	間接指導・小わたり	・1年生が使用しているCDに合うよう、始まりを合図する	・1年生の練習に合わせながら、『村まつり』に合わせる練習をする
・2年生と向き合いながら、2年生とおどりと合唱奏をする	・2年生に合わせて、おどりと合唱を発表させる	直接指導	直接指導	・1年生に合わせて、合奏を発表させる	・1年生と向き合いながら、1年生と合唱奏をする

【図28】［指導案a］学年別異題材指導の学習指導案
（枝幸町立岡島小学校における授業）

令和元年9月13日5校時
4年生：6名　5年生：9名　計15名（複式）

準備：ラジカセ2台、ピアノ1台（4年生用）、キーボード1台（5年生用）

	4年生			5年生			
	児童の活動	教師の働きかけ			教師の働きかけ	児童の活動	
	・違う曲の伴奏を聴かせる	・『とんび』のCDをかける ・ドレミつきの歌詞無し楽譜を配布する	直接指導	直接指導	・『とんび』のCDをかける ・『とんび』がどんな曲だったか確認する	・『とんび』のおさらい（既習曲）	
	・『とんび』の範唱CDを聴き、歌詞を書き取る	・CDを聴いて歌詞を聴き取るよう指示を出す	間接指導	直接指導	・『子守歌』のCDをかける ・ドレミ唱をするためにキーボード伴奏をする	・『子もり歌』を聴く（異なる音階のバージョンを比較） ・リズム唱・律音階のドレミ唱をする ・リコーダーの低い音の演奏のコツを知る	
	・ドレミ唱と歌詞唱をする ・高いミ・ファの吹き方を知る	・歌詞書き取りの答え合わせをする ・ドレミ唱と歌詞唱をするためにピアノ伴奏をする ・リコーダーの高い「ミ」「ファ」の指使いを確認する	直接指導	間接指導	・リコーダーで練習するよう指示を出す	・リコーダー練習をする	
	・トリルの練習をする（強弱練習含む）	・トリルはどうやるのか確認をする ・早くできたら、1曲通し演奏の練習をするよう指示を出す	間接指導	直接指導	・リコーダーで1曲通す ・音楽づくりのために、リズムや音階の確認をする	・音楽づくりの方法を知る（同じ音階、同じリズム・終わりの音の規則）	
	・伴奏CDとプリントを使用して、ピンヨローの強弱工夫をする ・発表の練習をする	・ピンヨローの部分に強弱を付けたらどうなるか、プリントの図を使いながら実演する ・ピンヨローの部分を練習するよう指示を出す	間接指導・小わたり	間接指導・小わたり	・音楽づくりをするよう指示を出す	・音楽づくりをする（リコーダー使用）	
	・各自の工夫を加えた『とんび』の発表会をする	・工夫した『とんび』を発表させる	直接指導	直接指導	・オリジナルの『子守歌』を発表させる	・オリジナルの子守歌発表会をする	

【図29】［指導案b］学年別異題材指導の学習指導案
（中頓別町立中頓別小学校における授業）

集中していた」「さらに、自分の学習内容に集中して、自律的に学習している様子が見て取れた」「他学年に対して表現を行ったことに喜びを、他学年の演奏を鑑賞したことに楽しみを感じている様子がうかがえた」というものでした。

そうしたことから、「複式学級における学年別指導による音楽科の授業」において、自律的で豊かな活動が実現されたと考えられます。

なお、さらに曲数を増やして４曲で行ってみましたが、それでも同様の効果が得られました。用いた教材は【表4】の通りで、イヤホン[44]と分岐器を使用して聴取を行いました（【図30】参照。学習指導案は【図31】）。ここでは、タブレットの画面に表示されるタイムゲージ（時間表示）の有効性が発揮されました。国語の学習であれば、読み取ることができた部分等を「○ページの□行目」という形で他者に知らせることができますが、音楽では「音が段々高くなっていった部分」等といっても位置を特定することが困難です。しかし「○分□秒の部分で……」という形で位置を特定し、他者とともに分析[106]したり味わったりすることが可能となります。

㊹ イヤホンが耳に合わないという児童もいると思われますので、ヘッドホン等も用意しておくことが望ましいと考えます。

【表4】教材として用いた4曲

	内容〔共通事項〕	教材	主な活動
1班	調	ユモレスク	音楽に合わせピエロ表情ペープサート
2班	構成	ファランドール	図形楽譜を示しながら身体表現を指揮する
3班	速度	ハンガリー舞曲	トントンパーの動作で指揮する
4班	旋律	メヌエット	並べ替えパズルの完成して理由を説明

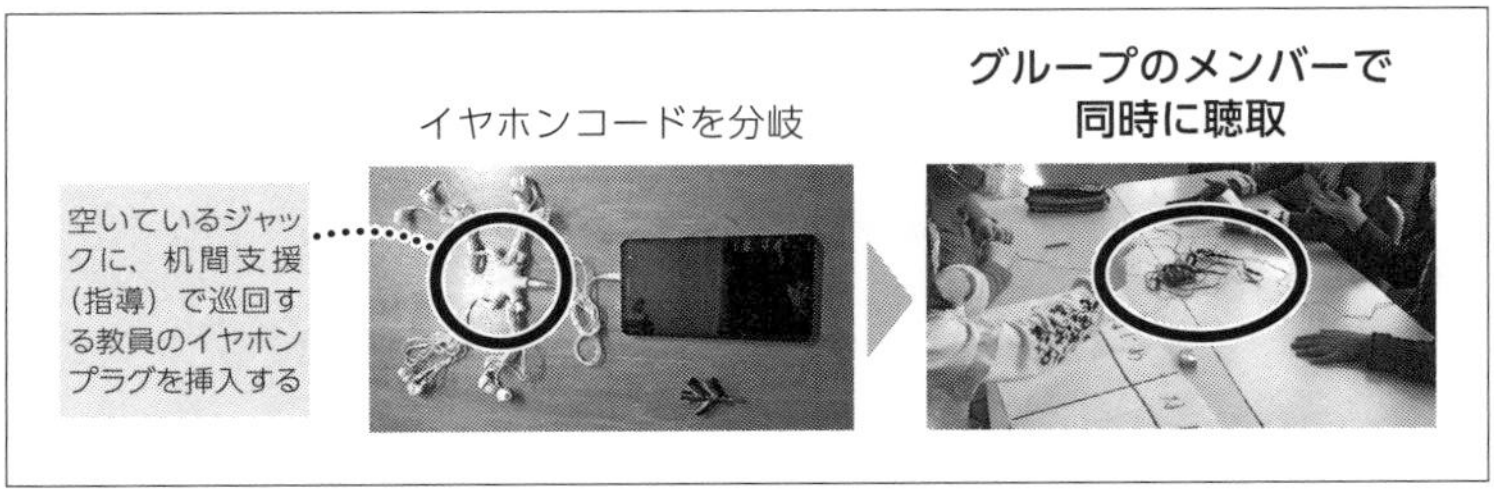

【図30】イヤホンを分岐してグループのメンバーで同時に聴取

ところで、『豊かな心を育むへき地・小規模校教育　少子化時代の学校の可能性』に以下のような記述[107]があります。

> へき地・小規模校の指導内容・方法の発想はへき地・小規模校の中に留まるものではなく、地域連携や少人数指導が求められる現代的・政策的な課題が生起する中で、都市部の大規模校にも広げることができる。へき地・小規模校の教育方法は、客観的には、日本全体の新しい教育指導観と指導方法

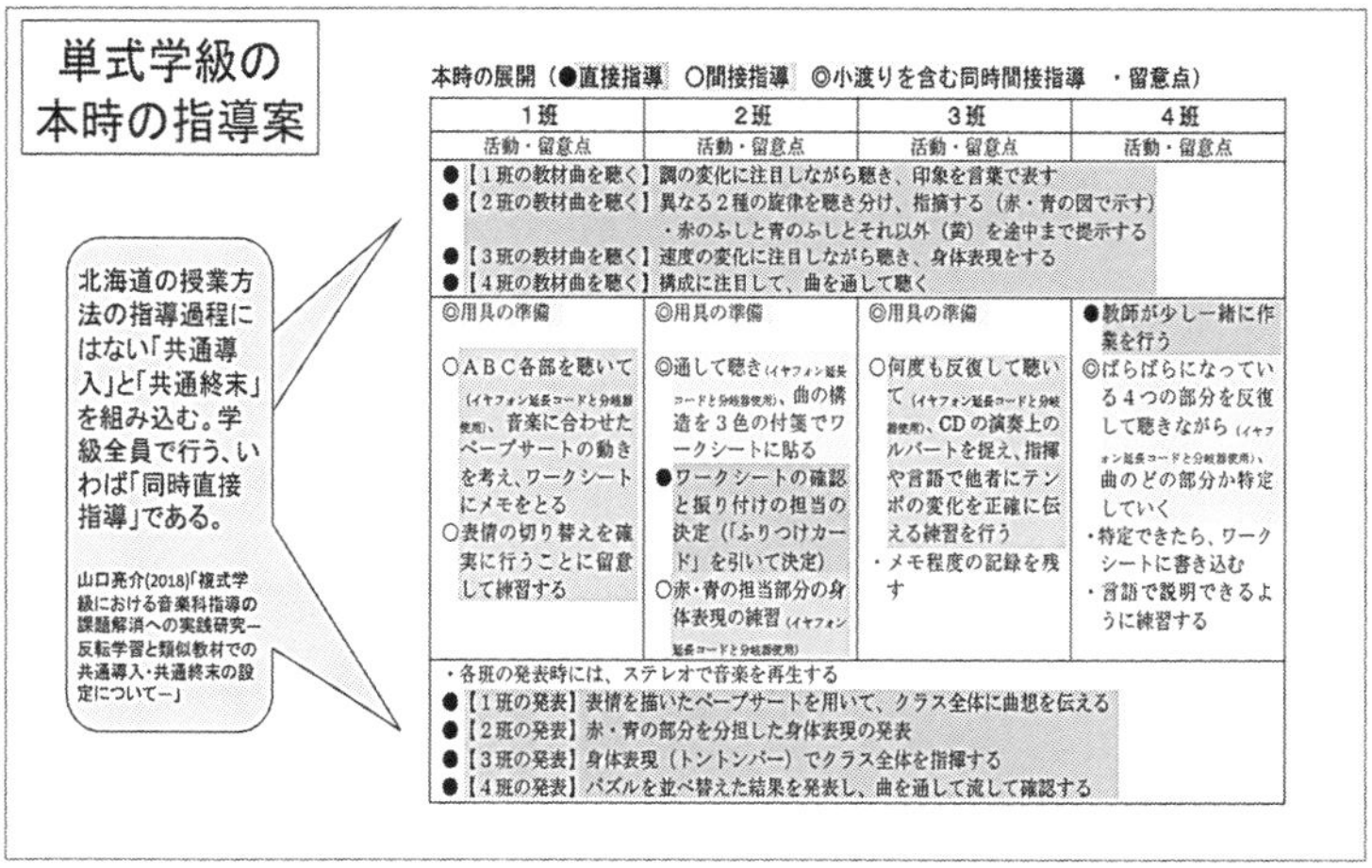

単式学級の本時の指導案

北海道の授業方法の指導過程にはない「共通導入」と「共通終末」を組み込む。学級全員で行う、いわば「同時直接指導」である。

山口亮介(2018)「複式学級における音楽科指導の課題解消への実践研究—反転学習と類似教材での共通導入・共通終末の設定について—」

本時の展開（●直接指導　○間接指導　◎小渡りを含む同時間接指導　・留意点）

１班	２班	３班	４班
活動・留意点	活動・留意点	活動・留意点	活動・留意点
●【１班の教材曲を聴く】調の変化に注目しながら聴き、印象を言葉で表す ●【２班の教材曲を聴く】異なる２種の旋律を聴き分け、指摘する（赤・青の図で示す） ・赤のふしと青のふしとそれ以外（黄）を途中まで提示する ●【３班の教材曲を聴く】速度の変化に注目しながら聴き、身体表現をする ●【４班の教材曲を聴く】構成に注目して、曲を通して聴く			
◎用具の準備 ○ＡＢＣ各部を聴いて（イヤフォン延長コードと分岐器使用）、音楽に合わせたペープサートの動きを考え、ワークシートにメモをとる ○表情の切り替えを確実に行うことに留意して練習する	◎用具の準備 ◎通して聴き（イヤフォン延長コードと分岐器使用）、曲の構造を３色の付箋でワークシートに貼る ●ワークシートの確認と振り付けの担当の決定（「ふりつけカード」を引いて決定） ○赤・青の担当部分の身体表現の練習（イヤフォン延長コードと分岐器使用）	◎用具の準備 ○何度も反復して聴いて（イヤフォン延長コードと分岐器使用）、CDの演奏上のルパートを捉え、指揮や言語で他者にテンポの変化を正確に伝える練習を行う ・メモ程度の記録を残す	●教師が少し一緒に作業を行う ◎ばらばらになっている４つの部分を反復して聴きながら（イヤフォン延長コードと分岐器使用）、曲のどの部分か特定していく ・特定できたら、ワークシートに書き込む ・言語で説明できるように練習する
・各班の発表時には、ステレオで音楽を再生する ●【１班の発表】表情を描いたペープサートを用いて、クラス全体に曲想を伝える ●【２班の発表】赤・青の部分を分担した身体表現の発表 ●【３班の発表】身体表現（トントンバー）でクラス全体を指揮する ●【４班の発表】パズルを並べ替えた結果を発表し、曲を通して流して確認する			

【図31】学習指導案

を作る実験開発学校の役割を果たしている。現代の子どもの生活環境からすれば、都市化のマイナス環境の側面が大きくなり、その結果へき地教育の積極的な可能性が存在している。そのためにも、単にへき地・小規模校を財政効率の悪い統廃合の対象としてとらえるのではなく、日本全体の新しい教育の開発学校として情報を発信する必要がある。

上掲の文献には、かつて「へき地教育」の用語の含意するものは、都市部に比して遅れた側面を引き上げる取組という意味で用いる傾向が強かったところですが、へき地の学校環境を積極的に生かしたへき地・小規模校がもつ可能性を捉え、へき地のパラダイム転換を図るべきことが主張されています。

へき地・小規模校教育は、異学年活動を通じて、個に応じた指導や自立的な活動、リーダーシップを育む場面が実現されやすい環境にあり、ここで述べたような挑戦が、へき地教育のパラダイム転換、また音楽科においては地域の音楽文化の向上や児童を取り巻く音楽的環境の充実につながることを期待して、こうした試みが広く実践されることが望まれます。

5-6-2　音楽と他教科の合科的学習
――STEAM 教育を考慮した活動

本書では、しばしば音楽科以外の教科の例を用いてお話を進めてきましたが、主に第〈1〉章で述べたように、あくまで全人的な教育を意識しているからに他なりません。「教科」というものの区分けも子どもの立場から考えたならば、絶対的なものではないからです。

そのように考えてくると、合科的学習[45]が重要になってきま

---

[45] 芳賀均・森健一郎『楽しい合科的学習の実践―音楽と他教科の合科・STEAM 教育を考慮した教科横断的な学習―』（文芸社、2020）。

す。私は、音楽科の特性を生かして、教科の垣根を取り払ったり、教科を横断したりする活動は、現在、その趣旨が十分に考慮されているとはいいがたい総合的な学習としても、とても貴重な経験を得られる場となると考えています。

総合的な学習として、例えば、木育㊻と楽器づくりと音楽づくりを一連の流れとして構成した活動[108)]があります。幼児から高校生まで一貫した教育の在り方が求められるようになった[109)]現在、様々な年齢層を対象とした学習活動の実例がある木育が好適であるといえます。そこで、以下のように構成してみました。

導入「木育」：森林に関する学習（親しむ）・ネイチャーゲーム（親しむ）・森林教室（理解する：木の種類、木材の特性、治山や環境）

主となる活動「STEAM 教育」：製作する楽器は木琴とし、アイヌの五弦琴「トンコリ」の音組織を用いる。作った楽器を用いて音楽づくりをして、その曲を、森林の中で演奏する（木を得た森に対し、音楽という形で森に還す）

㊻ 木育は、2004 年に北海道庁の「『木育（もくいく）』プロジェクト」において初めて提唱された用語であり、「子どももをはじめとするすべての人々が、木とふれあい、木にまなび、木と生きる」取組と定義されています。

なお、こうしたSTEAM教育を考慮した活動については、別の機会（別の書籍[110]）で改めてご紹介します。

5-7　用具の活用

5-7-1　聴覚障害のある子ども向けの指導として活用する電子ツール[111]

現在、聴覚障害のある子ども向けの音楽の指導方法、配慮や工夫について『聴覚障害のある児童のための音楽指導資料』に詳しく掲載されています[112]。そこには、実際の教材例等が画像付きで紹介されていて、聴覚障害のある子どもの指導をする教師にとっては非常に役立つ資料であるといえます。しかし、その多くが視覚に大きく頼っています[113]。音とは「物の響きや人・鳥獣の声。物体の振動が空気の振動（音波）として伝わって起こす聴覚の内容。または、音波そのものを指す」[114]、また、「空気の振動が耳に入り、鼓膜をふるわせることによっておこる感覚」[115]とされており、空気の振動によって鼓膜が震える、すなわち「振動の感覚」といえます。振動は聴覚以外でも感じられる場合があることから、視覚のみに頼るよりも、振動を感じることのできるような感覚を合わせることで、立体的に

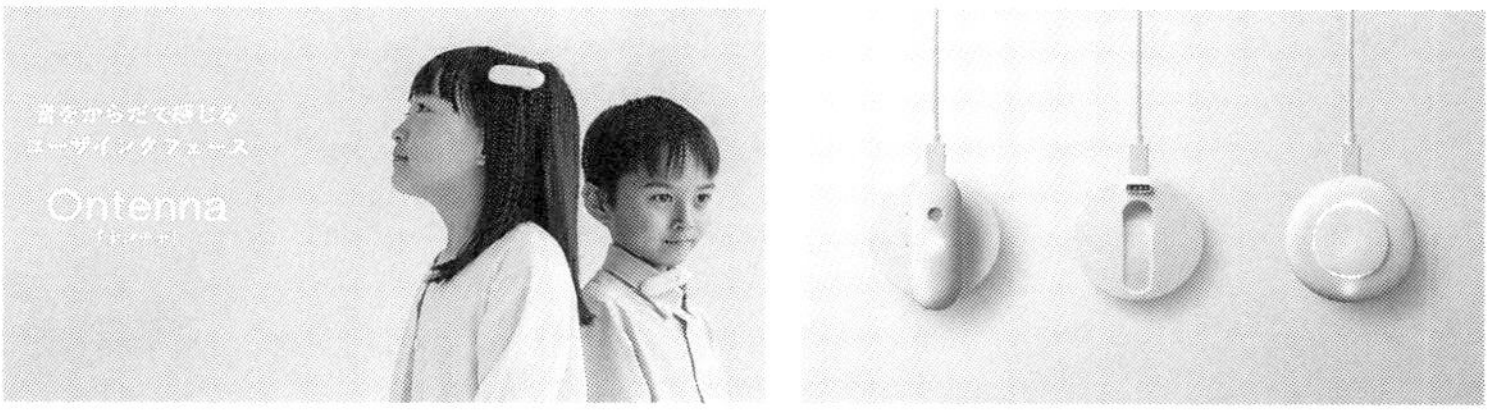

【図32 a・b】Ontenna（オンテナ）[116)]

音の響きや振動を捉えて、より音や音楽のよさを十分に味わいながら音楽の授業を受けることができる方法を検討しました。

そこで筆者らは、音をからだで感じるユーザーインターフェース「Ontenna」（以下「オンテナ」と表記します。【図32 a・b】参照）に着目し、授業実践に取り入れてみることにしました。オンテナは、音を触覚と視覚で直感的に捉えることができるようにするツールです。約60～90dBの音源の鳴動パターンを256段階の振動と光の強さに変換することができます。ヘアピンのように髪の毛に装着できる他、補聴器や人工内耳を使用しているユーザも服や襟元等に取り付けて使用することが可能です。

実際の音と振動のタイムラグも少なく、使い方もシンプルで、主に聾者《ろうしゃ》が日常生活の中や学校生活の中で、音を振動として感じることで感覚を共有することを目的として開発された本ツールは、健聴者が使っても、思わずハッとする刺激が得られるものです。さらに専用のコントローラーを使用することで、オンテナを遠隔で動かすことも可能であることから、合奏指導では周りの音を感じてそれに合わせたり、教師が遠隔操作でリズムをとったりして音を合わせていくことができるのではないかと考えました。

音楽科の合奏の活動において、オンテナの活用によって聴覚に由来する演奏のしにくさが低減されることにより、音楽活動に対する意欲が向上したり、成功体験を重ねて自己肯定感が高まったりすることを目指し、聴覚障害のある子どもたちに対する合理的配慮としたいと考えます。

音を聴覚・視覚以外の感覚を通して直感的に感じられるような器具（オンテナ）の活用によって、立体的に音の響きや振動を感じながら音楽の鑑賞や合奏・合唱をより親しみやすいものにできると考えられます。

オンテナを用いた合奏指導の実践では、聴覚障害をもつ子どもたちが活動中に「これ、ずっと欲しい」「これ、いい！」と口々に言っていました。実践後のアンケートの自由記述には「振動により音を合わせやすかった、音が聴きやすくなった」

という意見が多く、「リズムが分かりやすい・取りやすい」「リズムを（他者と）合わせやすい」「みんなで合わせることの喜びを感じた」という、オンテナに対する好印象がもたれたことが読み取れました。

なお、普段から少しずつ使用して馴染むためには、「オンテナを活用したリズム学習のゲーム」といった遊びも取り入れていくことが考えられます。例として、ここでは、オンテナを用いた読譜指導につながるリズム学習のゲームを掲げておきます。

○準備物→１グループ分のオンテナ、コントローラー1台、メトロノーム１台、リズム譜
①２グループに分ける
②片方のグループにコントローラー、もう片方のグループ１人ずつにオンテナを配る
③両グループに二つの異なるリズムが書かれているリズム譜を１枚ずつ配る（両グループ間では同じリズムを共有している）
④コントローラーのグループは二つのリズムから一つを選び、メトロノームに合わせてコントローラーでリズムを打つ
⑤オンテナのグループは受信したリズムを感じ、グループのメンバー同士で相談しないで正しいと思ったリズム譜を選

択する

⑥答え合わせをし、正解した人数の分だけオンテナグループ側にポイントが入る

⑦各グループ交代で３回ずつ行い、合計得点が高い方が勝ち（取り扱ったリズムはゲーム後に全員で確認する）

上掲の実施方法については、動画サイト YouTube 上に概要をアップロードしてあります[47]。

このオンテナは、聴覚障害のある方ばかりでなく、いわゆる健聴者にも触れてもらいたいツールであると考えます。それは、光、そして実際に皮膚を通して振動を伝えられることにより、音が単に音として捉えられるのではなく、より実感をもって感じられるからです。特にそれは、「単なる大きな音」と「よく響く音」という、ともすれば似たように思える両者を、オンテナを用いることによってはっきり峻別できることで実感されます。

㊼ 道北音楽教育研究所道北おとぼけキャラバン（https://youtu.be/ub9bPjKDvFU）を参照のこと。

5-7-2　テクノロジーの活用
――音で楽しむ神経衰弱[117]

音や音楽は、言語化していくことで知覚が高まることは、〈5-3〉で触れました。また、音楽の活動には直感も重要です。そこで、それらを併せながら音や音楽を捉えていく練習に楽しく取り組める遊びを工夫することにしました。端的にいうならば、トランプの「神経衰弱」ゲームのようなものです。【図33】のような機材（ここではLaunchpad[118]を掲出）を使用してもよいですし、模造紙等で枠をつくってアナログな方法で行ってもよいですが、ワークシート等に手掛かりを言語等で記入することが重要です。

要は、４×４あるいは６×６等のマス目を用意し、どのマスに何の音や音楽があったのかを、マス目を書いたワークシートに言語化や記号化して記入し、ペアを見つけていくわけです。

どのような音源で行うかは、以下に例として挙げておきます。

- **楽器の音色**（小太鼓とかシンバル等の音。記入する際には（知っていれば）楽器名を書いたり、音色を言語化して書きます）
- **効果音**（アニメなどで使用される「シュッ」「シャキン」といった効果音）

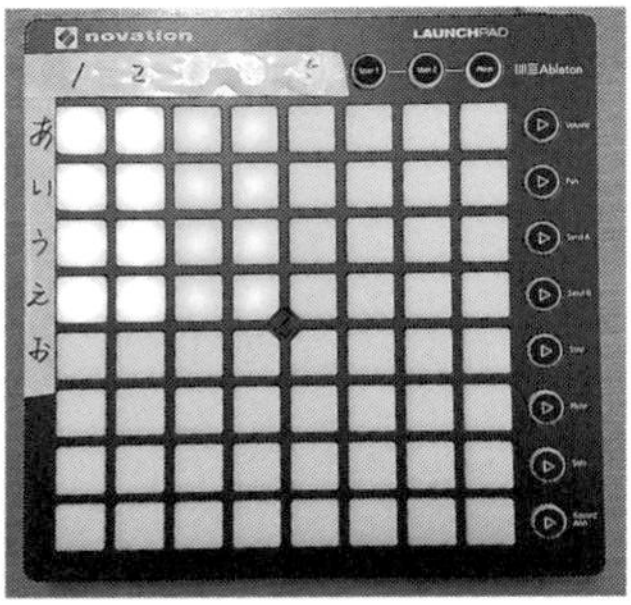

【図33】Launchpad（ローンチパッド）に神経衰弱用に
マスを示すラベルを貼った様子

- **短いふしや曲**（サウンドロゴや電車の発車メロディ[119]等。聴き取ったこと（知覚）と感じ取ったこと（感受）や、それらを結び付けた理由等を書きます）
- **数分くらいの曲**（子どもたちが知らない歌詞のない楽曲。上記と同様ですが、長くなる分、強弱変化等の構成も書きます）
- **音感や和音感**（一音や三和音等。疑似絶対音感が身につく可能性もあります）
- **同じふしや音型で異なる調**（ドミソとファラドが、移動ドでいえば同じドミソであることが分かってくるので、移動ド唱法の練習になる可能性があります）

こうした「訓練」ともとれる活動は、必然性を感じない場合は苦痛ですが、〈1-3〉で述べたように、楽しさの作用によって取り組めるようになると考えられます。

5-7-3　身体表現をうながす「ふりつけカード」

「ふりつけカード」[120]は、音楽の授業において、身体表現を取り入れたいときに活用できる教材です。

ただし、身体表現に関しては、いきなり踊るように指示しても、子どもたちは戸惑ってしまうことも少なくありません。どうやったらよいのか分からずに棒立ちになってしまう場面がしばしば見られるところです。

そこで、取りあえず誰でも踊ることができるように、以下のように、踊りの振り付けのカードを作成しました。子どもたちは、そこから振り付けを選択したり、ランダムに引き当てたりしながら、身体表現につなげることができるようになります。

カードは３種類作成しました。まず「アクションカード」です。

【図34】アクションカード

【図35】ポーズカード

【図36】ペアカード

これは、リズムに合わせて踊るために用いるカードです。振り付けは【図34】のように9種類としました。

続いて、音楽的な終止の部分を表現するために、静止ポーズの振り付けを描いた「ポーズカード」（7種類・【図35】参照）および、一人で行う動作ばかりでなく、一層協働的な活動とするために、二人以上で踊る振り付けを描いた「ペアカード」（4種類・【図36】参照）を作成しました。

これらのカードの有効性を確認するため、「知覚したことを

【図37a】図形楽譜を用いて聴取する活動

【図37b】楽曲を聴取しながら身体表現をする様子

反映させた身体表現を行う鑑賞の授業」「身体表現を伴う音楽づくりの授業」の２通りの活動を試みました。

「知覚したことを反映させた身体表現を行う鑑賞の授業」は、ビゼー作曲『アルルの女』より「ファランドール」を教材に行

【図38a】身体表現を伴う即興演奏（全員）

【図38b】身体表現を伴う即興演奏（ソロ）

いました。この曲には、主にＡの旋律とＢの旋律の２種類が、交互あるいは同時に現れます。それらを図形楽譜を用いて表した[121)]（【図37a】参照）上で、ＡおよびＢの各旋律に振り付けを行い、聴取しながら身体表現する活動を行いました（【図37b】参照）。

「身体表現を伴う音楽づくりの授業」は、太鼓を手で叩く即興表現に身体表現を付加した活動としました。演奏方法はアフリカンリズムを基にした先行実践[122)]を活用し、「グループ全員で同じリズムを叩く」こと（【図38a】参照）と「ソロ」（【図38b】参照）とをロンド形式㊽で行う形で実施しました。

㊽ A-B-A-C-A-D-A……と続く形式。ここでは、A（全員）→B（ソロ1）→A（全員）→C（ソロ2）→A（全員）→D（ソロ3）→……という具合に行いました。

子どもたちは、振り付けが思いつかないといった不安を感じることなく、即興表現によるリズム演奏も躊躇なく行われ、生き生きと身体表現を行うことができ、大変楽しく活動していました。

おわりに

宿題もスマホや人工知能でこなすという時代が、既にきているようです。そうした断片的な知識・技能を簡単に手に入れることを子どもたちに戒めるよりも、もはやそうした時代に子どもたちが生きているという現実を踏まえて、むしろそれをどのように活用していくかを、伝統的なやり方は経験させつつ、考えていくことが必要であると思います。

本書では、学校における音楽のお勉強を題材に、第1章では理念的なことや理論について述べ、「これから先のどうなるか分からない世界をみんなで生き抜いていくための人間としての力を育成する」ということを考えてみました。第2章では、そうしたことを念頭に、主に楽器を用いた授業を例に、理論を少しずつ実践として具現化していきました。第3章では、歌唱に関わる授業を例に、音楽のお勉強は何のために行うのかについて考えてみました。第4章では、音楽鑑賞・音楽づくり（創作）の授業を例に、理由を考えることを核とした活動によって知識を身に付ける方法について考えました。その際、音楽科では、あくまで、音（のレシピ）を自由自在に操って表現できるようにすること、自分が伝えたいこと、訴えたいこと等を、音を操って自由自在に表現することを、国語を例にしながら目指しました。そして、それらを実現する上で関わる多様な展開、日頃から考慮しておく実践について第５章で触れました。

研究者が論文を書くとき、問い（クエスチョン）を立てます。その上で問題に向き合っていくのですが、本書では、現実の問題（プロブレム）に向き合う職人芸的な在り方で、授業を改めてつくることに取り組んできました。その際、学術的な側面を考慮して、その構成を試みてきました。

そこでは、子どもたちが自ら問題を見いだし、目標を設定して、達成度をはかりながら歩んでいける在り方を大切にしたいと考えました。そうした「自己学習力」は教育の究極目標だからです。

子どもたちと観点や目標を設定しながら、音や音楽をいかに捉えて言語化しながらお勉強を深めていくか、その具体的な授業の形づくっていくか。先生も子どもたちも、みんなで助け合って学ぶうちに、違いが分かる人が育っていきながら、よりよい答えを探していく。そんな環境や内容をつくることを目指し、具体的に述べてきたつもりです。

先人の思考の結果である知識や技能、文化を単に身に付けていくのではなく、今を生きる子どもたちと先生が一緒になって思考して、知識や技能、そして文化を生み出していく。そのことが、断片的な知識等の押し付けと一線を画すことにつながると考えました。

東京出身の私は、新天地で社会人生活を始めることを志し、本土最北端・北海道の宗谷地方で教員生活をスタートしました。最初の４年間は学級を受け持たず、音楽等の教科を担当する形となりました。しかし、何せ我が国の北辺のへき地における勤務ですから、インターネットも事実上なかった時代に、授業づくり等の情報を豊富に得ることは難しい問題でした。我武者羅に様々な実践を積んで、教員としての経験と勘を養っていた若い頃を思い出します。

しかし、そうした経験は大切ですが、それだけだと子どもたちや同僚を傷つける結果になるということに、あるとき自覚をもち、自分の行う実践に理論的な裏打ちを求めた私は、一念発起して教職の傍ら、大学院で学ぶことにしました。現場における最後の時期、東京都の小学校教員として勤務していた頃、勤めていた学校の校長先生に管理職への道を勧められたのと、新卒の頃にお世話になった、生涯一教員として職務を全うされた大ベテランの先生に「絶対に校長になれよ。そうしないとお前のやりたいことはできないぞ」と言われたことを思い出して、そろそろ管理職を目指さなければいけない時期なのかと迷うこともありましたが、担任がとにかく楽しかった毎日でした。そんなある日、小学校２年生の体育の授業で、「ケガしないために、しっかり準備運動やるんだぞ！」と指導する私自身が、なんと、準備運動で肉離れを起こしてしまったのです（忘れもしない、深い伸脚の際の出来事です）。その日は、経験値の賜物か、口頭で指示して難なく授業ができたのですが、子どもたちと一緒に汗を流すことが大切だとずっと思ってきたので、すごく悲しい気持ちになりました。子どもたちと同じことができなくなってしまい、これは現役を退くときかと感じました。

そのような有様ですから、気持ち的には今でも小学校教員のままで、子どもたちにとって、楽しさや、成長の「実感」がもてる授業をつくりたいという思いは、研究者になった今も変っていません。

私はもともと実践の世界で印象的な体験を重ねてきた人間です。しかし、私を導いてくださった恩師が話していた「まだ研究を続けられるとしたら、望ましい授業というものを理論からつくってみたいね」という姿を、いささかでも反映した文章になった部分があったとしたら、嬉しいような気がしています。

授業に参加してくださった子どもたち、教育現場の先生方、実践に関わってくれた学生・大学院生のみなさんに、心より感謝申し上げます。今後とも、みんなで素敵な教室をつくっていけることを切に願います。

本書を作成するに当たり、幻冬舎ルネッサンス新社の深澤京花様には企画から具体化までのお導きをいただき、横内静香様には現実の書籍化に向けたご面倒な編集作業を通して大変お世話になりました。心より御礼申し上げます。

後 注

1）田中博史「第6学年 算数科学習指導案」『学習公開・初等教育研修会（紀要）』筑波大学附属小学校社団法人初等教育研究会、2000、p.36. に、「算数で身に付けた力はどんなことに役立つのだろう。買い物をするとき、物の長さや重さをはかるとき、時間や速度を知りたいと思うとき……。子ども達にたずねてみるといろいろな意見を言う。しかし、この時役に立つという視点は実生活の中ですぐに役立つことだけに絞られている。算数が直接役に立つことだけを目的にしたらおそらく4年生までの学習で十分だろう。」とある。本書より、20年以上も前の話である。

2）同上書。先の文章に続いて、「だが、算数教育の本当の目的は『考える力』自体の育成にあると考えている。教科教育が分化しているのはそれぞれに固有の役割があるからであり、すべての教科がすぐに役立てることを目的とする必要はない。もっと人間教育の土台となる分野を担当する教科として抽象的なものを対象にする教科の役割の重要性を考えるべきである。」と続く。

3）芳賀均・森健一郎『楽しい合科的学習の実践―音楽と他教科の合科・STEAM教育を考慮した教科横断的な学習―』文芸社、2020、p.125. 他。

4）この点については、共通教材が昭和33年以来教育現場に存在することを無批判に是認してはならないという主張（山本文茂『音楽はなぜ学校に必要か その人間的・教育的価値を考える』音楽之友社、2018、p.50.）もある。ただ、本書では、共通教材という設定がなくなることによって、教育現場では次のようなことが起こる可能性を指摘したい。平成10年告示の学習指導要領において、鑑賞の共通教材が撤廃された。そのことで、柔軟に多くの楽曲に触れることができるようにされたといわれ、鑑賞重視と見る向きがあった。しかし、共通教材の廃止によって、むしろ縛りを失ったがために、鑑賞そのもの自体が実施されにくくなったという現実があると考えられる。指定された鑑賞教材が学習指導要領から消えたことが、教師がもっと自由に教材を選択できるようにという形よりも、鑑賞の実践が下火になった側面を帯びているように見える（芳賀均・佐藤友夏「月刊誌『教育音楽（小学版）』の記事における指導過程の検討―音楽鑑賞に関わって―」『旭川実践教育研究』20、pp.21-24.）。全国の実践家がどのような授業を行っているのか、音楽之友社刊の月刊誌『教育音楽（小学版）』（通常、書店で入手できる音楽教育の専門誌は、中学・高校版とこれのみである）の複数の年代における音楽鑑賞に関わる指導について整理・検討したところ、授業過程の記述された記事や、実践例自体が他の年代より明らかに少なかった。

5）北海道教育大学旭川校における授業「小学校音楽科教育法」の平成27年度の受講生215名から回答を得た。（芳賀均・布施美砂子・久保允人「教員養成『小学校音楽科教育法』の授業に関する考察」『北海道教育大学紀要（教育科学編）』67（1)、2016、p.363.）

6）『教育研究』75（5）、不昧堂出版、2020、pp.26-27. において、高倉弘光が比較表を掲出した上で指摘している。

7）国立教育政策研究所「学習指導要領実施状況調査（平成24年度調査）」http://www.nier.go.jp/kaihatsu/shido_h24/05.pdf［2016.2.22.13:42 閲覧］、p. 小音 9.

8）国立教育政策研究所「音楽等質問紙調査」（平成16年度「特定の課題に関する調査」と併せて実施。小学校第4～6学年）http://www.nier.go.jp/kaihatsu/ongakutou/04000461020007002.pdf［2016.2.22.13:50 閲覧］

9）奈須正裕『「資質・能力」と学びのメカニズム』東洋館出版社、2017、p.69. および70.

10）苫野一徳「『美』とは何か、そして教育における『美意識』について」『教育研究』75（7）、不昧堂出版、2020、p.16.

11）同上。

12）同上書、p.17.

13）伊藤穰一『教養としてのテクノロジー AI、仮想通貨、ブロックチェーン』NHK出版、2018、p.137.

14）同上書、p.139.

15）同上書、p.138. なお、「未来志向者」「現在志向者」はそれぞれの訳語として同ページ内に記述されており、引用箇所に筆者が（カッコ）内で追記した。

16）高浦勝義『絶対評価とルーブリックの理論と実際』黎明書房、2004、p.99.

17）溝上慎一「大学生の学習意欲」『京都大学高等教育研究』2、京都大学、1996、p.194.

18）伊田勝憲「教員養成課程学生における自律的な学習動機づけ像の検討―自我同一性、達成動機、職業レディネスと課題価値評定との関連から―」『教育心理学研究』51（4）、日本教育心理学会、2003、p.367.

19）令和2年（2020年）12月、智辯和歌山高校野球部を訪れ、指導を行った。

20）私も聴講した、大学の教育学部の講義で、「教育とは何か」というお話があった。佐々井利夫教授の夏期スクーリング（平成19年（2007）明星大学通信教育部の学部）の講義における解説。

21）三國清三『料理の哲学』青春出版社、2003. に、30代当時の三國シェフの料理が、「すごく挑戦的」で「挑発的」だったという記述がある（p.96.）。「ハイテンション状態からつくられた料理はハイテンションの食べ手にしか受け入れてもらえない」（p.97.）状況が、40代になって「人を驚かせたり降参させる料理ではなく、自然の恵みに感謝して、自然を身近に感じてもらえる料理」をつくっていきたいと思い、「ようやく料理が楽しくなった」「僕自身も楽になった」という（p.105.）。

22）芳賀均「子どものつぶやきから構成する音楽鑑賞授業 授業における『対話』の重要性」『音楽鑑賞教育』474、音楽鑑賞教育振興会、2007、pp.10-11. 誤植等を修正して転載。

23）芳賀均「音楽鑑賞教育に関する実践的研究―効果的な指導過程についての類型的考察―」『学校音楽教育研究』14、日本学校音楽教育実践学会、2010、pp.162-163.

24）高浦勝義「『教科』概念の見直し・再編問題」『個性化教育研究』5、日本個性化教育学会、2013、p.15.

25）同上書、p.20.

26）同上。

27）文部省『学習指導要領 一般編（試案）』昭和22年度。「第三章 教科課程／一 教科課程はどうしてきめるか」。

28）同前掲書24）、p.24.

29）高浦勝義『総合学習の理論・実践・評価』黎明書房、2000、p.43.

30）同上。

31）同上書、p.46.

32）同前掲書9）、p.21.

33）同上書、p.27.

34）同上書、p.30.

35）同上書、p.31.

36）昭和22年の学習指導要領の音楽科編は、戦後の音楽教育の方向を確定したものとして知られる。「音楽は本来芸術であるから、目的であって手段となり得るものではない。」「音楽教育が情操教育であるという意味は、音楽教育即情操教育ということで、音楽美の理解・感得が直ちに美的情操の養成となる。」という形で書かれている。

37）髙倉弘光「音楽科の授業で育つ『心』とは？」『教育研究』75（5）、不昧堂出版、2020、p27.

38）「油断大敵！実技教科の攻略法」『ベネッセ教育情報サイト』https://benesse.jp/kyouiku/201506/20150624-7.html［2020.9.24.10:47 閲覧］

39）田中博史『追究型算数ドリルのすすめ』、明治図書、1995、pp.106-109.

40）浜頓別町立浜頓別小学校（3学年児童16名）における実践。令和2年8月19日。授業者は大学院生の大野紗依氏。千葉圭説・大野紗依・芳賀均「器楽指導における問題解決的な授業の試み」『北翔大学短期大学部研究紀要』59、2021. 参照。

41）名寄市立風連中央小学校（3学年児童18名）における実践。令和2年9月10日。授業者は大学院生の大野紗依氏。同上書参照。

42）木村素衞「美のかたち」1947（『美のプラクシス』燈影舎、2000）に、「雄弁は一つの芸術であっても、日常の単なる会話を人は芸術とは言わない。詩は然るに芸術である。（p.6.）」「言葉の芸術は時の形から離れ得ない。疑いもなく、詩においてこのことは最も著しく現れている。しかし声楽においては一層このことは高まって来る。詩は恐らく単純に読まれるべきものではなく、おのずから口ずさまれ行くべきものであり、ついに吟詠されるべきものであろう。言葉にいでた内容が、その主張せんとする意味を、言葉における音と時の形とを結びつけることに依って主張せんとするとき、そこに詩から声楽への、一般的に言えば言葉の芸術から音の芸術への移り行きがあると言うことができよう。（p.8.）」とある。

43）筑波大学附属小学校音楽科教育研究部『音楽の力×コミュニケーションでつくる音楽の授業』東洋館出版社、2016、p.9. 教員に対するアンケート結果から確認された現状。

44) それまでの過去約70年におよぶ小学校唱歌科は、「唱歌」教育が中心であった。それに加えて盛り込まれたのが「鑑賞」「器楽」であったが、「唱歌」の次に記された「鑑賞」は、「為すことを得」と記された「器楽」と異なり、「せしむべし」と記されており（藝能科音樂に関する法規（第14条）『ウタノホン 上 教師用』文部省、昭和16年（1941）、p.143.）、必修という形で重視されたことが分かる。制度というものは、解体的に構築しなおすことが難しく、既存のものを土台として、そこに付加するという形で発展していくということがある。既に存在した「唱歌」に、新たに「鑑賞」が加わるという形で制度を実現させたことは、結果として、その普及には有利であったと考えられる。具体的に活動の内容や方法を示すことができるため、「表現」と「鑑賞」を同一に見るような新しい指導の在り方よりも、学校教育の現場においてすんなりと理解・実施される可能性が高いといえる。

45) 芳賀均「トンビは飛び続けた」第40回 音楽鑑賞教育振興 論文・作文《教育随想の部》「入選」のエッセイから抜粋および再構成。音楽鑑賞教育振興会、平成19年12月。

46) J. デューイ著／河村望訳『経験としての芸術』人間の科学社、2003、pp.9-10.

47) 大廣雅也教諭による授業。浜頓別町立頓別小学校、平成19年2月1日。

48) 評価に関する問題については、小山真紀「音楽科の評価研究における問題点」『教育目標・評価学会紀要―第4号』教育目標・評価学会、1994、pp.55-63. において、「①評価に対する先入観の存在」「②『主観・客観』の根底にある問題」「③『評価』の用法に関する混乱」「④評価の観点と方法の未整理」の4点に整理され、「教師側の論理だけで『客観性を追求できるか否か』を議論することをやめ、学習者の視点に立つこと」および、他教科と「領域や次元が異ならないよう留意すること」「授業場面での評価を中心にして考察すること」「評価の観点や規準、基準、方法などをできるだけ明確にしていく方向をめざすこと」を研究者がまず考えるべき方向であると提示されている。

49) 同前掲 16)、p.99.

50) 前掲書 16)、p.95.

51) 小林信郎『新指導要録の解説と実際』教育出版、1980、p.13.

52) 高浦勝義『指導要録のあゆみと教育評価』黎明書房、2011、p.53. には、昭和55年版から平成3年版への改定の意味について、「各教科の『観点別学習状況』の観点は大人中心主義、教える内容中心主義から、学ぶ子ども中心主義、学び方中心主義へと転換したと考えられる」とある。評価の観点の順序は、学習の構造を表すと考えることができる。

53) 前掲書 29)、pp.228-230.

54) 平成22年の指導要録の改訂で、評価の観点が、従前の「関心・意欲・態度」「思考・判断」「技能・表現」「知識・理解」から「関心・意欲・態度」「思考・判断・表現」「技能」「知識・理解」という形に変更された。しかし、「思考・判断・表現」の中の「表現」は、「学習活動等において思考・判断したことと、その内容を表現する活動とを一体的に評価することを示すもの」であって、「歌唱、器楽、絵、デザイン等の指導の内容を示す『表現』とは異なるものである」（中央教育審議会「児童生徒の学習評価の在り方について（報告）」平成 22 年 3 月 24 日）とある。

55）米光一成『はぁって言うゲーム 』幻冬舎、2018。このゲームは、例えば「はぁ」という同じ台詞、について、各プレーヤーが指定された「怒っている」「とぼけている」等の状況に適合する表現を声と表情のみで行い、互いに何の状況を演じたのかを言い当てるというものである。

56）北海道教育大学旭川校の授業「音楽教育演習Ⅱ」。2020.1.16.3h、受講者３名（3 年生）と教員１名（筆者）。

57）浜頓別町立浜頓別小学校における実践。令和 2 年 1 月 24 日 10:15-11:00。

58）奥村好美・西岡加奈恵『「逆向き設計」実践ガイドブック「理解をもたらすカリキュラム設計」を読む・活かす・共有する』日本標準、2020、pp.22-24.

59）名寄市立風連中学校における実践。令和 2 年 9 月 28 日、29 日、10 月 5 日。授業者は大学院生の大野紗依氏。

60）北海道教育大学旭川校の授業「高等学校音楽科教育法」令和 3 年度受講者・学生の村垣美帆氏の模擬授業における提案。

61）北海道教育大学旭川校の授業「高等学校音楽科教育法」平成 27 年度受講者・学生の今野雄飛氏の模擬授業における提案。

62）Pirates Factory 社から発売。駅の売店等でしばしば見かける。写真は Pirates Factory 社より掲載許諾済み。

63）芳賀均・藤井真衣「アイヌの楽器『トンコリ』の音組織を用いた音楽づくりの授業の試み」『学校音楽教育実践論集』4、日本学校音楽教育実践学会、2020、pp.62-63. に概要が掲載。

64）新実徳英監修『小学音楽 音楽のおくりもの 6』教育出版、2015、pp.46-47。

65）教育出版株式会社編集局『小学音楽 音楽のおくりもの 6 研究編』教育出版、2015、pp.112-115。

66）Jack Claar『THE AINU TONKORI』水山産業、2013、p.5. と pp.24-27. および p.32.

67）留萌市立緑丘小学校における実践。平成 30 年 10 月 29 日。授業者は芳賀均。まず 3 年生（31 名）で試行し、音階や音名ではなく、弦番号を用いた音楽づくりの活動が可能であるか否かを確認し、続いて 6 年生（25 名）で実践した。

68）芳賀均・阿《ア》斯《ス》罕《ハン》・大野紗依「モンゴルの音楽の教材化を目指した動画制作の実践」『北海道教育大学紀要（教育科学編）』72（1）、2021、pp.417-428.

69）このことは「実際にわれわれ現場の教師にすれば、日頃の多忙を極めた生活の中でそれだけの勉強をする時間が取れるかというのがなかなか困難なことです」という指摘からも理解できる（杉原孝「提言を受けて（現場教師から）・現場教師の声 2」『音楽教育実践ジャーナル』4（1）、日本音楽教育学会、2006、p.10.）

70）同上書、p.11. 水野麻美「提言を受けて（現場教師から）・現場教師の声 3」。

71）p.71. 村井宏志・坂本麻実子「小学校音楽科における東アジア民族音楽鑑賞指導での教科書活用の提言―教師の指導力の向上を目的として―」『富山大学人間発達科学

研究実践総合センター紀要 教育実践研究』11、2016.

72) 村井宏志・坂本麻実子「小学校音楽科における東アジア民族音楽鑑賞指導での教科書活用の提言―教師の指導力の向上を目的として―」『富山大学人間発達科学研究実践総合センター紀要 教育実践研究』11、2016、p.71.

73) 2021年発行の教科書は、小中学校各2社、高等学校3社のものがある。それらを一通り（35冊）確認すると、合計11か所にモンゴルの音楽に関わる記載が見られるが、うち小中学校は5か所に留まる。しかも写真のみの掲載か、簡単な説明に留まる形となっている。

74) 前掲書68)。

75) 前掲書29)、pp228-230.

76) 前掲書42)、p.121.では、「観ることと作ること」は「原理的同一に立たねばなら」ず、「後者は前者の必然的発展である」と述べられている。

77) 前掲書16)、p.99.

78) 中央教育審議会「次期学習指導要領等に向けたこれまでの審議のまとめ（報告）」（教育課程部会・平成28年8月26日）『別冊 初等教育資料 中央教育審議会 答申』東洋館出版社、p.265.（2017刊行）。

79) 集中して傾聴し続けるためにも、聴く手がかりを学習者が見いだすことは重要であり、さらに、表現につながる鑑賞を意図したとき、言語との関連を重視する必要がある。音楽知覚に関する研究（新原将義・有元典文「音楽知覚の分化に関する一研究―ヘビーメタル・ミュージックを主題として―」『教育相談・支援総合センター研究論集』10、2010、p.149.）では、ある音楽に親しんでいる者とそうでない者とでは、異なる言語を用い、異なる音楽知覚をすることが明らかにされている。

80) M.メルロ＝ポンティ著／中島盛夫監訳『見えるものと見えざるもの』法政大学出版局、1994、p.310.およびp.368.を参照。

81) 軍事的にその活用を図るという動きが見られた音感教育もある（木村信之『音楽教育の証言者たち 上 戦前を中心に』音楽之友社、1986、pp.192-193.）が、要素等のみの聴取に終始する態度は「聴音訓練の着意すべき面であって純然たる音楽鑑賞時における終局的態度ではない」（村田榮吉『高度國防國家建設への藝能科音樂の基礎的錬成』千葉書房、1941、p.161.）とされ、音楽鑑賞教育とは側面が異なる。ただし、いずれにせよ、何事も極端に避けるということは、特定の能力を身に付けさせないことにもつながるとはいえないだろうか。音に対する鋭敏な感覚を鍛えることは、例えば、暴走してくる自動車に早期に気づくこととも直結し、命を守ることに直結する可能性がある。

82) 昭和16年の国民学校制度の施行の際に、初めて「鑑賞」が制度として盛り込まれた。この時期にも「表現」と「鑑賞」は分かちがたいものであるとの認識は存在した（教師用の指導書である『ウタノホン 上 教師用』（文部省）には「歌唱、鑑賞及び基礎練習は、指導の根本方針として一元的であることを理想とするが、指導の過程に於ては、その或部分が独立の形式をとるのは止むを得ないことである」とある）。先述の通り、明治以来それまでの約70年に亘って「唱歌」教育が中心であった。制度は解体的に構築しなおすことが難しく、既存のものを土台として、そこに付加する形で発展して、各領域がそれぞれに行われていったと考えられる。

83）中央教育審議会「児童生徒の学習評価の在り方について（報告）」（4. 観点別学習状況の評価の在り方について／（5）各教科における評価の観点に関する考え方）平成22年3月24日。http://www.mext.go.jp/b_menu/shingi/chukyo/chukyo3/004/gaiyou/attach/1292216.htm［2018.8.30.22:24. 閲覧］

84）中央教育審議会「幼稚園、小学校、中学校、高等学校及び特別支援学校の学習指導要領等の改善及び必要な方策等について（答申）」平成28年12月21日。「○音楽科、芸術科（音楽）で育成を目指す資質・能力について、『知識・技能』、『思考力・判断力・表現力等』、『学びに向かう力・人間性等』の三つの柱は相互に関連し合い、一体となって働くことが重要である。このため、必ずしも、別々に分けて育成したり、『知識・技能』を習得してから『思考力・判断力・表現力等』を身に付けるといった順序性を持って育成したりするものではないことに留意する必要がある。」（p.161.）とある。https://www.mext.go.jp/b_menu/shingi/chukyo/chukyo0/toushin/__icsFiles/afieldfile/2017/01/10/1380902_0.pdf［2022.3.24.12:52. 閲覧］

85）前掲書9）、p.71. および73.

86）例えば、演奏時における乱れた環境が、楽曲や演奏に対する印象に負の影響を及ぼすことが確認されている。千葉圭説・芳賀均・山内芳春・円谷祐太・大嶋かれん「楽器の汚れと散乱した教室環境が音楽鑑賞に与える影響」『北翔大学短期大学部研究紀要』57、2019、pp.98-111.

87）副島和久「音楽科における『知識及び技能』の考え方とその指導について」『音楽鑑賞教育』33、2018、p.33. に、「実際に音楽を聴いたり、演奏したりするなどの音楽活動を伴うことで分かる知識」とある。

88）文部科学省『小学校学習指導要領（平成29年告示）解説 音楽編』東洋館出版社、2018、p.25. に「聴き取ったことと感じ取ったこととの関わりについて考える」「音楽を形づくっている要素及びそれらに関わる音符、休符、記号や用語について、音楽における働きと関わらせて理解する」、同『中学校学習指導要領（平成29年告示）解説 音楽編』教育芸術社、p.31. に「知覚したことと感受したこととの関わりについて考える」「音楽を形づくっている要素及びそれらに関わる用語や記号などについて、音楽における働きと関わらせて理解する」とある。

89）奈須正裕・江間史明『教科の本質から迫るコンピテンシー・ベイスの授業づくり』図書文化、2015、p.61.

90）同上書、p.62.

91）中山芳一『学力テストで測れない非認知能力が子どもを伸ばす』東京書籍、2018、p.72.

92）同上書、p.74.

93）文部科学省『中学校学習指導要領（平成29年告示）解説 音楽編』教育芸術社、2018、p.27.

94）西園芳信『小学校音楽科カリキュラム構成に関する教育実践学的研究―「芸術の

知」の能力の育成を目的として―』風間書房、2005、pp.79-80.

95) 同前掲 46)。

96) 文部科学省『中学校学習指導要領（平成 29 年告示）解説 音楽編』教育芸術社、2018、p.13.

97) 臼井学「中学校学習指導要領 音楽科の改訂のポイント」独立行政法人教職員支援機構、2018.https://www.nits.go.jp/materials/youryou/028.html［2020.11.17.17:38. 閲覧］。

98) 加藤富美子「鑑賞する喜びにつながっていく『知識』とその生かし方」『音楽鑑賞教育』40、2020、p.36.

99) 中央教育審議会「児童生徒の学習評価の在り方について（報告）」平成 31 年 1 月 21 日。

100) 前掲書 32)、p.30. では、「従来の教育課程に関する議論においては、ついつい教える大人の視点から、教科等ごとに子供に身に付けさせたい知識・技能をリストアップすることに意識が集中しがちでした」との記述に続いて、本文中の引用文のように述べている。

101) 芳賀均「知覚と感受の間に知識を位置付ける板書の工夫」日本学校教育実践学会全国大会（令和 2 年）における発表。

102) 芳賀均・大野紗依「複式学級における学年別指導による音楽の授業の検討―へき地校における異題材指導の実践を通して―」『へき地教育研究』75、2021、pp.47-54. および、芳賀均・藤井真衣「複複式の学年別指導における音楽授業の単式授業への転用」『へき地教育研究』76、2022、pp.29-38.

103) 山口亮介「複式学級における音楽科指導の課題解消への実践研究―反転学習と類似教材での共通導入・共通終末の設定について―」『長崎大学教育学部教育実践研究紀要』17、長崎大学、2018、pp.101-110.

104) 同上。

105) 同上。

106) 芳賀均「音楽鑑賞授業における問題解決評価の試み」『学校音楽教育研究』16、日本学校音楽教育実践学会、2012、pp.222-223.

107) 川前あゆみ・玉井康之・二宮信一編著『豊かな心を育むへき地・小規模校教育 少子化時代の学校の可能性』学事出版、2019、pp.19-20.

108) 森健一郎・芳賀均・長嶋結美「木育の枠組みによる STEAM 教育の実践と評価―振動数の測定を通した木琴の『音階』調律―」日本科学教育学会第 45 回年会（2021 年 8 月 22 日オンライン開催）における発表。

109) 中央教育審議会の答申では、資質・能力（「知識・技能」「思考力・判断力・表現力等」「学びに向かう力・人間性等」）を「幼児期から高等学校教育までを通じて育成を目指す」とされている。中央教育審議会「第 3 期教育振興基本計画について（答申）」H30.3.8、p.17. https://www.mext.go.jp/b_menu/shingi/chukyo/chukyo0/toushin/__icsFiles/afieldfile/2018/03/08/1402213_01_1.pdf［2021.9.2.13:37 閲覧］

110) 芳賀均・森健一郎『総合的な学習としての STEAM 教育の実践――音や音楽を題材にした活動――』幻冬舎ルネッサンス新社、2023.4.

111）菊地令花・芳賀均・盛田祥史「聾学校における合奏指導に関する試み―ユーザーインターフェース『Ontenna（オンテナ）』の活用を通して―」（令和3年度日本学校音楽教育実践学会 第15回北海道支部・第14回東北支部合同例会。令和4年2月11日オンライン開催における発表）。

112）文部科学省『聴覚障害のある児童のための音楽指導資料』2021. https://www.mext.go.jp/content/20210317-mxt_tokubetu01-100002897-3.pdf［2021.12.03.21:26 閲覧］

113）例えば、「第2章3（3）②表現の器楽の活動に関する指導」（pp.32~33.）には器楽の指導に関する配慮や工夫として13点が掲出されているが、そのうち7点は視覚による支援（文中に視覚的、見る、提示等の視覚を用いることが明確に分かる表現が含まれているもの）である。また、他の6点のうちの2点についても直接的に視覚を用いることは書かれていないものの、指導方法によっては視覚的な支援になると考えられるものである。

114）新村出編『広辞苑 第六版』岩波書店、2008.

115）林四郎編著『例解新国語辞典 第七版』三省堂、2010.

116）富士通株式会社が開発。写真は富士通株式会社より掲載許諾済み。「Ontenna- 音をからだで感じるユーザインタフェース」https://ontenna.jp/［2021.09.29.12:15 閲覧］

117）芳賀均・伊藤秋梨・大野紗依「音楽教育におけるゲームや電子器機を取り入れた活動の試み―へき地をはじめとする地域における実践の記録」『学校音楽教育実践論集』3、日本学校音楽教育実践学会、2019、p.59.

118）キョーリツコーポレーション社より写真掲載許諾済み。Launchpad についてはウェブサイト「Novation Launchpad」を参照。https://www.ableton.com/ja/products/controllers/launchpad/

119）芳賀均「鑑賞の授業に向けた自ら聴取の観点を設定するトレーニング― JR 東日本の駅発車メロディを活用して―」『学校音楽教育実践論集』2、日本学校音楽教育実践学会、2018、pp.86-87.

120）芳賀均・大野紗依・伊藤秋梨・藤井真衣「遠隔授業による『音楽教育演習』における教材活用法検討の記録―通信アプリ『LINE』を用いた『ふりつけカード』を活用した授業づくり―」『北海道教育大学紀要（教育科学編）』71（2）、2021、pp.188-190. この「ふりつけカード」は伊藤秋梨氏の作成による。

121）山下敦史「Ⅲ 実践報告（『構成活動』としての〈図形楽譜づくり〉）」『学校音楽教育研究』14、日本学校音楽教育実践学会、2010、p.41.

122）多田羅康恵・B.B. モフラン・吉永早苗・芳賀均「アフリカンリズムとコミュニケーション」『音楽教育学』49（2）、日本音楽教育学会、2020、pp.51-52.

〈著者紹介〉

芳賀 均（はが ひとし）

北海道教育大学旭川校 芸術・保健体育教育専攻 音楽分野 准教授／へき地・小規模校教育研究センター センター員。研究分野は音楽科教育、教育評価、合科的学習、へき地教育。文教大学教育学部初等教育課程音楽専修卒業。明星大学大学院人文学研究科教育学専攻博士後期課程修了。博士（教育学）。

東京都板橋区出身。北海道宗谷管内（15年間）および東京都江東区（5年間）の小学校勤務を経て現職。大好きな宗谷・道北地方と関わる毎日に喜びを感じながら研究活動に取り組む。音楽科教育を木村信之、音楽を伊津野修、教育学を高浦勝義の各氏に師事。教養の側面から小川哲生、感性の側面から宮田昭弘・るり子夫妻の各氏より薫陶を受ける。

近著は『総合的な学習としてのSTEAM教育の実践——音や音楽を題材にした活動——』（共著・幻冬舎ルネッサンス）、『楽しい合科的学習の実践—音楽と他教科の合科・STEAM教育を考慮した教科横断的な学習—』（共著・文芸社）。

本文イラスト：芳賀尋子

改《あらた》めてつくる音《おん》楽《がく》の授《じゅ》業《ぎょう》

2023年2月28日　第1刷発行

著　者　　芳賀均
発行人　　久保田貴幸

発行元　　株式会社 幻冬舎メディアコンサルティング
〒151-0051　東京都渋谷区千駄ヶ谷4-9-7
電話　03-5411-6440（編集）

発売元　　株式会社 幻冬舎
〒151-0051　東京都渋谷区千駄ヶ谷4-9-7
電話　03-5411-6222（営業）

印刷・製本　中央精版印刷株式会社

装　丁　　江草英貴

検印廃止

Printed in Japan
ISBN 978-4-344-94401-5　C0037
幻冬舎メディアコンサルティングHP
https://www.gentosha-mc.com/

若き教師たちへのエール

豊内圭子
Toyouchi Keiko

幻冬舎MC

若き教師たちへのエール

はじめに

二十三歳で教師となり、六十歳の定年を迎えるまでの三十七年間小学校教師として教育現場に身を置きました。定年後は一人の主婦として、家事と二人の孫の世話に明け暮れる日々を過ごしています。ブラック企業とまでいわれる教師の生活は多忙を極め、よく生活が成り立ったものだと今思い起こしています。夫は中学校教師で部活の練習もあり、結婚したその年は、元日を除いて三百六十四日出勤したことを思い出します。夫の両親と同居しなければ家庭崩壊も起こり得る状況でもありました。五年間で三人の娘を出産し、家事と育児そして仕事を両立させなければなりません。夫婦共働きで少しずつ生活も楽になりましたが、子ども達には随分と我慢をさせたことも多かったと思います。母親として、授業参観をはじめ学校行事への参加も三分の一にも満たない状況の中で、

「ごめんね、行ってあげられないけれど、応援しているからがんばってね」

の私の言葉に、子ども達は
「大丈夫、がんばるよ」

と当たり前のように答えてくれるのです。

　三人の娘の小学校卒業式は、私自身が卒業生担任であったり、式のピアノ伴奏をすることになったりで、義母に出席してもらうほかありませんでした。長女の運動会には、小学校六年間一度も行くことができませんでした。前日からお弁当の下ごしらえをし、当日の朝は四時起きで作ったお弁当を義母に手渡し、私の勤務する学校の運動会に車を走らせます。一緒にお弁当を食べることも叶わず、当時担任していた六年生の演技を見ながら長女を思い、涙を拭ったものです。

　そんな三人の娘も成人し、社会人となりました。長女は、

「お父さんのような中学校の音楽の先生になりたい」という幼い頃からの夢を実現させ、次女は大学で音楽療法を学び、現在は知的障害者施設で入所者の介助と音楽療法の実践に取り組んでいます。三女は、一昨年から小学校教師として働いていま

す。

私はいつの頃からか、時折思いついたことや考えたことを小さなメモに残していました。そのメモをもとに執筆してみようと思い立ったのは、五、六年ほど前のことになります。担任した子ども達や職場で苦楽をともにした同僚達の顔を思い浮かべながら、家事の合間にマイペースで始めました。当初は、記憶を文字に残すことだけで充実感がありましたが、教育に携わる娘達にも読んでもらえたらという思いも持ち始めました。さらに最近は、教師を目指す若者が激減し教員不足が続いている現状を見て、教育の大切さや素晴らしさを体感したり、自分の人生観を見直したりすることのできるやりがいのある職業だということをもっと知ってほしいと願うようにもなりました。

小中学校・高校・大学と、私はそれほど優秀な成績でもなく、至って平凡な人間であったと思います。その平凡な中にも悲しみや苦しみ、喜びや幸運な出来事も人並みに経験はしました。

小さな頃から歌うことや楽器を演奏したりすることは大好きでした。体を動かすことも好きで、川で魚を捕ったり泳いだり、山に秘密基地を作って駆け回ったり……と、活動的な子どもでした。中学校時代もいろいろな出来事がありましたが、私なりにとても充実した三年間であったように思います。

高等学校では吹奏楽部に入部し、フレンチホルンを担当することになったのですが、管が長いため音程が取りにくく、お世辞にも上手とはいえませんでした。練習にも力が入らず、遊び半分のような一年間だったように思っています。さていよいよ二年生、この一年間が今思えば私の一生を左右したといっても過言ではないのです。

県立高校の吹奏楽部は予算面でもあまり優遇は受けられず、まして一本十万円前後はかかる楽器を何本も購入することは難しいため、私が使っていたフレンチホルンを新入生に渡し、部室の隅に眠っていたアルトホルンを吹くことになったのです。メッキはほぼはがれ落ち、あちらこちらにへこみも見られる貧相な楽器です。しかし、このアルトホルンがそれまでの私に元気と意欲を与えてくれたのでした。ひと昔前の音楽隊が使っていたような形で、管が短いので奥深い音色は出ない代わりに音が決まりやすく、タンギングが面白いほど的確に決まるので、リズミカルなメロディーも楽に吹けました。面白くなって何か練習に使える教則本はないかと本棚を探していたら、「コールユーブンゲン」（音大受験用の合唱教本）があったのです。それを夢中で次々と吹いていき、その中でも№.45のリズミカルな八分の六拍子の曲が大好きで一人で悦に入って吹いていたのを、今でも鮮明に覚えています。人気《ひとけ》のない教室でいつものように曲を吹いていた時に突然顧問の先生が入ってきて、

「うまくなったなあ、そろそろ自分の楽器を買って練習してみたらどうか」

といわれたのです。一瞬驚いたのですが、返答に困り

「家に帰って相談してみます」

と答えました。家に帰って、家族にその話をしたのですが、我が家にとっては生活にあまり余裕がない時期のこと、この願いは叶えられないような気がしました。そ

の時、両親の隣で話を聞いていた八歳年上の兄が、

「音楽大学にでも進むというなら、自分が買ってやってもいいけど……」

といってくれたのです。翌日顧問の先生にそのことを話すと、

「それなら、音大に行ったらいい」

　今考えれば本末転倒で、とても叶いそうにない目標に向かって進み始めることになったのでした。そして、その日を境に生活が一変したのです。顧問の先生が以前から、朝の始業前に音大志望の生徒を集めて、入試に必要なピアノのレッスンをはじめ、楽典、聴音、ソルフェージュの指導をしてくれているその中に、私も受け入れてもらえることになったのです。兄に買ってもらった真新しい楽器を抱えて、広島市内のホルン奏者の先生のもとにレッスンにも通い始めました。音楽以外の入試科目の補充として、英語や生物の先生に補講もしていただきました。顧問の先生は、目指す大学の教授や教官のもとに、レッスンに連れて行ってくれることもありました。大学入試までの二年間は、目標に向かって全力を注ぐことができ、とても充実

した日々であったと思います。

大学生活の四年間は、ひたすら楽器の演奏に燃え、三年生の時には学部内の学生演奏会に選抜で出演することができました。演奏を終えた次の日、私が苦手とするピアノと作曲法を教えていただいていた教授が講義中に、

「昨日のあなたの演奏は素晴らしかった、感動しました」

と、たくさんの学生達の前でほめてくれたのです。ピアノのレッスンでは叱られ、作曲法の授業ではあきれられ、かなり不真面目な学生だと思われていただけに、その時のうれしさは今でも忘れられません。

大学卒業を前に、進路のことで母親に相談の電話をしました。その時の自分は正直、演奏活動を続けていきたいと思っていたのですが、母親からは、

「せっかく教育学部を出たのだから、先生になったらいいじゃない。採用試験を受けなさい」

との返事が返ってきました。そもそも教師になりたいという気持ちはあまりなかっ

たので、試験勉強はほぼできていないにもかかわらず、中学校教員の採用試験を受けることになったのです。案の定不合格で、一年後に何とか合格したものの、中学校ではなく小学校に配属されました。このことも、その後の私にとってはよかったと思っています。教育学部とはいえ、楽器の演奏ばかりに夢中になっていた私でしたから、小学校全教科の指導技術に関しては無知で未経験なことばかりでした。そんな私が小学校二年生の担任をすることになったのです。何もかもが初めてのことで、周りの教師に助言をもらいながら毎日を必死に過ごしました。一日の仕事を終えて家に帰り着くなり、布団に倒れ込むような日々がしばらく続きました。先輩の教師を尊敬し、知ることや力をつけることに貪欲にもなれました。新任地で学んだ数多くのことは、後の教師生活においての大切な基礎となったように思います。

　その後、結婚をきっかけに他県へ転勤することになりましたが、たくさんの子ども達との出会いや保護者との語らいの中で、多くの学びを得ることができました。教育とは、教師とは如何にあるべきかを常に自分に問いかけられながら、一喜一憂の日々を送ることになりました。

定年退職をして十年間が過ぎようとしている今、私が得た学びが現在の教育課題に沿ったものであるかは甚だ疑問で、時代錯誤の部分も多いとは思うのですが、少しでも役に立つ部分があればと思い出版の運びとなりました。若き教師やそれを目指す若者にとって、一つでも二つでも参考になることがあればこれほどうれしいことはありません。

目次

内面を育てる

二章●教師としての学び

現場で（校舎、教室ほか）

マインド、心構え

三章●自身について

おわりに

一章●子ども達の教育

学習に関して

1　学習能力に見る、なるほどザ「言語力」

一般的に文字力・言語力が高い子ども達ほど、学習理解力や応用力が高い傾向にあるといえます。いい換えれば、伝える側がいくら声高に力説しても、その言葉の意味を理解する受け手の能力がどうであるかに左右されるということになります。言語力は単に学習だけに止まらず、生活のすべての場面にも影響を及ぼしていく大切な力だといえるでしょう。

退職までに五つの学校に勤務しましたが、最後の職場で三年生を担任した時に、子ども達の明るさや元気さに加えて、言語力の高い子が多く、授業が活気に満ちていたことを思い出します。豊かな言語活動は、教師と子ども、さらに子どもと子どもの思考をつなぎ、授業に進化と深化をもたらしていきます。時にはこちらが準備している言語を超えた発想に感心させられることもありましたし、教師の言葉よりも子ども達の選んだ言葉の方が、共通理解が得られやすいと反省させられることもありました。

　低学年初期によく見られる場面ですが、何かにつけてすぐ暴力を振るい、周りの友達から嫌がられたり、共同作業ができにくかったりする子がいます。そのほとんどが自分の気持ちをうまく表現できずに、苛立たしさや満ち足りなさを力で表現してしまうのです。友達から注意されたり教師から叱られたりする日々が重なるごとにエスカレートしていき、顔つきも変わり、暴力的だとレッテルを貼られ、友達は寄りつかなくなってしまいます。新入生の場合は、就学前に起きたトラブルからのしこりを引きずっている場合も少なくありません。そのような子に対して、「自分の気持ちがどうだったのか」「どうなってほしいのか」を言葉に表現することの大切さを、一から学ばせてあげる必要があるのです。時間はかかりますが、その子を中心に置き、周りの子ども達の力も借りながら取り組むことで、言葉の大切さは勿論、似た悩みを持つ子ども達にとっての共感を生み、その子を支えたり変容に気づいたりする子が育ち、暴力排除の風土が培われていきます。そのことにかけた時間以上の成果が表れることもあるのです。

言語力に重きを置くということは即ち、教師自身が日常の言語活動に責任を持ち、より正確で豊かな言語表現を身につけなければならないという課題にもつながります。子ども達の反応を見ながら、理解に結びつけるための補足言語を持ち合わせる力量も必要となるでしょう。特に言語を学ぶ教科「国語」の時間においては、正確な発音と正しい日本語の指導に徹しなくてはならないと思っています。

2　継続は力

学校現場においては、学力や体力向上につながるあらゆる取り組みが繰り広げられています。かつて私も「継続は力なり」と、いくつもの取り組みを進めてきました。

●計算スキルの向上を目指した「百マス計算」
●かけ算の定着を目指した「かけ算がんばり表」
●豊かな音読表現のための「音読チェックシート」
●読解力や想像力を高めるための「読書通帳」等々

最近では次から次へと新しい実践が取り組まれ、場合によっては課題解消に向けた学校全体の取り組みも見られます。終わりのない大切な取り組みに違いありません。

二十年前、指導要領の大きな改革が行われ、義務教育の三年生以上の学年に「総合的な学習」の時間が年間１０５時間組み込まれました。
「変化の激しい社会に対応して、探求的な見方・考え方を働かせて、横断的・総合的な学習を行うことを通して、よりよく課題を解決し、自己の生き方を考えていくための資質・能力を育成すること」(文部科学省)

この教科が施行されるに当たり、現場の教職員の間でも様々な議論が湧き起こりました。意義や可能性は理解できますが、手探り状態でのカリキュラム作成や、実施に伴う連絡・調整等に莫大な時間を要したことを今でも思い出します。

私にとって何より耐えがたかったのは、「総合的な学習」の時間を生み出すために、子ども達が楽しみにしている「体育」と「音楽」の授業時間数が大幅に削られたことです。なんとか削られた時間を補う方法はないかと考え出したのが、「朝の会」「帰りの会」の活用でした。

【朝の会で】

「音楽タイム」では、基礎的な楽器演奏に取り組みます。低学年であればハーモニカや鍵盤ハーモニカ、中・高学年ではリコーダーの演奏です。初めの頃は教師主導で細かい練習が必要ですが、やがて教師が演奏した短いフレーズを子ども達が聞き取って演奏する「音の山びこ」や一人の子どもが♪ソファミと演奏したら次の子が♪ミレミ、次の子が♪ミファソというように最後の音から節を作る「音のしりとり」などにも取り組めるようになりました。

「日直さんのスピーチ」では、低学年は身の周りの出来事を短く発表しますが、中学年になると、一分間を目標にスピーチをします。一分間話し続けるのは結構大変なことで、前の日から準備をしてメモを見ながら発表する子もいます。反対に発表内容を考えてこなかった子も時々見られます。その場合には次の日に回すこともありますが、「一発芸」や「なぞなぞ」「手品」などでもクリアということになり、むしろ笑いを取って大受けすることもありました。

【帰りの会で】

「今日の出来事」では、特に低学年のいさかいで喧嘩の仲裁に終始することもありますが、友達のがんばりや、うれしかったこと・楽しかったことに目を向けることの大切さを伝えてきました。

「元気に歌おう」では、今日一日のがんばりを振り返り、がんばった自分を認めたり嫌なことも発散できたりする時間にと、教科書以外の素敵な曲も取り入れました。

また、削減されてしまった体育と音楽の授業を有効活用できるような取り組みもしました。例えば、体育の時間に入る前の授業は、着替える時間の余裕を見てできるだけ早く終わるように心がけ、着替え終わった子ども達から運動場に行き、「サーキット・トレーニング」に取り組みます。固定施設を使って、あらかじめ決められたルートをマイペースでこなしていきます。例えば、走って滑り台横の柵をくぐり、階段を上って滑り下りたらバックネットにタッチして次は登り棒、鉄棒で前回りを一回したら高鉄棒にぶら下がり、次はタイヤ跳び、それも終えたら朝礼台に上がって飛び降りる。これまでが1クールです。雨の日は体育館を使った「サーキット・トレーニング」にも取り組みます。担任も着替えて運動場に着く頃には半分の子ども達はすでにトレーニングを終えています。最後まで行かなくても笛が鳴ったら集まるのです。競争ではなく遊びのような要素もあるので、運動が苦手な子にも受け入れられたような気がしています。

子ども達の肉体と精神を育てる体力作りと、心を落ち着かせたり和ませたりすることのできる音楽を使った感性の醸成に心がけました。このような取り組みは、まさに「継続の力」となり、音楽の技術面でも高まりが見られ、器楽合奏の時間も生み出すことができました。四年生の「二分の一成人式」では『天空の城ラピュタ』の合奏に取り組み、卒業式の演奏では『コンドルは飛んでいく』というレベル的にはかなり難しい曲も保護者の前で演奏することができました。国語教材が音楽物語として作曲された『アナトール工場に行く』の音楽劇を地域の方々に披露することもできました。「総合的な学習」の地域との交流場面で「特別養護老人ホーム」に行ったときも、器楽合奏や合唱を披露した時に高齢の入所者の方が涙を拭われて感激してくださった姿は、子ども達が成長していく中での一つの財産になったのではないかと思っています。

「朝の会」「帰りの会」「体育学習の隙間時間」「音楽学習での基礎的な反復練習」の二、三分は僅かな時間ではありますが、一年間の「継続」で大きな成果を上げることができました。

3　「漢字力」を身につける

ひらがな学習を終えた一年生は、漢字学習に入ります。一マスを四つに区切ったシートを使って、書き順を意識させながら丁寧に進めていきます。書き順を間違えて覚えてしまうと、その癖が取れにくく、大人になっても引きずってしまうことにもなるのです。多くの場合、「漢字ドリル」を使って学習を進めていきますが、私はその書き順や文字の形にこだわって、かなりの時間を費やしたと思います。

まずは、その漢字の持つ意味や使われ方を学びます。初めての漢字に出会う瞬間を、できるだけ印象づけたいと思い、その漢字を使った短い言葉も板書しておきます。これは、後で短文を作る時のヒントにするためです。

そして、四つに区切った部屋のどこから書き始めて、どの書き順で進めていくのかを声に出しながら確認します。「空書き」といっていましたが、黒板を見ながら指を使って書き順を確認するのです。その際、教師は子ども達の指の動きを見逃さないようにします。その後、ドリルの一番大きな字を同じようになぞり、その横の書き順を声に出して、いち、いち・に、いち・に・さん、とやはり声に出しながら確かめます。画数が多くなると、書き終えた子ども達の口からため息が聞こえるのです。なかなか集中力と根気が必要な作業ですが、漢字習得の重要なポイントだといえます。そして、なぞり書き用の薄い線が書かれた文字を丁寧に書きなぞります。この作業に入ったら、教師は素早く赤ペンを手にして机間巡視をしながらチェックに入ります。丁寧に書けた文字に花丸をつけると、「やったー」などと小声で喜ぶ子を横目に、他の子ども達も俄然がんばります。アドバイスも忘れずにしながら、そのがんばりを見とどけます。

最後に、ノートを使って、短い文を作ります。できるだけ主語と述語が入った文を心がけますが、この時に最初に学んだ短い文が生きてくるはずです。今日の学びが薄れないように、その日の家庭学習用に漢字ノートの一番上に一文字書き、提出しておきます。教師は一人ひとりの漢字ノートが正しく書かれているかをチェックし、その下の空欄を宿題として持ち帰らせるのです。その一連の作業が子ども達に定着するまでが、教師にとっても力のいる時間となります。家庭訪問の際に保護者から、「漢字ノート一ページに一時間以上の時間をかけています。気に入らないと何度でも消して書き直しています」
と苦笑しながら伝えられましたが、なるほどその子の漢字ノートは、丁寧で力のこもった美しい文字でうめられていました。

低学年まではそういった時間がある程度保証されますが、中学年・高学年になると、そこまでする時間の余裕がなくなります。他の学習の幅が広がり内容も深まるにつれ、漢字学習にかけられる時間が限定されますが、一連の作業を要領よくこなすことができるのも高学年の力なのです。日記や作文指導の中で、全体の文章の中に何文字漢字を使用することができたかを意識させることも大切です。集中力と作業力を駆使して漢字を学び取り、生きて働く「漢字」を身につけてほしいものです。

4　初読の感想に懸ける

　国語の教科書には、少なくとも二つは物語教材が掲載されています。一匹だけ色の違う魚がみんなと協力して大きな魚に立ち向かっていく『スイミー』や、二匹の蛙の友情をほっこりとした会話文で綴《つづ》った『お手紙』、おくびょう豆太がじさまのために必死で山を下りて医者様と見た『モチモチの木』や中学年では平和教材ともいえる『ちいちゃんのかげおくり』や『一つの花』、高学年では『大造じいさんとガン』『やまなし』等があります。こういった教材はあまり大きく変わっていないので、親の世代でも懐かしく感じられるのではないでしょうか。

　このような作品と子ども達との出会いを価値あるものにするための「範読（新しい教材に子ども達を出会わせる場面で、教師の模範的な読み方を聞かせること）」はとても大切で、教師にとっては緊張もしますが狙い目でもあるのです。感情移入も大げさすぎては逆効果ですが、子ども達の感性に訴える絶好のチャンスなのです。

『ちいちゃんのかげおくり』等の平和教材では、何度読んでも辛くて涙ぐみそうになってしまうのですが、時折私の顔を窺いながらも子ども達はきちんと受け止めてくれます。「範読」を終えて子ども達に感想を聞くのが「初読の感想」です。この「初読の感想」を基に学習計画を立て、読み取りを進めていくのですが、子ども達の感想が深くて、これほどまでに読み取れていたら目標をかなり達成しているのではと感心させられることもあります。子ども達の純粋な感想がその場で消えてしまうのはとても残念なので、素早く板書をして、それを模造紙に書き、学習を終えるまで掲示しておきます。読み取りの途中段階でもその感想が活用できるのです。

国語の時間が終わって、次の時間には違う教科の準備に入らなくてはならないので、時間割の操作をして、黒板を使わなくてもよいような学習に組み替えたこともあります。数少ない物語教材ですから、これくらいは許されるし、小学校のよいところでもあります。感想をまず自分のノートに書かせ、後で集めることも一つの方法です。それでも無理な時は黒板一杯の感想を写真に撮っておき、放課後はそれを見ながら書き写す作業となります。今ならスマートフォンが大活躍するのですが、当時はカメラが主流でした。だれが発表したかも書き添えておくと、子ども達もうれしそうで俄然がんばってくれるのです。そして読み方も教師に似てきて、その場面を思い描きながら一言ひとこと思いを込め、丁寧に読むようになってきます。

5　子どもを鍛えることをためらわない

「鉄は熱いうちに打て」「三つ子の魂百まで」等といわれますが、ここではあくまでもスパルタ教育的な要素を持ったものではなく、その時その時に身につけるべき学力や生活力・社会性をどのような指導方法で展開していくかについて考えてみたいと思います。小学校二年生の算数の学習を例に取ると、二桁の足し算・引き算がやっと終わった時点で、早くも「かけ算九九」の学習単元に入ります。教師は、かけ算が持つ仕組みを理解させ、その習熟を図り、技能を定着させるために全力投球をすることになります。不十分な指導で定着させることができなかった時には、その後学ぶことになる算数科の多くの単元でつまずいてしまうことになるからです。黒板を覆うほどの手作り教具を準備し、児童の机には、具体物を操作することでかけ算の仕組みが理解できるような、工夫の見られる教具が並べられます。子ども達の興味を引きつけるために、アニメヒーローを登場させたお話を展開したり、冒険の旅に出かける設定を仕組んだりすることで、できるだけ興味を持続できるようにも心がけました。

指導方法も、その時々の教師の思いから、二の段から始めるべきか五の段からか。はたまた最も難しい七の段からか等と、教師側の議論も伯仲《はくちゅう》することがありました。かけ算の仕組みが理解できた後は、反復学習に力を入れた習熟を図ります。その際も暗唱カードを作成し、学校ではゲストティーチャーやT・T（ティーム・ティーチング：複数の教師が役割を分担し、協力し合いながら指導する授業形態のこと）を導入しての学習に力を入れ、家庭でも保護者に聞いてもらうのが毎日の宿題になります。寝ても覚めてもかけ算九九なのです。

生活力や社会性についても同様で、その時期につけるべき力がついていなければ、次の段階を積み重ねることが難しいことが多くあります。入学式を終えた新入生に、引き出しの整理整頓の仕方や掃除の仕方を指導したり、丁寧な言葉遣いや発言の仕方を定着させたりすることが、その後の学校生活の過ごし方を左右します。その学年で身に付けるべきことが不十分であるのに次のステップを重ねることは、教師にとっても子ども達にとっても時間と労力が倍近くかかり、ストレスも加わります。様々な生活の場面で垣間見える普段着の子ども達の姿が、果たして今の成長段階に沿ったものであるかを見極めたいものです。教科の学習内容だけに止まらず、後の生活につまずきを残さないよう、「ここぞ」と思う時には妥協をせずに粘り強く取り組んでいける教師でありたいと思います。

6　百聞は一見・体験から達成感

たくさんの知識の中で、実体験に基づいた知識ほど強いものはありません。言葉で教えられたものだけでなく、自分の五感を通して吸収されたものは、知識を超えた得がたい体験として形作られていくのです。幼少期から少しずつ人格が形成されていく中で、大きな影響力も持ってきます。だからこそ、小学校低学年における体験的な学習の重視は当然のことといえるでしょう。ある事柄について、教師が考えたり意図したりする内容を事細かに説明しても、なかなか思うように理解してもらえないことはよくあります。その子の日常生活とは異質なものであればあるほど、理解に苦しむことになります。しかし、その延長線上に実体験ができる学習を組み込むことで瞬時に理解ができることを、今までたくさん目にしてきました。まさに「百聞は一見にしかず」なのです。

しかしここで大きな問題となるのは、時間の捻出です。校外学習においては、場所の設定や人的配置、危機管理上の諸問題、天候の影響、事前・事後の指導やまとめの共有等々、カリキュラムを作成する上で多くの課題が生じてきます。よかれと思って計画した体験学習の時間的な重さに押しつぶされそうになることもあります。反対に、あまり必要性は感じないけれども、計画に入っているから実践しなければならない……「～ねばならない学習」に陥ってしまう場合も考えられます。

近年、そういった諸々の課題を解決する手立ても普及してきています。ＰＣをはじめとする様々な機器が教育現場に導入され、実体験ではないが、あたかも体験したかのような学習が可能な授業風景も見られるようになりました。それによって膨大な時間と労力をかけての体験学習が、キーを押すだけで、素早く映像を通して享受することができるようにもなってきました。つくづく便利な世の中になったものだと感心しますが、限りなくバーチャル・リアリティーの世界に近づいているような気がしてなりません。体験により近いというよさは納得するものの、あくまでも実体験とはいえないのです。

田植え体験を考えてみることにします。教室での事前学習とは別に、子ども達が体験を通じて考えることは想像を超えるものがあります。米作りの学習に入ってからというもの、茶碗の中のご飯が何粒ぐらいあるかを確かめようとする子、田植えの時には「はだし」でなく「長靴」を履きたいといってくる子、途中で出会ったカエルや蛇に、すっかりやる気が失せてしまった子、勉強は苦手だが、祖父を手伝って田植えをした経験のある子が、やる気満々のオーラを放っている姿、と実に様々な様相を呈しています。しかし、思いのほか心地よい泥の感触や整然と植えられた稲を見た達成感は、何物にも代えがたい体験であったようで、田植え帰りの子ども達のさわやかな笑顔が、それを物語っているのです。

7　日々の実践を国語で検証、道徳で検証

「正しい国語力」と「人としての道徳性」を身につけることは、とても難しいことだと考えます。それは、客観的な評価基準が示しにくいことや、評価する人間そのものの価値基準に左右されるところにあります。「国語科」については、文章表現力や理解力を研鑽し、一定の学力を得ることはできます。この国語力が他教科の学習の基盤になることも前に述べた通りで、学習の基礎が国語力にあるということになるのです。しかし、この国語力こそが就学前の家庭環境や地域性に大きく左右されるもので、小学校の入学式の時点ではかなりの格差が生じているのが現実であると思います。「道徳性」についてはその子を取り巻く家族の暮らしぶりが影響し、もっと深刻な課題を有しているといえます。

かつて「ひらがな」指導に多くの時間をかけてきた時期があります。段差解消や基礎基本の重視などよい面も見られますが、結果、全体的なカリキュラムへのしわ

よせもあったように思い起こされます。漢字学習も時間をかけたいのですが、家庭で繰り返し練習することに頼らざるを得ないのも現状です。表現力向上のための日記や作文指導、朝の会や帰りの会、学活等を使った「聞く力」「話す力」の定着化、そして何よりも、言葉に込められた思いを「感じ取る力」を育てることの難しさを痛感してきました。自分の気持ちを「言葉」で伝え、相手の思いを「言葉」で受け止める、この繰り返しの中で、相手を理解し、自分自身をさらに磨くことができるのです。そういった「生きて働く国語力」こそが、自分の生き方、つまり「道徳性」に結びつくのではないでしょうか。

「道徳」の授業内容が細分化され、教科書に沿った内容の指導が求められる中で、評価も伴う時代になりました。教師として、育っていないものを育っているとはいえませんが、あるべき姿に少しでも近づこうとする、意欲をかき立てるような評価をしたいと願ってきました。これまでの一学期ごとの評価における所見の文章もそう願って書いてきたつもりです。たった三行の所見に数十分から場合によっては一時間以上かかることもありました。その行間を埋めるのは間違いなく、教師と子ども、または保護者との信頼関係であるように思います。日々の教育活動すべてにおいて、どう問題提起をし、解決の糸口を探り、実践を見届け、その時々の評価を繰り返してきたかが問われるのです。教師自身の反省材料なのです。

人権学習や道徳の授業を終えて、その振り返りとして感想文や意見文を書かせることはよくあることでしょう。ここでも国語力のあるなしが関係するし、教師が望む答えを当然のことのように述べる子もいます。ほとんどの子が教師の意図する答えを発表したとしても、これは始まりに過ぎないと私は思っています。一時間や二時間の学習で得た答えが、その子の意識の中にしっかり根づいたと錯覚してはならないし、教師がそれに甘えてはならないのです。道徳性は、すべての学習の根底に常に流れ続けています。その流れに時にはさおを差し、時には手でかき混ぜながら見取りを続けていかなければならないと思っています。

内面を育てる

8　低学年、ルールを守ることの大切さを身につける

真新しいランドセルとともに期待と不安を背負い、きらきらと輝く瞳で入学してくる一年生の姿があります。その昔、担任は経験豊富な女性教師の場合が多かったように思います。まだ母親役を求めようとする年齢でもあり、小さなことの一つひとつのきまりを繰り返し、巻き返し指導しなければならない根気強さも必要とされます。高学年に対するような「伝えています」「指導しました」では、小さなことではあるけれど、とても大切なたくさんのルールを定着させることはできないのです。しかし、意味も理解せずに強制させられるルールについてはこれほど無意味なものはありません。日々の活動の様々な場面で直面する課題に対して、如何にルールが必要であるかを実感できるような場面を体験させてこそ、生きて働くルールを

身につけさせることができるのだと考えます。

「ピンチはチャンス」という言葉が一世を風靡《ふうび》しましたが、まさにこの言葉が当てはまる場面をいく度も経験しました。まだまだ未熟な子ども達は、観念的な指導では理解が難しく、自分の身近に起こった出来事を通して学びを展開していきます。自分の体験を通して考えた時こそ、「なぜそうなったのか」「どうすればよかったのか」を真剣に考えることができるのです。授業中であろうと、掃除時間であろうと、休み時間であろうと、子ども達のピンチを見つけた時は一刻も早い対応に迫られます。その場の対応が終わっても、そのことをさらに学級全体に問いかけるチャンスもその子が与えてくれるのです、自分のこととして置き換えて考えさせ、共感を広げていくことにつなげていきます。このようなことを繰り返す中で、教師の目に入らない場面でも子ども達自身が問題解決し、教師に事後報告をすることさえできるようになります。

「先生、さっき〇〇さんが廊下をすごい勢いで走ってきたのでぼくとぶつかりそうになりました。けがをしたらゴメンじゃすまないよ、といったら、ちゃんと謝ってくれました」

「〇〇さんが一人で暇そうにしていたので、声かけをして一緒に縄跳びをして、楽しかったでーす」

課題の残る結果であったとしても、おかしさに気づいたり、何とかしようと心を寄せ合ったりすることができるようになるものです。この空気感が子ども達の規範意識を高め、自治的な意思を育てていくのです。

低学年独特の「もまれ合い」の中で、ルールは人と人とを優しくつなぎ、集団の中で一人ひとりが守られる大切なものであるという実感が生まれ育っていくに違いありません。無理に押しつけられるものでなく、当たり前のことだという認識が身につくことで、違和感なく受け入れられるようになっていくのです。

社会の中で起こる様々な事件や犯罪も、元をたどれば「ルールが身についていない人間」の自分勝手でわがままな言動に端を発しているのではないでしょうか。その人間が育つ過程において、周りの大人がどのような教育を行い、どのような関わりを持ってきたのかという見取りこそ重要なことではないだろうかと考えています。

9　中学年、「耐性」を自分の自信につなげる

この時期の子どもに向けてよく話すことがあります。それは「我が家の家訓」についてです。大げさな言い方ですが、代々受け継がれたものではなく、自然にでき上がったといえる口癖のようなもので「人生我慢の連続」という言葉です。

夫の父親は石炭の採掘を盛んに行っていた頃に、関連会社としての金属関係の商売で財を成していたらしく、夫が中学生の頃はお抱え運転手が、

「坊ちゃん、学校まで送っていきましょう」

と親に内緒で連れていってくれました。それが見つかって父親から厳しく注意されたという話や、小・中学校に多額の寄付をした話も聞いたことがあります。その後炭鉱の閉山や手形の不渡りなどが続き会社は倒産を余儀なくされました。夫の高校時代は生活も苦しく、自分の貯金通帳から授業料を払っていたという話でした。そんな時期に高校の担任教師がいう「人生我慢の連続」という言葉は、誰よりも身に

しみたのではないでしょうか。昔から「苦労は買ってでもせよ」などといいますが、誰もができることなら避けて通りたい苦労でもあるのです。まして十歳足らずの子ども達に「我慢をし、耐えてそれを乗り越えよう」などとは理解に苦しむ言葉であるし、自分の思い通りに生きたいという願いは誰もが持っている正直な気持ちであると思います。

その後三人の娘を育てる中でも、この「家訓」は何度となく伝えてきました。意味はよく分からなくてもその時その時の理解力や受け止め方で聞いてきた言葉だと思います。

三年生は、ギャングエイジとも呼ばれます。身体的にも精神的にも成長が著しく、行動パターンも広がることで、時に思いも寄らない行動を取ったり大人びた口調で自己主張をしたりすることがあります。この学年を担任することになった教師は、日々の生活面でのトラブル発生で右往左往することもよくあることです。子ども達にとっては我慢をしたり、友達の意見に耳を貸したりすることはまるで「負け」を認めるような惨めな気持ちにさえなるのです。子どもは既成概念での理解は難しく、より身近で具体的な場面において、自分の体と心を通して吸収していくものです。時にはギャングのように暴れ回っているように見えますが、考え、理解し、反省もできる年頃です。そして失敗を繰り返さないために、「次は失敗しないぞ」と我慢をすることを学んでいくのです。「我慢すること」の大切さを知り、それが精神力の強さに結びつき、人格形成へとつながっていきます。当初は苦しかった「我慢」が当たり前のことと思えるようにもなり、苦痛も伴わなくなります。その過程でのがんばりや自制心は、やがて自分に対する大きな自信となることでしょう。

一人の子どもの変容がさらにまた一人へと広がるようになることで、四年生を迎えるようになった時には、落ち着きとともに耐性を少しずつ身につけた姿に変わっていくことでしょう。その時のために、教師の感性を駆使して子ども達に寄り添っていきたいものです。

10　高学年、第二次性徴は心を育てる大事な成長

男子の中には「変声期」を迎える子も増え始め、女子の体型も変わってきます。体格や体力など目に見える変化だけでなく、内面が大きく変容するのもこの時期でしょう。教師や親の対応にも敏感に反応するようになるので、うかつな発言や態度は後々尾を引くようなことにもなりかねません。まして子ども達の声を聞かずに押さえつけたり、教師の失敗をごまかしたりすることはあってはならないことなのです。

「子ども達に素直に謝れる教師」を目指すことで、信頼関係は築けます。と同時に、子ども達が失敗をした時にも、素直に謝れる風土が自然と育っていくのです。

新しい学年になって間もないある日の昼休み、一人の女の子が教室に座っていました。

「一人？」

と話しかけると、

「私、友達いないから……」

と答えたのです。今でもその時の光景が目に浮かぶのですが、多少自虐的な様子にも見えました。私はとっさに、

「それでもいいんじゃない、人間はどうせ一人よ。生まれてくる時も、死んでいく時もたった一人だもの。一人でいることは恥ずかしいことではなくて、誇れることだと思うよ。他の人に合わせることもなく、一番自分らしく振る舞えるしね」

と話しました。その後の彼女は何か吹っ切れたようで、少しずつ笑顔も増えていき、学級の友達にも進んで話しかけるようになりました。

　この時期はよくグループ作りが盛んになっていきます。遊びでのグループや好きなアイドルのグループ等いろいろですが、固定的なグループ色が強くなりすぎると困ることがたくさん出てきます。グループ同士の攻勢が見られたり排他的な雰囲気

を作ってしまったりすることもあります。一人になれる自分も大切にしてほしいと子ども達に語ったのは、私自身の立ち位置にもつながることだと思っています。

体の成長にも個人差があるように、一人ひとりの個性は尊重されるべきもので、親友だからといって自分を抑えて無理に合わせる必要はなく、自分とは違う意見であっても耳を傾けることの大切さを、折に触れながら伝えていきました。

そうすることで授業の中身も随分変化が見られるようになります。国語科では勿論のことですが、社会科や理科においても、自分の考えと他の意見との違いに気づくことができるようになり、授業以外でも、自分の主張を押し通したり相手を責めたりすることが少なくなってくるのです。

11　誠実さを賞賛する

～うそやごまかしを見逃さない～「正直だね」「真面目だね」～

私が出会った多くの人の中で、信頼と尊敬に値する人物は、「誠実な人」の方達だといえます。では、自分もそうかというと、必ずしもそうとはいえない部分も持っているのです。そうなりたいと願いながら、これまでの自分に足りないものを求め続けてきたという方が当たっているかもしれません。真面目で正直で誠実な人物に出会ったときには、「あの人にはとても及ばない」「素晴らしい、どんな育ちをしてきたのだろうか」と思いを巡らせることもよくあります。だからこその「誠実さ」へのこだわりなのかも知れません。

学級づくりにおいては、正義が通る集団であるかどうかが一番に問われます。口先だけの道徳観念ではなく、学校生活のあらゆる場面や、家庭での生活の中で、生きて働く「正しさ」を子ども達と一緒に考え続けたいと願ってきました。

子ども達はうそをつきます。その背景には、「認めてもらいたい」「愛されたい」「大切にされたい」等の願いがあるからで、うそをつくのが楽しいからということはまずないでしょう。自分の正当性を示すために、頭の中をフル回転させて言い訳を探そうとします。つじつまが合わなくなり、目が泳いで落ち着きをなくしてしまう様子も見受けられます。その子がうそを重ねてしまわないように、教師はうそをつかずにいられなかった心情をくみ取り、「間違えたって、できなくたっていいんだよ」「そんなうそをつかなくても、嫌いになったりしないよ」と安心させてやりたいものです。本当の自分を取り戻せるように、教師はその子の頭の中や心情をくみ取りながら一生懸命に説得することになります。

そして、本当のことがいえた時には、思いっきりの笑顔で賞賛の言葉を伝えます。「すごいね～」「えらいね～」「勇気があるね～」「よく正直に話すことができたね」等々、低学年の子ども達には、時には大げさと思われるほど肩を抱いてほめることもあります。一つの山を乗り越えたことのうれしさと、次への自信を身につけられるように、身体全体で覚えてほしい体験であるともいえるでしょう。学級で起こる小さなトラブルを見過ごすことなく、何が正しくてどう考えることが素晴らしいことなのかを、子どもから子どもへとつなげていくその積み重ねが、少しずつ学級を変えていくことにつながることを信じています。

12　反抗期の「ピンチ」は「チャンス」

「うちの子は、今反抗期で……」と苦笑しながら話す親御さんをよく見かけます。確かに成長段階において、親の一挙手一投足をシビアに捉えるようになる中で、自分の考えとの相違に気づいたり、異質なものへの反応が強くなったりする中で、親に対して攻撃的な意見や行動が見られるのはよくあることでしょう。今までは当たり前だったことが、あるきっかけで疑問に変わったり嫌悪感に変わったりすることもあります。親にしてみれば、今まで素直に受け入れてくれた子の姿が一変して、激しい口調や厳しい視線を投げかけられることは、まさにクーデターとも受け取れる心境かも知れません。「反抗期がきた」と腫れ物に触るような対応も時には見られます。

しかし、この時期こそが我が子と親自身が高まり合えるチャンスだと考えてみたいのです。次の成長への大切なステップであり、しっかり向き合うことでまたお互いに距離を縮めるチャンスともいえます。勿論それには「産みの苦しみ」がついて回るし、頭では理解できたとしても、感情がそれを阻むこともよくあることです。他人でも意見の食い違いから口論になると、その修復が難しいのに、まして逃げ場のない家庭の中で互いの思いを真摯に受け止め合うことは、根気と時間と寛容さが必要になるはずです。そのための潤滑油の働きをするのが、それまでに培ってきた親子関係と愛情の深さであろうと考えます。来るであろう「その時」を左右するのは、それまでの家庭教育のあり方そのものであると推し測れるのです。

同様に、学校教育の中でも同じことがいえます。一人ひとり性格も違えば家庭環境も違う三十人前後の学級の中では、毎日数え切れないほどの問題が湧き起こってきます。小さな問題を一つひとつ丁寧に対応するには、根気と時間と寛容さが要求されます。一学期当初は、教科以外のこういった学級指導に多くの時間を費やされるため、教科進度が遅れ、ジレンマに苦しむこともよくあることです。しかし、ここを大切にしながら乗り越えていくことが、後の学習進度や集団作りを、よりスムーズで価値あるものにできる大きなステップと成り得ることをいく度も経験してきました。「この子は、以前からこうだから……」「家庭的に問題があるから……」等と課題を後回しにすることが、さらに大きな問題へと発展していくことはよくあることなのです。

「ピンチ」は「チャンス」という言葉が一世を風靡しましたが、教師は勿論、教室にとってもピンチは大きなチャンスと成り得ます。子ども達が何か問題を起こしたり、教師が課題と捉えたことに前向きに取り組んだりすることが、当事者の子どもや学級全体がまた一つ高まり合えることにつながります。その繰り返しが学級の風土となり学校全体へと広がっていけば、これほど素晴らしいことはありません。やがて教師が介入するまでもなく、子ども達同士で問題解決ができる力を蓄えていき、自治能力の高まりが見られるようになるのです。

13　学力テストでは測れない人間性・生きる力

全国学力テストが実施され、結果が重視されるようになってから長い年月が経過しましたが、私にとって「学力テスト」という言葉には、未だにあまりよいことが思い浮かばないのです。随分と昔のことではあるのですが、ある地域で学力テストの点数を上げるために、点数の低い子を欠席させたり、受けさせなかったりすることが発覚したということを聞いたこともあります。教師が子どもの答案を修正したという事件も耳にしたことがあります。学力テストが及ぼした悪影響を理由に実施を中止した歴史もあります。その頃論議されていたことは、大まかにいうと「テスト教科だけでなく、生活力、社会性・心身の発達等、総合的な成長を促すためのバランスの取れた学力を身につけるべき……」という内容であったと思います。それから数十年経ち、また学力テストの重要性が取り上げられるようになり、当初の意は国算の二教科、続いて理社を含む四教科実施にもなりました（中学校は英語を含む）。

テストの得点は高い方が良いに決まっています。自分が指導した学習がどれだけ子ども達の学力に結びついているかを確かめる参考資料や反省材料の一つにもなり得るし、一人ひとりの子どもたちの習熟度や課題も明らかになってくるのは事実です。テストの結果だけが問題ではなく、結果を基に、それ以降の学習にどう反映させるかが極めて重要といえますが、多くの学校において学力テストで高得点を取れるよう、ドリル的な学習にかなりの時間を費やしている現状も見られます。それがすべて悪いとはいえませんが、そこが到達点ではなく、その後の指導法や教材研究・定期的な評価に生かされなければならないと考えています。更に子ども達にとっての課題意識や意欲的な学習・達成感に少しでも結びつくようなものにしたいものです。

テスト前には子ども達に、

「このテストはあくまでも途中の結果で、今日分からなかったことが明日分かることもあるし、体調が悪くて実力が出せないこともあります。点数があなた達のすべてではありません。でも、集中してがんばってみましょう」
と、結果の点数から来る優劣意識を持たせないように話をしたものです。

生きていく上で知識量は多い方がよいし、数理的な処理や思考も大切には違いありません。様々な場面において、学力が生活力や生きる力に結びつくことも多いはずです。しかし、それがすべてではないことを目の当たりにすることもあります。学校での成績は今イチだったけれど、友達思いで世話好きな人。割に合わない仕事でも、笑顔で懸命に取り組む人。親友のためならと親身になって力を発揮する人が私の周りにもたくさんいます。知識量が人間性や労働力に結びつくものではありません。人としての「誠実さ」「優しさ」「豊かさ」「素直さ」等々、知識以上に失ってほしくないものもたくさんあるはずです。競争主義・排他主義・学歴偏重主義に陥らない教育こそ大切にしてほしいと願っています。

14　大いに結構「末は博士か大臣か」

かけがえのない命が誕生し、乳児↓幼児↓小学生と成長していく姿を見ていく中で、その変容ぶりに目を見張り、この子は大人になればさぞかし……と期待に胸膨らませる家族がいるはずです。両親はもとより祖父母に至っては、老いてゆく自分とは逆に日々できることが増えていく孫の成長に、目を見張り拍手喝采を送ります。その子の将来に思いを馳せ、夢も膨らみます。それがいつの頃からか、期待が落胆に変わり、目を細めた笑顔が眉をつり上げた怖い顔つきに変わってしまうこともあるようです。

　できていないことをできたかのように評価したり、ことさら甘やかしたりすることはよくないのですが、子どもの持つ可能性を信じ、できる限りの支援や声援はその子を高める基盤となるはずです。今はできなかったり失敗したりすることも、その原因を分かりやすく説明し、方向性をともに探ろうとする姿勢を持ちさえすれば、大きな意欲づけとなるでしょう。「自分はがんばればできる人間なんだ」というプラスのセルフイメージを持つことで、学力はもちろん生活力の向上にもつながって来るはずです。反対に周りの大人が「やっぱりだめだ」「どうせできないだろう」といった否定的な言葉かけを常にしていれば、でき得ることも諦め、挑戦することも止め、結果マイナスのセルフイメージをその後も引きずってしまうことになりかねません。

小さい頃から字を丁寧に書くことができず、担任の先生からきつく注意された私に父親は、

「速記者になったらどうか、そんなに早く手が動くのだから」

と笑い、又ある時は、ほとんどの人が足の親指よりも人指し指の方が長いのに、

「おまえは、親を超える指をしている」

と、真面目な顔で、さも私が親を追い越すほどの働きをする素質を持っているのだと信じ込ませたことを、今も思い出します。子どもを否定的に見るのではなく、や

ればできるかも知れないと思わせるための常套手段であったように思います。

小学校の教師生活で強く思ったことは、年齢が若ければ若いほど可能性の幅が広がり、修正できる範囲も増えて来るということです。たどっていけば就学前の過ごし方が大きく影響していることも多いように思います。高校生よりも中学生、中学生よりも小学生、小学生よりも就学前。そう考えると目の前の子ども達につけるべき力が広がりを持って捉えられ、今取りかかるべき課題が鮮明に見えてくるような気がします。

15　どの子も先生に愛されたい

　家庭で親や家族に愛されたい、認められたいと願う心と同様に、学校では担任の先生に認められたいし、よい子だと思われたい子ども達なのです。しかし、学校生活の中ではあくまでも集団の中の一人としての存在で、先生とのんびり言葉を交わしたり、スキンシップをしたりする時間も余裕も限られています。ただ、中学校の教科担任制と違って小学校教師のよいところは、一日中様々な教科授業の中で、担任している子ども達と顔を合わせながら学習を進めていけるところにあります。算数科では計算力や思考力に優れているのですが、国語科では漢字の書き順を間違えたり文字の形が整わなかったりする子がいます。国語・算数は苦手だけれど、身体能力が高く鉄棒や跳び箱で素晴らしい演技を見せてくれる子がいます。自分の言いたいことがうまく話せないけれども、掃除や作業を真面目にこつこつとこなすことができる子もいます。おとなしい性格で、授業中の発表もあまり進んでしないのですが、友達にとても優しく接することのできる子もいます。どの子も個性に満ち、その子らしいよさを持っているのです。

一学期末に作成する成績表の所見欄に必ずその子の持っているよさを書いているのですが、何を書いたらよいかが見つからない時が稀にあります。今まで自分は何を見てきたのだろうと落ち込むのがその瞬間なのですが、その後何年も経って私の頭に懐かしく浮かんでくるのは、目立たないが故に気持ちがつかみにくく、あれこれと思い悩んだ子が多いように思います。俗にいう「教師を困らせる子」は、困らせることで誰よりも先生とのつながりを深めているのかも知れません。授業中に活発に活動し意見を述べ、評価や賞賛を浴びる子は、その時点で満足感や達成感を抱くことができ、また次のステップへの意欲へとつなげていけます。先生のにこやかな笑顔に見守られもします。でもその逆の場合はどうなのでしょう。達成感も満足感も得られず、他に楽しいことを見つけようと窓の外を見ながら考えごとをしていたら、先生に注意をされてしまいます。不機嫌な顔をせずにはいられません。その憂さ晴らしをしようと休み時間に大暴れをしてまたまた怒られてしまいます。先生に諭されて謝ったものの心は伴わず、次の時間の授業にも身が入りません。その繰り返しで日々を過ごしてしまう悪循環もあり得ます。

一時間の中でとはいえませんが、せめて一日の中ですべての子の笑顔が見られる時間を作りたいと願ってきました。教師の笑顔と声かけは絶大で、どの子にも視点を当てるチャンスは必ずあります。今までの様々な学習経験の違いから、苦手なことが増えたり自分に自信が持てなかったりする子こそ、分かりたい・がんばってみたいという意欲を持った時には信じられないほどのがんばりを見せてくれるのです。

16　許せないことは許せない

「ちょっと待って！」。そういって子どもの前に毅然とした態度で立つ時、背筋が伸びるような緊張感に包まれます。そして何をどのように伝えるかが頭の中を超スピードで駆け巡るのです。ここが教師の勝負どころであり、如何に効率よく、しかも印象的で相手の心の中に入り込めるような言葉がないかを探すのです。教師を煙に巻くような涙には惑わされません。

　ことの重大さは場面ごとに違うのですが、子ども達同士のトラブルが発生したり、何気ない一言やちょっとした態度が指導のチャンスとなったりすることがよくあります。その時は、たとえ授業中であろうと掃除時間中であろうと見過ごすことはできないのです。この時ばかりは学習能力や日常の姿などは一切関係がありません。

　その子の性格や理解の程度の違いには多少考慮するし、受け止め方の差をうめられるように言葉を駆使します、中立性や公平性には特に気を配ったように思います。

高学年に至っては個性も大きく表れるし、プライドも高くなってくるものです。中途半端な注意の仕方では納得してもらえないし、感情的な不満が後々大きく影響し、教師との信頼関係を崩してしまうことにもなりかねません。日常の学習にも大きく影を落とすことにつながっていき、学級崩壊への第一歩となることも多いのです。

要は、なぜ注意をされたのか、自分の何が原因だったのか、どうすればよかったのかを本人がきちんと納得できているかどうかにかかっています。教師の前では誘導的に反省させられたものの、当事者にとって本当のところは納得できず、釈然としないものが残ってしまっている場合もありがちなことです。ここは教師が子どもを見極める重要な場面だと思います。きちんと納得ができ、反省もできたときに初めて次の段階に入ります。

全体の場で、実はこんなことがあったのだけれど、先生としっかり話し合いをした結果、本人は反省ができているのだということをみんなに伝えます。この際に、自分の間違いに気づけることの大切さや素晴らしさを強調しておくのです。更に、大人になるまでにはたくさんの失敗を繰り返していくが、失敗をした経験の中での学びを次に活かすことで本当の力がついていくのだと伝えます。誰もが経験する失敗を恐れなくてもよいのだと伝えることで、周りの子ども達の学びにも広がっていくのです。

しかし、ここに時間をかけることで教科学習の時間が取られ、進度が遅れてしまいがちになるのですが、ここも小学校のよさで、教科内容の精選と密度の高い授業内容を心がけることで、少しは回復できるはずです。そして何よりもそれ以降の学習集団としての意識が高まり、自治能力や学習意欲・学校生活全般にわたっての進化が見られるようになることを考えれば、決して無駄な時間にはなり得ないのです。

17　人を「許す」ことを教える

人間は所詮「凡人」であるように思います。口では度量のある善人を装うことができますが、内心は沸々と湧き上がるものがあったり、承服できない思いが何度も頭をよぎったりすることがあるのではないでしょうか。年を重ねるごとに、他者との違いを洗い出そうとする姿勢が強まり、自分との違いが大きく見えてくるのは私だけでしょうか。時折反省する自分がいます。

それなのに、子ども達の許容範囲の広さには驚かされます。子ども同士の喧嘩の場面では、眉をつり上げ口をとがらせながら互いに相手をなじっている姿がよく見られます。一いわれれば二つ返し、二ついわれれば三ついい返したくなるものです。そのような険悪な場面でも、思いが解決して仲直りができた途端に、表情も関係も一変するのです。まるでなかったことのように見えるそぶりは大人にはとうていできない変わり様なのです。それは対教師にも同様なのです、教師といえども間違いや勘違いはたまにはあることで、その都度子どもの前で素直に詫びることを心がけてきたつもりです。「ごめんなさい」が子ども達の前でも素直にいえることこそ大切だと思い、頭を下げてきました。その時も子ども達同士の仲直りと同様に、

「いいですよ」

と明るい笑顔で許し、全面的に受け入れてくれるのです。

二十年くらい前のことですが、帰り道でジャンケンの勝ち負けでランドセル持ちをする遊びをしたことが原因で、喧嘩になった子ども達の仲裁をしたことがありました。事情を確かめ、悪かったことは反省を促し、互いに仲直りをしようということになった時、一人の子が
「わたしは許さない」

と言うのです。理由を尋ねると、幼稚園の頃自分が貸したおもちゃを返してくれなくて、それからずっと許せていないのだというのです。四年生の今まで、心に抱き続けた嫌な出来事を解決できていなかったのです。こういったケースは表面化しな

いことが多く、それだけに深刻な影を落とし続けます。その子には、何年も一人の友達を嫌な友達だと思い続けることの悲しさを私なりに伝え、保護者とも話し合う中で気持ちを切り替え、何年かぶりに「許す」ことができたようでした。

今のご時世、憎悪や恨みをつのらせて、感情がエスカレートするのをコントロールできない大人も大勢いるような気がします。その予備軍のような「切れやすい」「情緒不安定」な子ども達も増えてきたように感じています。我慢の美徳を説くことまではしなくても、人を許すことの大切さも教えてあげたいと思うし。そのことによって、自分自身が解放されることにもつながるのだということを、あえて伝えていきたいのです。

18　「がんばっている」……教師と子どもとのギャップ

ある目標に向けて、子どもが本当にがんばったと自覚できている場合と、ただ最後まで行き着いたと思っているだけの場合とでは、その価値の重さが随分変わってくるのではないでしょうか。教師はその時間の締めくくりとして、あるいは何かの取り組みの最後の言葉として、ともすれば複数の子ども達を前に「がんばったね」と声をかけます。

小学校の行事の中で最も大きなものが運動会（体育会）ではないでしょうか。練習も長期にわたり、当日は保護者の声援にも力が入ります。当日までの練習では、教師も子ども達もがんばらざるを得ません。ある練習風景の中で、少しふざけ半分の子が多く見られ、あっという間に一時間が過ぎてしまいました。次の時間の練習学年が運動場に集まってき始めたので、途中でも終わらなければなりません。その時、壇上の指導教員は

「よくがんばりました。これで終わります」

と告げたのです。かわいそうにたくさんの子ども達にとっては、「頑張っていなくてもことが終わればがんばったことになるのだ」と教えられたことになってしまいました。教師の意向として、次への意欲につなげようとする場合や、がんばった子もたくさん居るのだからという思いも分からなくはないのですが、がんばらなかった子にとってこんな不幸なことはないと思うのです。なぜなら、がんばっていないことを知っているのはその子自身なのですから――。

鉄棒・登り棒・かけ算九九・縄跳び・リコーダーの指使い・都道府県の暗記・漢字力等々、子ども達にとって越えなければならない壁は数え切れないほどたくさんあります。繰り返しの練習や努力が試される場面においても、できたかできなかったかが明らかになるものと分かりづらいものとがあるのは事実です。更に、子ども達個人の備えている能力の違いによってその壁の高さも違って来ることにもなるでしょう。運動能力の高い子が素晴らしいフォームで跳び箱を跳んだとします。それはお手本になるし他の子ども達にとっての目標にもなるのですが、苦手意識の強い子や運動能力に課題が多い子にとって、高い壁への頑張りは果てしのないものとなることでしょう。何時間も何日間も「がんばらなければならない時間」が続くのです。教師は、助走のスピード・踏み切りの仕方・手の置き方・足を開くタイミング等ショートステップで目標を設定し、できた子と、できずにがんばり続けている子の温度差をできるだけ均衡に保つ工夫が必要になります。「がんばっている」ことをクラスみんなで共有し、何よりも本人自身ががんばり続けていることがセルフエスティーム（自己肯定感）に結びついているかが重要となるのです。

成長の過程の節目々々で向き合わなければならない壁や苦難を前に、挑もうとする意欲や乗り越えられると思える自信に結びつく今の自分を見つけてほしいのです。

19　子どもは黙って耐えている

教卓にいる教師は、子ども達からどのような「目」で見られているのでしょうか……。このことは、私自身にとって最大の課題といえました。信頼や共感を得られるまでには、かなりの時間がかかるのは当たり前のことですが、高圧的で近寄りがたい教師や、楽しさや安心感を抱かせない教師にはなりたくないと思ってきました。子ども達の救いを求める眼差しや期待に輝く眼差しを受け止めた時こそ充実感を抱き、教師としての誇りややりがいを感じるものです。

しかし現実はなかなか思うようにはいかないことも多いものです。特に高学年においては、ちょっとした言葉の行き違いや気持ちのすれ違いで、子どもとの距離が開いていってしまうようなことがよくあります。教師の権限で子どもの言い分をねじ伏せてしまうこともあります。子ども達はやはり弱い立場にいるのです。一人ひとりの子ども達との距離を縮め、本音が吐き出せるような関係を作っていくのには、やはり時間とエネルギーが必要です。これは、教師の側の「思い」ではありますが、子ども達もまた、教師から注がれる眼差しに、一喜一憂し、我々教師以上に「先生の目（眼差し）」を敏感に受け止めているのかも知れません。

学級崩壊や学校崩壊という言葉が叫ばれて久しいのですが、崩壊させているのは間違いなく現場の教師であり、教育活動全般を任された学校側の責任であるといえます。ただ、深刻な状況に陥る前のどういった時点で問題点や課題を認識できるのかが問われます。その上でどのような手立てを講じるのか、取り組みを検証するに当たりどういった付加・修正を行っていくのか、教師集団がチームを組んで取り組みを進めなければならないでしょう。勿論教師にとっては、子どもや親との闘いというよりも自分自身の力量との闘いともいえるのです。

教室に入ったときのよどんだ空気感、子ども達が教師に向けている眼差しの冷ややかさ、休み時間に遊んだ後で教室に戻った時の沈んだ表情、待ち遠しいはずの給食を残したり食べ物で遊んだりして喜ぶ姿、真面目な子どもが疎まれたりからかわれたりする学級、子ども達同士で注意し合うことができず見て見ないふりが日常化している、そんな学級を誰も喜んではいないはずなのです。

子ども達は黙って耐えています。黙っていられない子は反抗したり暴力を振るったりするのです。あるいは、誰の目にも触れないように、頑なな表情で自分の存在を消そうとする子も見られます。その場には居るものの、心はエスケープ状態にあるのです。冷たい視線と疑心暗鬼な精神状態に陥り、教師との関係もますます悪化していくことは大変残念なことで、何としてでもこの状況を変えていかなくてはなりません。

20　ランドセルに詰まった「思い」

小学校に入学した当初は、大きなランドセルが重そうで持て余し気味であったのに、高学年になると、いつの間にか背中にちょこんと乗っかっているかのように見えるのです。小学校六年間の成長は本当に著しいものがあります。六年生になった長女がある日、

「友達はみんなリュックサックやショルダーバッグを持ってきているのに、私だけランドセルは恥ずかしい」

と訴えてきたのです。「友達はみんな――」というのは、子どもがよく使う常套手段ではありますが、なるほどほとんどの上級生がランドセルを背負っていないことに気がつきました。よく見ると、低学年の子でさえリュックや斜めがけのショルダーバッグで通学しているのです。

今まで、私と同職の担任の教師に長々しい手紙など手渡したことはないのですが、

この時ばかりは、何とかしなければという気持ちからペンを執りました。孫の入学をとても喜び、早くからランドセルの準備をしてくれていた祖父母の思い。小学校の六年間、大きな病気や事故に遭うことなく、楽しい学校生活を送ってほしいと願う親心。たくさんの学びや出会いの中で、賢さや優しさやたくましさをランドセルの中にいっぱい詰め込んでほしいと願うのは、どの親も同じに違いないのです。手紙を手渡して間もなく、担任からの学級通信に、その手紙が掲載されました。子ども達や親の反応はどうであったでしょうか。勿論我が子は、親の粘りに根負けしたのか卒業式の前日までランドセルで通しました。学級通信が影響力を持ったようで、ランドセルで通学する子が増えたのも事実でした。

ではなぜランドセルでなければならないのでしょうか。ランドセル以外を全く否定する気持ちはありません。親がよかれと思って我が子に与えるかばんは、形式にとらわれなくてもよいとも思います。むしろ現代の風潮で考えるならば、制服や校則すら強制するのはナンセンスという流れもあるくらいです。大切なのは、物に込められた作り手や与え手の「思い」にあるのではないでしょうか。

私が担任している子ども達に物の大切さを伝えたい時には、自分の母親が編んでくれたそれこそ二十年も着続けているセーターや、亡き父親が作ってくれた竹の調理器具などを持っていって見せるのです。一つの物に過ぎないけれども、それに込められたかけがえのない思いが、今の自分に温もりを与えてくれ、愛情で満たしてくれていることを伝えるのです。そんな話をすると、

「ちょっと触ってもいいですか？」

「これからも大事にしてくださいね」

等と声をかけてくれ、さっそく次の日に「僕の大切なもの」といって、思い出の品を持ってきてくれる子もいたのです。ランドセルの話に関連して、以前勤めていた学校の低学年の子が、増水した川に転落して流された時の話をします。いつもと違う川の様子が気になり身を乗り出して見ていて転落したのです。流れが急で本人はどうしようもできず流れに任せていたようですが、背負っていたランドセルが浮き

輪代わりになり、頭は水面に出ていたのです。たまたま通りがかった青年に助けられ命拾いをしたこと。雪道で足を滑らせてしまい、思いっきり後ろに倒れたが、ランドセルのおかげで頭を打たずにすんだこと。ランドセルは大切な友達だと気づく子ども達が増えていったのです。

21　感性豊かな言葉とは～美しい言葉は美しい心を育てる～

言葉の乱れは――？「心の乱れ」「世の乱れ」「家族の乱れ」「地域の乱れ」「職場の乱れ」「学校の乱れ」「クラスの乱れ」……。それぞれの集団が使っている言葉を聞くだけで、おおよその言語環境が見て取れます。方言は方言として温かみがあり、郷愁をそそられ、あえて方言を使う心地よさもこの年になるとしみじみと感じさせられるものがあります。しかし、方言しか使えないのでは困ることも多く、共通語で書かれている教科書を含め、ほとんどの読み物に対する障害にもなりかねません。学校現場の授業時間は勿論、すべての教育活動の中では標準語での指導が基礎となります。「言語活動」という知的財産をありとあらゆる場面で積み重ねていくことが、学力保障の面からも必要且つ不可欠であるといえるでしょう。

　言葉によって憎しみや争いも生まれますが、言葉によって癒やされ、安堵し、共感し、感動し、生きていく原動力にさえ発展することもよくあります。人間というコミュニティー社会においてどのような言葉を持ち、どのように言葉を選びながら人と接するかが問われることになります。今自分自身を形成しているすべてが「言語」との深い関わりを持ちながら作られてきたといっても過言ではないのですから――。

亡き父や母が遺した言葉・幼い頃の友との会話・夫婦での会話・子育て真最中の頃の娘達とのバトルの中で発せられた言葉・心に影を落とした心ない言葉・優しさが滲む心地よい言葉。そのすべてが私自身をここに立たせているのです。

以前映画館に行った時のことです。席の後ろに小さな子どもを二人連れた親子連れが座っていました。まだ開演前で、何となく落ち着かない様子の子ども達に父親が、

「お行儀よくしなさい、人様の迷惑になるよ」

と静かにいったのです。後ろを振り向くことこそしませんでしたが、その家族の有りようが手に取るように分かったような気がしました。と同時に、「人様」という

言葉が死語ではなく小さな子ども達に語り継がれていく愛おしさとうれしさを思い、心温まる場面として記憶に残っています。映画のタイトルは忘れているのに、たった何秒かの会話の場面が、今も忘れられないでいるのです。

教室の中で日々子ども達が発する言葉は、時には正直で的を得ていたり笑いを誘ったりしてくれるものがあり、和やかな空気を吹き込んでくれます。授業中の発言の中にもキラリと光る素敵な言葉があります。反対に、学習を中断してでもその言葉の真意を正す必要がある言葉もあります。言葉の大切さに気づける集団でありたいし、子ども達がつながっていくための温かみや優しさのある言葉が行き交う環境が、子ども達の心を育てていきます。

22　人生観、世界観を磨く～どんな大人になりたいのか～

すべての教科の根底に流れているものは何でしょうか。その時期のその場面で学ぶべき事柄の一つひとつが、将来の自分の血や肉となり人格を作り上げることにつながります。子ども達は自分の望んでいる姿に思いを馳せ、それに向かって努力しようとがんばります。誰もが自分の特性を活かした仕事に就き、満足感や幸福感を味わえるような日々を送りたいと願うことでしょう。そのために学び続けるのが、その時その時で変化を伴いながら作り上げる個々の人生観や世界観であると思っています。とても大きなテーマですが、幼少期から成人に至るまで、いや生涯自分自身に問い続けるものであるのかも知れません。幼い子には幼いなりに、高校生には高校生なりに、折に触れながら問いかけるべきものであると考えます。

明らかに自己中心的な行動で、周りの友達に嫌な思いをさせている子に、その行動の先にある自分を想像させたり、周りの友達の気持ちに気づかせたりすることはとても大切で、教科の学習のでき不できよりも優先するのだという自覚を持たせたいものです。「決まりだから」「叱られるから」と押さえつけるのではなく、今そのことに気づける自分を大切にできるような支援が送れる一人でありたいと思ってきました。

しかしながら現実の社会情勢は厳しさを増し、力で弱者をねじ伏せようとする現象や世界規模での紛争や貧困にあえいでいる人々が溢れています。高い理想を掲げて生きることが必ずしも社会の要求と重ならず、失望や落胆から刹那的な生き方を選んでしまう人々がいることも事実です。誰しもが望まないであろう結果を招きかねない行為が社会の中に蔓延している現状を、もはや私達は見過ごすことができない状況に直面しているといえるのではないでしょうか。

すべては一人ひとりの思いから始まることなのです。どこで声をかけるのか、いつ行動を起こすのか、その子に関わるたくさんの大人の目で子ども達を守ってほしいと願っています。その子の人生観がよりしなやかで伸びやかで豊かなものになるように、世界の流れを感じ取り、見極められる能力を身につけられるように、我々大人が総力を挙げて接することが今求められているのではないでしょうか。

23　中学受験の子ども達～余裕のなさが人を変える～

担任をするその年によって、学級の雰囲気や学力の高さ、家庭の教育力や地域性に変化が見られるのは当然のことです。ある時担任した学級の人数は36名と多い方だったのですが、学級集団としてのあり方も学力も比較的高い方でした。「なかよし学級（特別支援学級）」から通級する女の子が一人いましたが、たくさんの子ども達がその子への関わりを通して学んだ優しさも垣間見ることができました。授業中の姿勢も意欲的で、教師の私にとっては楽しい授業場面も多くありましたが、「なかよし学級」との連携もあり、何かと忙しい日々でもあったような気がします。

三年・四年と二年間担任した後、指導方法工夫改善教師としてその学級の教科担任をすることになりました。六年生も後半にさしかかり、地域の中学校に進学する子がほとんどであったのですが、私立中学校への入学を希望する子も数人見られました。入学試験を受けるために塾に通う子が増え、教室の雰囲気も少しずつ変わっていったように感じられました。

そんなある日の算数の時間、机間巡視をしていた私の耳に、

「うるさい、黙ってくれん」

という声が響いたのです。目をやると、うろたえて下を向いている子を隣で睨みつけている子がいます。その子は普段からおとなしくて優しい子で、友達からの信頼もありました。大きな声で友達を責めるような子ではありません。

「どうしたの？」

という私の声にはっとしたようにうつむいたのですが、自分が一生懸命に勉強をしているのにいろいろと話しかけられたのが嫌だったようです。数日後に試験を控えている彼にとっては、当然の要求でもあるのです。いつものように優しく注意することよりも、焦りと余裕のなさが、ほんの少し勝《まさ》ってしまったようでした。

学校が「選ばれる時代」になって久しい現代において、自分に合った学校を選ぶというよりも、社会的に高い評価のある学校に殺到しがちな傾向があるのも事実で

す。人物を総合的に評価し将来的な可能性までも見通すことは難しく、出身校の評価が大きく作用する社会が続いている傾向も見られます。よりレベルの高い暮らしを望むことは誰しも願っていることで、目標に近づくために努力することも大切です。目標に向かって懸命に努力をし、成し遂げた後の充実感や達成感も大いに賞賛に値するところです。しかし、その努力が周りの友達や家族を傷つけたり悲しませたりすることの上に成り立つものではないはずです。周りの人に支えられて成長できたことに感謝することができ、自分の持っている力をこれからの社会に何らかの形で貢献することができた時にこそ充実感や幸福感を味わうことができるのではないでしょうか。

24　あこがれとねたみの狭間で

そうさ僕らは
世界に一つだけの花
一人一人違う種を持つ
その花を咲かせることだけに
一生懸命になればいい

「世界に一つだけの花」の歌詞になぜ共感し、穏やかな自分を取り戻し、温かさを感じることができるのでしょうか。周りを気にしたり流されたりせず、自分らしく生きていきたいと願う反面、そうなりにくい心の動きに人は常に悩まされています。自分は自分と言い聞かせても、他人が気になり、時にはうらやましさがねたみへと発展することさえあります。その人のよさを認めながらも、素直に祝福することができない自分に腹立たしさを感じることもあるのです。追求心や向上心が社会の文化や経済を発展させてきたのには、人々の願いや憧れが根底に流れているように思います。純粋に、社会のため人のためにに情熱を傾けている人々も多く、頭が下がる思いと同時に感謝の気持ちを抱いてきました。反面、複雑な感情の中でそうなれない場面があるのも否めません。ただ、成長過程のしかも早い段階で、そのことに向き合う機会があるのとそうでないのとでは大きく違って来るように思います。自分の心の動きを見つめ、考え、どうあるべきかを知ることが大切で、周りの大人がどのような関わり方をするのかで、その後の成長に大きな違いが生じることになるのだと思います。

願いや欲望は誰にでもあります。小さな子ども達はたくさんの願いを持ち、それを叶えたいと熱望するのです。願いが叶った時には幸福感をむき出しにした達成感に浸っているその姿が、親にとってはまた自分の喜びにもつながり、その姿に近づけようと様々な努力を惜しまないのです。要はその過程であり方法でもあるのです。

幸福感を追求するがあまり他人を悲しませたり、傷つけたりするようなことがあってはならないからです。そうならないためのチェック機能が果たせる親や教師が必要となるでしょう。小さな子どもでも、うらやましさがねたみに発展したり、自分を守るために人を陥れたりすることもあります。それは成長途中の小さな子にとってはある意味自然な姿なのかも知れませんが、そのことを踏まえ、あるべき姿に近づこうとすることこそ、人が人たる所以であると思っています。そのことに気づき、自分に言い聞かせることができ、その子らしい「世界に一つだけの花」を咲かせられる子ども達を育てたいものです。

25　地域づくりは人づくり

　住んでいる場所や様々な環境において人々の暮らしぶりも変化があり、知らず知らずのうちにそれが物の考え方や気質というものを育て上げていくことにつながっていきます。人口の密集した都会の暮らしは便利であり、多様性に富む様々な機会にも恵まれています。反面、地域のつながりや高まりは作りにくく、すれ違う人の殆どは見知らぬ人であるかも知れません。過疎地や田舎町は何をするにも不便さがつきまとい、活気もあまり見られないのですが。すれ違う人の中には顔見知りの人や、ご近所さんとも何十年かのつき合いで気心もよく知れているといったことも多くあります。ただ、どのような地域に住もうとも、そこで生活をする人にとっての願いは、安心・安全で心豊かに生活することであると思います。

　日々の生活の場としてこれで十分ということはなかなかいえないにしても、近所の人と屈託のない会話や挨拶ができるだけでも連帯感や協調性が生まれるし、地域を大切にし、互いの家庭を尊重することが親から子へ受け継がれていくような社会こそ人々の願いであるはずです。さらに、困った時に相談したり助け合ったりすることのできるつながりが生まれて来るならば申し分なく、それが本来の地域の姿でありたいと願っているのです。

しかし、現実はなかなかそうならないことも多く、地域が子どもや若者を育てきれない現状はますます加速してきているのではないでしょうか。

そのような中でやはり学校教育は大きな責任と課題を背負っています。子育ての基本は家庭教育にあるのは勿論ですが、これも家庭の貧困や児童虐待等々、多くの問題を抱えています。目の前の子ども達の背景には家庭があり、教育環境も千差万別の様相を呈しています。ただ子ども達は変わり得るのです。親を変えることは難しいのですが、子ども達にはちょっとしたきっかけや小さな努力の積み重ねで、将来を大きく左右するような変容を遂げさせることができると信じています。五年生の担任をしていた時に、一人の子の

「アルミ缶を集めたら、お金に換えられることを本で知りました」

という発言から、アルミ缶集めをすることになりました。学年が二クラスの小さな学校でしたが、子ども達は意欲的に活動を進めていきました。常に子ども達の手には磁石が握られています。今でこそ缶の表面にはアルミかスチールかが表記されていますが、今から三十年前はそのような表記がなく、子ども達は磁石にくっつくのは鉄でくっつかないのがアルミ缶という認識でした。ビール缶の臭いにおいや、たばこの吸い殻が詰め込まれたものもありましたが、始業前と放課後に地道な活動を続けました。そして六年生になり、貯まったお金で車いすを買い、校区にある高齢者施設に届けることができました。事前に唄やリコーダーの演奏を練習し、お年寄りに喜んでもらうこともできました。それがきっかけで、学校全体での交流も始めるようになりました。その後アルミ缶集めは児童会が中心となり、数年前まで続いているようでした。その間、保護者の方は勿論、学校前の駄菓子屋さんや自動販売機のある文房具屋さんなど、多くの方々の協力もありました。

互いをいたわる優しさと、正義を貫く信念と、労働や努力を惜しまない誠実さを身につけさせるための日々の営みこそ教育の原点であるはずです。それは簡単なことではなく、途中で諦めかけたり壁に遮られたりすることも度々あるし、無力感に陥ることもあります。我が子への願いと同様に、将来社会の一員として、少しでも社会の役に立つことができる人間に成長してほしいと常に願ってきました。一人の人間を大切にすることで地域が少しずつ変わり、人に優しく、安心安全な社会に近づいていくことを信じたいと思っています。

二章●教師としての学び

現場で（校舎、教室ほか）

26　教師は、演出家であれ～百通りの顔・声・姿～

「先生の顔、おもしろーい！」。今まで何度も子ども達から発せられた言葉でした。そういわれると余計調子づいて、更に楽しませる「顔芸」をいくつか披露することになります。眉の上げ下げ、目を三角にしたり大きく広げたり、それだけで子ども達の顔から笑顔が溢れるのです。一時間中、或いは一日中、黒板とその横にいる同じ教師の顔を見続けなければならない子ども達へのこれくらいのサービスはあってもよいと考えています。

「顔芸」だけではなく、教育の場を大切にする服装や姿にもそれなりの気遣いを心がけたいものです。体育の時間の機敏な動きやけがを予防する厳しさ、音楽の時間の笑顔や優しいまなざし、掃除時間の腕まくりと機敏な動作、国語の時間のうなずきや丁寧な板書等々教師の姿が子ども達に反映される場面は多岐にわたります。一日に学習する教科のそれぞれを充実・深化させるための演出は、そのまま子ども達を高めることにつながるのです。

子ども達と教師が、終始馴れ合いのような「友達関係」では困るのですが、その時々の子どもの内面に寄り添いやすい「身近な人」になりきることも必要となります。『四季の歌』にある、根雪をとかす大地のような母親、岩をくだく波のような父親、すみれの花のような友達、愛を語るハイネのような恋人とまでいかなくとも、親の持つ寛容さ・厳しさ・温もり・愛情を備え、友としての連帯・共感・支援の言葉や態度を身につけ、その場の状況や雰囲気をつかみながら展開していく役者兼演出家の役割も担わなくてはならないのです。

しかし、役者に徹するあまりことさら大げさに振る舞ったり、過度の感情移入をしたりすることは避けなければなりません。自分の感情をむき出しにしたり役に浸りすぎたりすると、逆効果どころか修復不可能な関係に陥ってしまうこともよくあることだと思っています。一人ひとりの顔が違うように、感じ方や受け止め方も千差万別であることを忘れてはいけないのです。失敗やつまずきも同様で、今目の前にいる子ども達にとって、どのような学びを体験させてあげられるのか、そのために教師は何ができるのかを常に模索してきました。それぞれの子にとって、節目や境目となるような大きな意味を持つ日は突然やって来るのです。「その日」を子ども達にとって「価値ある　忘れられない日」にするために、顔・声・姿を駆使して、心に響くアプローチへとつなげていきたいものです。教師こそが最大の教育環境であると、今も確信しています。

27　目は口ほどに……

「目は口ほどに物を言う」ということわざは、教師生活の中で数多くの実感を伴った言葉でした。私達は言葉を伝えることのプロといえるかも知れませんが、その言葉にどれだけの重みと真価が付加されるかが勝負どころといっても過言ではありません。言葉を探し選ぶことの難しさに苦労し、どう伝わっているかを検証しながらまた言葉を探すのです。それでも理解できにくい子にどう説明すればよいかが分からず、中途半端に終わってしまうこともありました。子ども達の分かりたいと願う気持ちも、分かったときに見せる喜びの表情も、目の輝きに現れます。その反対もしかり……。人形師が最後に描く瞳がすべてを語るように、目の動きはその人となりを映し出す鏡であるともいえるでしょう。三十年前に他界した父が、

「おまえの目は白黒がはっきりしていて正直な目をしている。その目が曇らないような生き方をしなさい」

といっていたのを思い出します。今までの人生において恥ずべき行為が全くないとは言い難いのですが、そうならないように、鏡の中の目を見ながら自問自答することはいく度となくありました。

早ければ一学期末、遅くても二学期頃には、子ども達も教師の目をよく見るようになってきます。顔色をうかがうといえば聞こえは悪いのですが、顔の表情や目の動きで教師が何を言おうとしているのか、何を願っているのかを理解できるようになってくるのです。教師がいおうとする言葉をいち早く感じ取って、

「○○ですよねー、先生」

と得意そうに発言する子や、教師がその場にいなくても、いれば口にすると思われる言葉を代弁してくれるしっかり者の子が出現するのです。この積み重ねが学級集団を高める自治能力へと発展し、社会性やコミュニケーション力の育成にも大きく関わってきます。対教師だけでなく、子ども達同士でも、目を読み、判断し、行動に移せるようになってくるのです。勿論、年齢・環境・精神的な成熟度が大きく作

用するのも当然ではあるのですが……。子どもを掌握するということを「手の中に入る」と表現しますが、教師の目を読むことができる子は、教師を「手の中に入れる」ことができているのかもしれません。

教育活動の多くの場面での問題発生や解決の糸口を探る過程の中で、目が物をいう場面は限りなく多いものです。その目の中にある真実や願いを見つけることができ、更にその問いに答えようとする真剣なまなざしが宿る力を、眼力（がんりき＝めぢから）というのではないでしょうか。子ども達とのありとあらゆる関わりの中で、互いの眼力を高め合えるような活動を目指してほしいと願っています。

28　二つほめて、一叱る

教師とは、子ども達に注意をしたり叱ったりすることの多い職業です。だからこそ「いいところみつけ」の努力が必要となるのです。

ともすれば授業中によくほめられる子は、全体の中の限られた子に偏りがちになってしまうこともよくあることです。授業中にあまり目立たず、どちらかといえば注意される方が多い子どもであれば余計に、休み時間や家庭での様子にアンテナを張り、ほめられる材料を探したいものです。自分一人では限界があるので、同学年の教師や管理職・養護教諭や事務の先生など子ども達を取り巻くすべての大人に協力してもらう必要があります。そのためには教師間の交流が必要になります。通りすがりの教師との会話の中で、「〇〇さん、廊下の隅々までがんばって掃除をしていましたよ」「登校中に下級生が転んでケガをした時、心配そうに保健室に連れてきてくれましたよ」「書類を落とした時に、さっと来て、拾うのを手伝ってくれましたよ」等々の材料を提供してくれるのです。これが職員集団のネットワークによる有難さであり、子ども達は先生達のつながりの強さをを無意識のうちに感じ取ります。勿論、逆に問題提起を受ける場合もあるのですが、これこそよい学習材料に発展していくのです。

そこで常に心がけているのが、「三つほめて一叱る」ことです。叱る際にはともすれば自分が感情的になって、頭ごなしに叱ってしまうことになりやすいものです。その時の子どもは下を向いて反省しているかのように見えますが、そんなに生やさしいものではないはずです。先生の叱責にじっと耐えているという方が当たっているかも知れません。最後に、

「分かった？　今度から気をつけなさい」

と言い、指導ができたと思ってしまいがちですが、そうはならない場合の方が思いの外多いように感じられます。

深刻な課題であればあるほど教師の一方的な感情に左右されず、子どもの言い分

にも耳を傾ける必要があるでしょう。その子が安心して語れる雰囲気を作ることも必要です。そして、「あなたはこんな良いところやこんな頑張りも持っているのに、どうしたのかな」と問いかけます。ここで教師がほめる材料をどれだけプールしているかが問われるのですが、自分の行動を振り返らせることができれば、半分は成功したようなものだと思われます。自分の行動のどこに問題があって、どうすればよかったのか、どうしなければならなかったのかをしっかり問うことができれば、次に生かせる反省材料となるのです。最後に「よく考えられたね」と、そこに気づけたことに対してほめることも忘れてはなりません。間違いに気づけた自分を誇らしく思えることが、今後の行動を左右する支えとなることでしょう。叱られた自分を嫌になるのではなく、間違うことを恐れずに、自分や周りの友達の行動を見つめることのできる学級集団へまた一歩近づいていくのです。

29　声のトーンで快、不快

いつの研修会であったかあまり覚えていないのですが、教師が発する声のトーン（音の高さや声の質）によって、子ども達の反応や受け止め方が違って来るということを聞いたことがあります。勿論様々な場面においては、声のトーンだけでなくスピードや感情移入の方法も違って来ることは理解していましたが、あらゆる教育活動において、このことは大きな意味を持っていることに気づかされたことがあります。

入学間もない新一年生には、「はっきり・ゆっくり・大きな声」と「笑顔」を添えて、一人ひとりの顔を見渡しながら話をするよう心がけます。しかし過剰なサービスは、むしろ緊張感を削いでしまうことになりかねません。高い声や猫なで声は、パワフルな子ども達の声にかき消されてしまうこともよくあります。特に子ども達にしっかり考えさせたいことや伝えたいことがある場合には、声のトーンを下げて幅のある声で対応することが効果的であるようです。しかし、高学年の場合にもそれでよいかというとそうではなく、時には力を抜き、個々の子ども達の個性や思いを探りながら一対一の人間としての信頼関係を築いていくことも重要となるでしょう。語尾の強い高圧的な声や軽々しい口調は、不快感や不信感を抱かせてしまうことにもつながりかねないのです。

声の質は生まれつきのものには違いありませんが、話し振りは、その人の物の見方・考え方、つまり人間性と大きく呼応するものであるように思われます。「顔は履歴書」という言葉もありますが、声もまたその人の「心の履歴書」ではないでしょうか。

かつて、元アナウンサーを講師に招いた「ボイストレーニング講習」を受けたことがあります。その方の声は発声やアクセントが適切で、あまり大きな声ではないのですが、耳をそばだてなくても自然に体に入ってくるような温かみのある声だったと記憶しています。その方が言われるには、まず自分の声を探すことから始めるのだそうです。柔軟体操ともいえる腹筋運動等も取り入れながら、自分らしい声を見つけることに取り組みました。それは優しく響く素直な声であるとも教えられました。ともすれば感情が先走って言葉の出だしが強くなり、語尾が弱くなりがちです。人の耳に心地よいのは、出だしよりも語尾がはっきりしていて語りかけるような言い回しの方が心に響くということでした。声や口調にはその人の感性がにじみ出てくるように思います。「私流」も大切ではあるのですが、常に相手を意識し、寄り添いながら場に応じた話ができる人になりたいと願ったものです。

小学校は中学校と違って、ほぼ一日、学級担任との授業が繰り広げられます。教科に応じた、場面に応じた教師の話し振りは、子ども達との距離を縮め、学習効果も高まることにつながっていくに違いありません。反対に自分中心の語り口調は、子ども達を飽きさせたり無関心にさせたりする危険性も孕んでいるのです。

30　恐い先生になる

いつの頃からか、私のことを「怒ったら恐い・厳しい」先生と呼ぶ子ども達が多く見られるようになりました。大いに結構と心の中でガッツポーズをするのです。若い頃は他の学級の子どもへの指導には遠慮もありましたが、三十歳も半ば頃になると他の学級であろうと他学年であろうと、指導の手は緩めなかったように思います。そうすることで当然、同僚の先生方に事情の説明をしたりその後の様子をチェックしたりと、ますますゆとり時間をなくしてしまうはめに陥ってしまうこともよくありました。

教室の中では、たとえ算数や国語の授業中であっても、中断しなければならないような場面も度々ありました。一学期当初はまず学習集団、そのための学級集団づくりに費やす時間のなんと多いことでしょう。しかし、この時期を逃さずしっかり子ども達をサポートすることで、以降の学習規律や内容の深化が違ってくることは間違いないのです。その前提として、先生は感情で怒っているのではなく、自分たちのために、自分たちがよりよい生活を送れるようになるために注意してくれているのだと納得してくれることが何より前提となります。

新学期、出会って間もない頃には、注意されたことが不満で教師を睨みつけたり、斜に構えて宙を見たりしている子も見られます。ランチルームで他のクラスの子が納豆を食べないといい張ったことで、一粒でも食べてみたらどうかというと、

「ぼくがどうなってもいいんですか」

というが早いかテーブルの下に入り込んで、出てこようとしなかった子や私が担任している学級の子に暴力を振るったので、一年上の暴力を振るった子に事情を聞こうとしたら、

「死んでやる」

と大声で怒鳴って屋上へ駆け上がったりする子もいました。注意をするのは簡単なことかも知れませんが、前後の成り行きやその子の感情や性格を見極めながら対処

することは本当に難しいことだと、その時のことが未だに思い起こされます。あの時のあの対処の仕方は本当によかったのだろうか、と何年も過ぎたことに思いを巡らす時も多々あるのです。

そうこうしながらも時が過ぎるに従って、「恐いけれど、厳しいけれど」面白くて優しい先生といってくれる子も増えてくれたように思います。よくないことをめざとく見つけて注意をすることも必要ではあるのですが、その日の子ども達一人ひとりの表情を感じる感性や、かすかに光るその子のよさを見つける力も身につけたいと願ってきました。「二つほめて一叱る」は私にとって座右の銘の一つでもあります。優しい先生になるために、子ども達に媚《こ》びたり、権威を持ちたいがために子供を抑えつける言動に終始したりすることは、「確かな育ち」とは無縁のものになってしまうように思います。

31　輝きが色あせないうちに

教師生活の初めと終わりを比べてみると、社会の変化の大きさを改めて感じます。更に退職後の十年間における世の中の変化も著しいものがあり、電話から携帯電話やスマートフォン。昨年度は二人の小学生の孫が学校からタブレットを持ち帰り、ドリル学習をこなしていました。学校からの連絡もプリントだけでなく、タブレットに映し出されることもあります。デジタル化が進む中で、互いに顔を見合わせて、先生や友達の生の声を聞きながらの会話や学習は激減しているように思われます。「課題や問題がある子がいたら、その家に何度でも足を運んで、親と膝を交えて語り合うべき」といった言葉も、もはや時代錯誤のような感覚を覚えます。コロナ禍で「学校と保護者と地域との連携」もいよいよ希薄になり、「学級王国」や「学校王国」に傾いているのではと首をかしげてしまうような現実も見え隠れしています。

電話を活用して、その日の子ども達の様子を保護者に連絡する同僚がいました。

その日の子ども達のがんばりを丁寧に伝えることで、子どもは勿論ですが、保護者にも喜びを与えたことでしょう。保護者との会話をそばで聞きながら、その姿勢に感心していた私を思い出します。そういった小さな気配りが保護者や子どもとの連携や信頼関係を築く上で大きな成果をもたらすことだと教えられました。

　ここぞという時には寸暇を惜しんで連絡をすることや、直接出向いて顔を合わせながら話をすることが、大きな解決手段に結びつくことを何度も経験しました。一度出向いただけでは理解を得ることができない場面も当然あるし、眠れない夜もいく度もあります。しかし、足を運んで直接話をすることで、その子の内面やその子が置かれている環境を肌で感じることもできます。学校では分からないその子の暮らしぶりに気づかされることもありました。最近は個人懇談も十分間単位で、雑談をする暇など到底ありません。スムーズ且つスマートでスリムな運営こそ、賞賛に値するかのような現実があるように思えるのです。教育はこれからどのような方向に向かっていくのでしょうか。「不易」と「流行」の狭間で、如何に地に足が着いた教育活動を繰り広げることができるかが問われていると思います。

32 悪い癖は伝えない～受け容れられる癖、そうでない癖～

「子ども達が担任に似る」とは、よくいわれてきたものです。特に影響を受けやすい小学校の子ども達は、教師に近づけば近づくほど、好きになったり憧れたりすればするほど、その色に染まりやすいといえます。言葉遣いや表現の仕方、物の見方・考え方にもそれが表れるようです。

「なくて七癖……」ともいわれるように、一見穏やかで強い癖など見つからないような人でも、七つほどはあるだろうということでしょう。本人にとっては、自分は至って標準的で、大きな癖などないように思いがちですが、気づいていないだけの話かも知れません。周りの人から指摘されて、「そうかなあ」「そういえばそうかも……」と半信半疑に受け止めることも多いのではないでしょうか。

自分の身についた癖が、あまり周りに影響することもなく、個性の一つとして捉えられる場合は大きな問題ではないのですが、教育者となるとそこは笑ってすまされないこともあります。

例として、

●話の中に、「えー」「あのー」「はい」が、何度も出てくる。

●子ども達の顔を見ず、外や宙を見ながら話すことが多い。

●何か問題が起こった時に、眉間にしわを寄せ不快感をあらわにする。

●甲高い声で早口になる。

●個別に対応する場面でも、子どもの目線より常に高い目線で話す。

●指示的な言葉かけが多い。

●内面よりも外見を重視した発言が多い。

●子ども達を叱ったり注意をしたりした後も、感情を引きずる。

等々、子ども達を否定的な気持ちにさせたり暗く沈んだ気分にさせたりするような発言は慎みたいし、単なる癖ではなくその教師の人間性をも疑われるような言動はあってはならないことだといえます。

33　物分かりのよい教師にならない

子ども達にとって、先生が自分のことを理解しようとしてくれているのかそうでないのかは、とても大きな問題だといえます。そのどちらかで自分の教師に対する接し方が決まるといっても過言ではありません。困った時や悩んでいる時、一番に教師に相談できる子どもは本当に幸せであるし、頼られる教師にとってもこれ程うれしいことはありません。そのような関係を築けるようにと、子ども達とのコミュニケーションを大切に考えている教師がほとんどだと思います。子ども達の様子や会話にアンテナを張り、気になる子にはためらわずに声かけをします。先生が自分のことを気にかけてくれ、心配してくれることに対して、嫌な気持ちになる子等一人もいないはずです。小さな出来事でも、先生と一緒に解決したり思いを共有できたりすることで、信頼関係が強まるのです。こういった姿を夢見て教師の道を志した人も多いのではないでしょうか。

しかし、よくあるドラマのような筋書きや、すべてが丸く収まるハッピーエンドに結びつくことがどれほど至難の業であるかは、今日の様々な教育問題の中に溢れるほどの課題を投げかけている現状が、これを物語っているのではないでしょうか。生まれたときからその子に関わっている親でさえ、その時々の我が子の思いに寄り添うことは難しいものです。今までのことを知らない教師と子どもが、たった何日か何ヶ月の間に関係を築き上げることの難しさは、筆舌に尽くしがたいことだといえます。

信頼関係を築きたいという教師の願いとは裏腹に、時に取り返しのつかない結果を招くこともあります。子どもの思いや要求をストレートに受け止めすぎることで、成長過程にある子ども達の甘えやわがままを通してしまい、立場が逆転する現象です。子どもの意見や立場を尊重するがあまり、子どもに操られる教師になってしまうのです。また、被害者意識にばかり目を向けてしまい、加害者とされる側の気持ちや行動を見極める目が曇ってしまうこともあります。涙を流しながら泣き叫ぶ子が正しくて、泣かせた子が悪いとは限らないのです。簡単に答えが出せないことも多々あり、その都度自分の力量不足を痛感し、それまでの指導の甘さを思い知らされることもありました。

いつの場面でも、一つひとつのことに真摯に謙虚に向き合う姿勢を持ち、教師然としたプライドや立場を捨て、相手が子どもであろうと、いや子どもだからこそ頭を下げられる勇気を持ち続けていたいものです。よく分かっていないのに分かった振りをすることや、「ごめんなさい」がいえずにごまかすことに終始する教師は、子ども達の信頼を得ることにはつながらないのです。

34　喧嘩の仲裁～自分の行動や心の動きを見つめさせる目～

小学校低学年、特に入学して間もない子ども達同士では喧嘩やトラブルはほぼ毎日のように見られます。集団生活における規律も規範意識もまだ十分身についていない上に、様々な環境の保育園や幼稚園が集まることで、生活基盤も就学前の環境も異なる子ども達がぶつかり合うことはごく自然のことであるといえます。誰もが自分の正当性を訴え、相手が悪いのだと主張します。そのときの必死な形相や口ぶりに対し、しばし口を挟めない時もあるのですが、しばらくの間どちらの言い分も聞いた上で、「なるほど、もっとも」とことの顚末を認めることから始めることになります。子ども達の感情を逆なですることなく、互いの気持にしっかり寄り添って感情の高まりをしずめたり落ち着かせたりすることがまず大切になります。

この後からが本番で、両方の子どもに、自分が気づかなかった相手の気持ちを考えさせたり、自分の行動のおかしさや間違った態度がなかったのかを振り返ったりさせるのです。この場面での声かけや間合いがとても重要で、ある意味教師と子どもの真剣勝負になるのです。子どもの目線にしっかり寄り添うことはいつになっても難しく、決して頭ごなしに叱りつけることなく、子ども達自身が気づけるような問いかけや誘導が求められます。そして少しでも相手の気持ちを考えたり、優しい言葉かけができたりすることにたどり着けたら大成功なのです。そして自分の中の優しい心に気づかせてあげることで、喧嘩の後のわだかまりも消え、自己有用感も高まっていくのです。時には全体の場でそのことを取り上げ、その気づきや優しさを学級全員で共有します。まさに「ピンチをチャンスに」に切り替えられる場面が繰り返されるのです。

　小さなトラブルが水面下でくすぶり続け、表面化した時には大きなわだかまりや憎しみに広がることもよくあることです。サインを発しているにもかかわらず、周りの大人が気づいてあげられない時には、取り返しのつかない結果を生み出してしまうことでしょう。低学年の頃から小さなトラブルを大切にし続けることが、中学年・高学年への大切なつなぎとなるのです。学校全体にそういった風土が根づいていくことこそ重要で、目の前の子ども達のちょっとした変化にも気づいてあげられるよう、心のアンテナを磨いていけるような教師集団でありたいと願ってきました。

35 信じるものは救われる～思い込みの大切さ～

子ども達への「プラス」の評価は、時に驚くほどの成果につながることがよくあります。特に小学校、取り分け低学年の時期の「賞賛」は、その子の生活や考え方に与える影響が大きいものです。評価の内容は様々ですが、文字の丁寧さであったり、掃除に真剣に取り組む姿勢であったり、自分で考えて正しいと思うことに勇気を出して取り組んだ姿であったりと、日々たくさんの評価項目に溢れています。勿論「マイナス」の評価も負けず劣らず起こるのもこの時期の特徴といえるでしょう。

ほめられることは大人にとってもうれしいことに変わりはありませんが、子どもが親や教師からほめられるうれしさや喜びは、特別に大きな喜びや自己有用感につながっていくものです。自分のすべてが認められ、「正しい人間」としての証明書をもらった気分にさえなるのです。この気持ちを抱かせることこそ教師の醍醐味でもあり、集団作りの原点ともいえることなのです。ほめられた子ども達は、今まではあまり意識をしていなかったことの意義やよさを改めて認識することで一気にセルフエスティーム（自己有用感・自己肯定感）が高まり、自分に対する誇らしさを感じることになるのです。この瞬間の子ども達の笑顔や目の輝きは何物にも例えようのない光を放っています。さらに担任を通して自分のよさを学級の友達に伝えられようものなら、天にも昇るような満足感を味わうのです。そこからが始まりで、あの時の喜びをもう一度味わいたいと努力をするようにもなります。たった一度ほめられたことが、あたかも生まれたときから身についていた力であるかのように思い込むのです。

反対にミスをしてしまうことも当然あります。その時も頭ごなしに叱るのではなく、「プラス」の評価を思い起こさせ、

「あんなに正しいことができる君なのに、このことはちょっと残念だったね」

と、今起きたミスは、自分らしくないことなのだと思えるように受け止めさせます。

「ほめ育て」の弊害もあります。あまり価値を見い出せない事柄や、大して努力も

せずにできたことに対してことさらほめちぎることは、成長の芽を摘むことにもなりかねません。「ああ、この程度ですむことなのか」「こんなことでほめてもらえるのか」と社会を斜に見てしまうような育ちをしてしまうのです。社会や人間に対する正しい価値観に結びつくような「賞賛」と「問いかけ」を大切にしたいのです。

36　とびっきりの笑顔に始まる一日

平常心を心がけてはいるものの、「今日は朝から嫌なことがあった」「朝から忙しい目に遭わされた」と悔やむ日もあります。朝は誰にとっても一日の始まりの時、その朝にふさわしい笑顔を私はいつも心がけてきたつもりです。元気になれない日もありますが、毎日がんばって校門をくぐって来る子ども達にはとびっきりの笑顔で挨拶をしたいと思ってきました。

「今日もがんばって来たね」

「体調はばっちりかな？」

と一人ひとりの顔を見るとほとんどの場合笑顔が返ってくるのですが、そうならない時もあります。下を向いたり目をそらせたりする子がいた時がチェックの始まりで、それとなく声かけをします。笑顔を向けられて嫌な気持ちになることはないだろうし、「どうしたの？」と気づいてもらうのを待っている子どももいるのです。

今のご時世、毎日車での送り迎えが当たり前の子どもも多いと思いますが、歩くだけで汗ばむような暑い日も、北風が頬を切るような寒い日も、横雨で靴まで濡れてしまうような雨の日も、変わらず歩いて登校する子ども達はそれだけで素晴らしいことなのです。自分の足で重いランドセルを背負って学校に来ることだけで、「がんばっている」ことに間違いないのです。

前の日に私から厳しく注意された子、宿題を忘れて居残り勉強をさせられた子、廊下を走っていて厳しく注意された他学年の子、昨日は少々色あせた日になったかも知れないけれど、今朝はどの子にとっても、大切な一日の始まりです。どんな素敵なことが起こるかも知れないし、昨日分からなかった学習が今日は分かるようになるかも知れない特別な日の朝なのです。

それと同様に教師自身にとっても新しくて可能性に溢れた始まりの朝に違いありません。子ども達に「笑顔」を向けるのと同じように、自分の中の可能性も「笑顔」に込めるのです。悪いことばかりでもないけれど、よいことばかりでもない毎日です。せめて朝のひとときだけでも、笑顔が溢れる教室や学校であってほしいのです。

37　けがをさせない

「笑顔で挨拶」の次に日々心がけたこと、それは子ども達にけがをさせないことでした。とはいっても元気盛りの子ども達のこと、小さなかすり傷や打撲は日常茶飯事のことでしょう。傷の程度を確かめて胸をなで下ろすことも度々ありましたが、今でも忘れられない大きなけがをさせてしまったこともありました。

私も子どもを育てている身であり、けがや事故がないように願う親心は誰しも同じでしょう。「行ってらっしゃい」と送り出し、「お帰りなさい」と顔を合わせるまで、子どもの安全と成長を願いながら学校に送り出しています。それなのに大きなけがをさせてしまったり、心に傷を負わせてしまったりするようなことがあってはならないのです。

授業中に特に気を配ったのは体育の授業です。動きが激しく、様々な運動器具も使用します。指導の如何によっては大きなけがに結びつく危険性を孕んでいるのです。

「体育の時間の先生は、別人のように厳しいです。それはみんなにけがをしてほしくないからです。おうちの人にとっても自分自身にとっても、一つしかない大切なあなた達の命と体を傷つけてほしくないからです」

と、学年始めの体育の時間には、子ども達に必ず伝えてきた言葉です。そのための準備運動や器具の設置にも安全を心がけてきたつもりです。幸いにも体育の授業中に大きなけがをさせてしまうことはありませんでしたが、休み時間や放課後の目の届かない場所でけがをさせてしまったことは、残念ながら何度かあります。子ども達自身の不注意やミスで起こってしまったけがについては仕方のない部分もありますが、その子には何の責任も落ち度もないのに、他者から大きなけがをさせられた場合には本当に心が痛みます。廊下で友達と楽しそうに話をしていた女の子に、すごい勢いで二階から男の子が走ってきた男の子がぶつかってしまいました。その弾みでコンクリートの柱の角に頭が当たり、何針も縫うけがをしてしまったのです。

弾みとはいえ、その場面は今でも鮮明に覚えている出来事で、二度とそのようなことがないようにと、廊下を走ることの危険性を学年が変わっても毎年伝えてきたつもりです。

体に傷を負わせないのはもちろんのことですが、心の傷は複雑で見えにくいものです。自分の気づかないところで見えない傷を負わせてしまうこともあるし、よかれと思って指導したことが、心の中に「しこり」として長く残ってしまうこともあるのです。それが尾を引いて保護者を傷つけることにもつながります。あの手立てが本当によかったのだろうか……と、今でも心にふっと湧き起こってくる反省点もある私です。

38　体罰はいらない

子どもを注意している場面で、何気なく上げた私の手に即座に反応し、首をすくめて防御態勢を取る子どもがいました。その反応を何度か「この子は叩かれることがよくあるんだな」とかわいそうに思えることがあります。その相手が家族なのか誰なのかはよく分かりませんが、小さな子ども達にとって、大人の怒鳴り声や大きな拳はどれだけの恐怖感を与えるものであろうかということは、推し量ることができます。

かつて私も小さい頃に父親から平手打ちをされたことがあります。今でもその状況ははっきりと記憶に残っていて、その時は怖さと悲しさで泣きじゃくっていたことを覚えています。その時の父親の言動は成長する中で理解もでき、その時の思いや願いを想像することもできました。しかし、その時の父親の顔と叩かれた頬の痛みは当分私の心の中に影を落としていきました。当時、父は三交替（機械を一日中動かせるように担当の職員が八時間交替で勤務をする）の会社勤めをし、夜勤明けの昼間に近くの醤油屋でアルバイトをし、寸暇を惜しんでは、山の畑を借りて家族のための野菜作りに精を出した働き者でした。経済的にも精神的にも余裕やゆとりのある生活ではなかったと思います。三人兄妹の末っ子のわがままな言動に、業を煮やしたに違いないのです。

その頃は、体罰もある程度容認された時代でもありました。学校の先生も、げんこつや平手打ちは珍しくなく、廊下に立たされることや長時間の正座も、ある意味教育の一環であると許されていたように思います。先生に叱られたり罰を与えられたりしたことを親に話すと、自分が悪いからだとまたそこでさらに叱られてしまうという状況でした。教室もすし詰め状態で、学力面でも生活面でもなかなかゆとりがなく、人権教育も平和学習も、六十年以上も前の学校教育には存在しなかったかのように思えます。

今日の教育現場においても、未だに部活動での体罰や教師の行きすぎた指導が報じられることが後を絶ちません。暗黙の了解であったり、組織的なものであったりすることもあるようです。勝敗にこだわるがあまり、冷静さを失い感情が優先し、ある種の見せしめ的な言動で集団を統制しようとするような体罰はいかなる理由があろうとも結局暴力でしかないのです。力で理解と解決はできないはずです。時間をかけ、理解につながる言葉を駆使し、相手の表情を受け止めながら接点を見つける。人権を大切にすることこそが、平和な社会を築く足がかりとなるのです。

39　同じ目線

子ども達は基本、純粋で、我慢強くてがんばり屋です。例え大人になっても、我慢強くて前向きな人間でいたいと願うのですが、年を追うごとに純粋さは色あせて来るような気がします。子ども達に対して、大人の都合の良い理屈を押しつけたり、諦めることの大切さを諭したりもするのです。納得の行かない子どもの心を踏みにじったりすることさえあるかもしれません。

永い教師生活の中で、自分が失いかけていたものや忘れてしまっていた感情を、子ども達から教えられることが何度もありました。「教師は世間知らず」という言葉を何度か耳にしたことがありますが、ある意味世間の荒波にもまれていないからこそ、純粋さを保っていられるのかも知れないと思ったことがあります。

「上から目線」ではなく、「同じ高さの目線」を心がけます。もっといえば、子どもより低い目線が望ましいのかも知れません。「あなたのことを理解したいから……教えて、聞かせて」。そんな気持ちで膝を折ります。膝を折ることで表情も優しくなり、距離も近づき、子ども達に安心感を持ってもらえるのです。そして、重い口を開き、自分の気持ちや願いを伝えてくれた時には、安堵は勿論のこと愛おしささえ抱きます。

　普段から自分の考えや気持ちをしっかり伝えられる子ども達に関してはそれで十分ではあるのですが、それはそれで落とし穴もあります。喧嘩の時によく見られる「先にいった者勝ち」や「いい負かした者勝ち」では、いえない者が負けて正しさが埋もれてしまうことにもなりかねません。小さなトラブルがくすぶり続け、大きなもめごとや親を巻き込んでのトラブルにも発展しかねないのです。真実が歪められたり、教師の力で押さえつけられたりした感覚を抱かせることのない解決方法に導いていくべきでしょう。

　何か問題が起こるのは学校現場においてはごく当たり前のことで、むしろ何も起こらないことの方が不自然だともいえます。そのチャンスを生かすことの繰り返しが学級全体を高め、子ども同士の目線も等しくなっていくのだと思っています。

マインド、心構え

40　無形の物を大切に

日本の「物作り」の中で作り出される製品は質がよく、海外でも賞賛を浴びるものが非常に多いと思われます。また古くから伝承される職人の技を駆使した工芸品も、美しさや温かさを醸し出す「匠の技」として注目を浴びています。最近では食品やお酒等も海外で取引が盛んに行われているようです。妥協を許さずこつこつと努力を続けることの大切さを、でき上がった「物」に見ることができますし、その製品を通して制作者の思いを推し測ることもできることでしょう。

それに対して「人を育てる教育者」の対象はあくまでも生身の人間で、そこに居合わせた一人の人がどのような内面を持っているかの評価はできません。外見と内面は同じではないのです。ここに教育の難しさがあるのでしょう。人生八十年というならば、そのうちの一年ないし二年間の関わりに過ぎない目の前の子ども達ですが、成長期のほんの小さな出来事や忘れられない経験が、その子の人生の歩みを大きく変え得ることがあります。それがよい出来事や経験であれば問題はないのですが、反対に成長期の子どもに暗い影を落としてしまう場合もあります。そこが教育者の使命や責任を強く感じるところなのです。

農家の人々は、作物の収穫をするために種をまきます。土作りをし、太陽と水を与え、額に汗して世話をします。その年の気候の変動等で若干の違いはあるでしょうが、決まった期間で結果が見えてきます。しかし教育の現場においては、結果が速いスピードで見えて来る場合もあれば、何日後・何ヶ月後・あるいは何年か何十年後に現れる場合もあり得ます。まく種は同じでも、家庭という土壌が違い、その子を取り巻く環境が違い、関わりを持つ影響力もすべて違っているのです。型にはまった教育は成り立たず、「教えています」「理解しているはずです」は、意味を持ちません。理解力や知識力は点数で推し測れても、形として見えてこない物や、今は見えないけれども将来花が咲くかもしれない芽を見つけることは、現状ではとても難しいことなのです。

教師の言葉を受け止めようとする意欲、友達の声に耳を傾けようとする優しさ、苦手なことにも向かっていけるチャレンジ精神、見ている人はいなくても正しいと考えることを実行に移す正義感、笑顔や明るさが漂う教室の空気等々、見えにくい物ばかり存在する教室の中なのです。目に見えない「思い」や「感覚」を受け止められる感性こそ、なくさずに持ち続けられる教師であり続けたいと思うのです。

41　陥りやすい「自分が……」「自分は……」の世界

子ども達への自分の思いや願いを整理し、そのために何をするのか、どのような実践に移すべきかを考えることは教師としての日々の努めです。目の前の子どもは日々変化し進化を遂げます。その状況を見ながら、ああでもないこうでもないと、取るべき方法を模索するのです。そして実行に移したものの、結果は自分が思った通りには行かないことも多く、相手が生身の人間だからこそその難しさがそこにあり、教育の難しさを受け止めざるを得ません。こんな時には素直に反省し、また次の方法に思いをつなげていくことも大切だと考えます。

しかしそうはいうものの、「あれだけ悩んだのに……」「これだけ準備をしたのに……」と自分の労力を惜しみたくもなるものです。それだけではなく重荷から逃れようとすることもありがちです。「この子はもともとこうだから……」「家庭的に問題が多いから……」「この頃反抗的な態度をとることがあるから……」と家庭や子どもに責任をなすりつけてしまうことはないでしょうか。

人は自分の心の苦しさを解消したいがために、他に責任転嫁してしまうことはありがちなことで、自分以外の誰かの責任にすることで、今の苦しさから抜け出ようとすることがあります。自分がこれだけがんばっているのに……、自分はこういうつもりで実践したのに……と自分の思いを優先したりこうなるはずだったのに……とあるべき結果に縛られたりすることは避けたいものです。もしもそういった気持ちが前面に出ることがあれば、子ども達はそれをすぐに感じ取ることでしょう。高圧的な押しつけにはすぐに反応し、肝心な内容は抜きにして、その教師に対する嫌悪をあらわにすることにもつながるのです。一度のみならず何度もそういう場面を体験すると、「あの先生、いつもこうだから」「あの態度にはついていけない」と顔を背けられることにもなってしまいます。

子どもに媚びる必要は全くないし、教師の願いや思いはしっかり伝えるべきですが、結果優先のあまり、子ども達の考えを押さえ込んだり子どもに向き合う自分自身に謙虚さを失ったりしてはならないと思うのです。

42　悩める自分に誇りを持つ

定年を迎える年まで学級担任をした私は、最後の最後まで子ども達のことであれやこれやと悩むことの多い日々でした。家庭学習の習慣がついていない子どもにどんなアプローチをすれば宿題をして来るようになるだろうか。あの子が進んで発表するようになるにはどうすればよいだろう。運動の苦手な子に意欲と達成感をもたせたい。等々次から次に課題と悩みがつきまといます。家庭で忙しく家事をしていても、ふとした拍子にそのことが頭をもたげて来るのです。これが教師としての宿命だからと自分に言い聞かせます。

子ども達の成長を願いながら悩み苦しんだり落ち込んだりもしましたが、考えないよりは考えた方がよいし、実行に移さないよりも移した方がよい結果につながります。

A君とは三年生の出会いで、真面目で素直な子でした。進んで決まりを守ろうとするし、掃除の時間にはどんな仕事も嫌がらずに、熱心に取り組みました。そのＡ君は学習が苦手で、授業中になると落ち着かず不安そうな表情を見せます。内容を理解するのにも、黒板の文字をノートに写すにも他の子の倍以上時間がかかるのです。ですから席はいつも一番前で、教師の指導が入りやすい位置にしていました。宿題もして来ないので毎日のように居残り勉強をしていました。家は学校から離れているためにバス通学でしたが、帰りのバスに間に合わず、私の車で送っていったことも度々ありました。帰り道の車の中でも私から叱られてしまうのです。そんなある日、一番前の席にもかかわらず黒板の文字を見ては首をかしげ、ノートに書き写すかと思えばまた黒板を見て首をかしげる姿に違和感を抱いたのです。

すぐに保健室で視力を測ってもらうと、重度の近視であろうということになり専門医に受診することになりました。眼鏡をかけて学習できるようになったＡ君は、算数が好きになりその後も少しずつ学力の高まりが見られ、自信もつき笑顔も増えました。県立高校の卒業式の日、母親と一緒に我が家にきてくれた彼の口から、

「僕は今まで、担任の先生に恵まれました」

という感謝の言葉が聞けた時は、教師冥利に尽きるとともにうれしかったことを思い出します。例え結果が思うようにならなくても、その過程で生まれて来るものは「無」ではないのです。例え失敗につながったとしても、教師も子ども達もその失敗からたくさんのことを得るのです。子ども達のために一生懸命になったり悩んだりできることこそ誇れることなのだと思えるようになりました。時間もかかるし、ともすれば泥沼に入り込みそうになることもありますが、自分の感性を信じて、システムやレールに乗って淡々とこなすのではなく、子ども達と泣いたり笑ったりの血の通った教室を目指したいものです。

43 「三」へのこだわり

新年度の新しい学級担任として、いつの頃からか自分自身の「ものさし」にしてきたことがあります。「三日間で、子ども達と仲よくなる」「三週間で学級のルールを身につけさせる」「三ヶ月で信頼関係を築く」という三つの目標です。どの一つを取っても容易ではないのですが、「鉄は熱いうちに……」というか、一学期の早いうちにある程度の学級集団としての高まりを願っての指標といえるのです。しかし、学年の実態は厳しく思うように行かないこともあります。だからこその「道しるべ」ともいえます。その「道しるべ」に照らして、課題を考えたり新たな手段を講じたりするのです。

長い夏休みは、できかけていたもの・高まりつつあったものをまた元に押し戻してしまうことも多いものです。二学期に入り、ため息をつきながらも再度繰り返しの取り組みを行うのですが、一度経験をしたことは決して無駄にはなっておらず、加速力を伴っての修復が可能となるのです。

それは一学期間の細かな取り組みが如何に大切かを物語っています。４月の始業式、子ども達は一学年年上になったのだという優越感や新しい先生との出会いに嬉々《きき》として学校にやってきます。子ども達の誰もが持ち合わせている期待感は、意欲や努力を生み出すのに効果的で、子ども達が基本的に持っている願いも頭をもたげてくるはずです。

「勉強をがんばりたい」

「先生にほめられたい」

「友達とも仲よくしたい」

「楽しいことがたくさんあればいい」

「家族にほめられたい」等々。

その願いが新学期早々に実現すれば、これほどうれしいことはありません。セルフイメージが高まり、この心地よさを持続させたいと願うことでしょう。これはとても自然なことなのです。反対に新学期早々にマイナスイメージを抱いてしまうと、修復にはかなりの時間と労力を必要とします。

子ども達は日々活動を続けています。友達同士の小さなトラブルから大きな問題まで、課題だらけの毎日が続くこともあるでしょう。学力も大切でおろそかにはできませんが、学習規律が整うまでの期間は、ともすれば学習時間を割いてまで課題解決に取り組むこともあるのです。学習集団が整うに従って、一時間で一単位時間以上の学習成果を上げることができるようにもなりますが、今すべきこと、しなければならないことを後回しにすることで、子ども達の内面が未成熟に陥り、せっかくの教科学習が空回りしてしまうことになることだけは避けたいものです。

44　四十五分間に耐えられる体力・気力

教師生活も三十年近くなれば、体力や気力の衰えを感じるようになるのは当然のことなのですが、先輩教師という立場では自分の甘えやわがままは許されないという義務感に縛られることがあります。学校運営にかかわる担任や校務分掌決めにおいても、「給料分は働かねば……」と自分に言い聞かせてきました。その反面視力は衰え、得意であった跳び箱も、今の体重を支え切れる腕力ではないと、子ども達の前で手本を見せることも諦めました。しかし、四十五分間の授業時間を持ちこたえる体力だけは失いたくないと、休日や学校での居残りをしない日に体力維持のためのトレーニングに通いました。ランニングマシーンで四十五分間ウォーキングやランニングをし、その後筋力トレーニングや柔軟体操をします。「この四十五分間に耐えられなければ、教師を続けることはできない」と自分に言い聞かせたものです。おかげ様まで六十歳の定年を迎えるまで、大きなけがや病気もなく担任を続けられたことは、本当に有難いことだと今でも思っています。

子どもにとっての四十五分間はどうでしょうか。体力も気力も生育歴も今現在の環境も異なる子ども達を授業に集中させ、意欲を喚起し、反復の努力を惜しませず、分かる喜びや達成感を求めて学習に向き合える学習集団へと高めていくことは至難の業であるともいえます。給食室から漂って来る食欲をそそる香りに、「今日の献立は何だったかな、早く食べたいな」。窓から外に目をやれば鳥が飛んでいて、「いいなあ、空が飛べて」「休み時間は、サッカーをするぞ、ボールを一番先に取りに行こう」等々、思考を妨げようとする誘惑も多いものです。大人でも難しい集中力を、子どもに強制することはとても難しいことです。むしろ四十五分間のうちで、息が抜ける（リラックスできる）ひとときをあえて作り出すことも必要だと考えていました。特に低学年においては、「今日の給食は何だっけ？　いい香りだね。よーし、給食が美味しく食べられるように勉強がんばるぞー」「鳥はいいねえ、空が飛べて。でも鳥は、人間はいいなあ、みんなでいろんな勉強ができて……って思っているかもねえ」等とクスッと笑える時間を作ってみることを心がけました。

集団や学年の違いに合わせた、深呼吸ができるほんの少しの息抜きや遊びも効果的であったと思っています。

45　子どもの「質」を束ねることの危うさ

五十歳の声を聞く頃になると保護者も私の娘の年齢と重なるようになり、「年配の先生」といわれるようになります。若い教師からは、「先生がいるから心強い」「先生のようになりたい」とお世辞混じりにいわれることがあります。そのような時には、「私と同じ教師が十人いても学校はよくならない。いろいろな個性があって意見を出し合い、それぞれが持っている力も違うからこそチームワークも取れて学校がよくなっていく」という話をします。建前や謙遜ではなく、年を重ねるごとにその思いは強まってきました。

子ども達をあるべき姿に育てていく仕事だからこそ、根本的な教育理念は同じでありたいし、職員会議で確認したことは共有し広げていかなければなりません。子どもを守ることに徹することは当然で、そのための連携も必要不可欠です。

これまで、自分にはない素晴らしい力を持った同僚や先輩、真剣さやエネルギッシュな若い教師のよさもたくさん見てきました。自分にないものだからこそ輝いて見えるのです。教師集団の中での『いいとこ見つけ』は様々な教育現場で生きて働く力になり、高まり合いつながり合える集団へと近づいていくことでしょう。

教師になってまだ数年しか経っていない頃、今でも忘れられない授業風景があります。高学年の平和学習の中で子ども達が自主的・主体的に授業を進めていく様子はとても素晴らしいものでした。司会の子どもの指示に誰もが従い、表現豊かに詩を朗読していくのです。教師はたまに小声で支援をするだけでほぼ見守りというポジションにいます。その時代にしては先駆け的な授業形態であったし、洗練された授業であることは誰もが受け止めましたが、ここに至るまでの授業がどのようであったろうかという思いが頭をよぎるのです。まるで何か目に見えないものに身を預けたような、これしかないといわんばかりの表現。何とも知れない違和感を覚えたことが、今でも思い出されるのです。

運動会のマスゲームや歌や楽器の演奏において、統一された美しさは感動を覚えます。しかし、子ども達の自由な発想や願いが、教師が準備した枠組みに強制的に組み込まれるようなことは避けたいと思います。自由と強制の線引きは誰がどのように行っていくのかはとても難しいことだと思います。マインドコントロールのような手法も、時として集団を高め効率を上げることにつながる場合もあります。しかし、「過ぎたるは及ばざるがごとし」でともすれば洗脳にも近いことの危うさを忘れてはならないと感じさせられたのです。教師も子どもと同じく、自由で個性的な発想や意見が尊重されるような集団でありたいと思っています。

46　陥りやすい錯覚～どんな手立ても出発点・見えない物が見えてくる～

「子ども達には、これほど多くの課題がありました。その課題の克服のためにこのような取り組みを行いました。その結果、次のような成果を生み出すことができました」と、研修会では驚くほどの成果のオンパレードに圧倒されます。しかしいつの頃からか、その成果が素直に受け入れられなくなった自分がいるのです。

年度末が近づくと、自分自身も実践レポートを作成し、数多くの研修会や交流会に参加をしてきました。今考えると、二学期が終わったばかりで、成果と言えるには少々無理があったのではないかと思われる項目についても自分に甘いものさしでレポートを書いてきたこともあります。がんばってみたけれど途中で挫折してしまった体験や、どうしても糸口が見えないままやり残してきた課題などを赤裸々に綴ったレポートが、どれほど大切に論議されただろうかと疑問を感じるのです。

様々な取り組みを終えて子ども達が教師向けに書いた授業の感想文を、教師の立場に都合よく抜粋してレポートに載せたことを、今も思い出しながら反省することがあります。所詮教師も人間で、体裁の整ったレポートを完成させたい、がんばっていると評価されたい、自分自身のセルフ・エスティームも高めたい、仲間に認められたい、そのような感情に惑わされそうになることがあるのです。

公にする実践報告については、保護者は勿論、子ども達にも掲載してもよいかどうかを打診し、了承を得ることが原則になります。小手先の手っ取り早い取り組みを続けたり、簡単に成果を羅列したりはできず、自分の手立ての甘さや不十分さがにじみ出てしまう随分と重たいレポートになることは当然あるべきことだと思います。教師向けに書かれた本音の出ない作文や、口先だけの指導の甘さも減るに違いありません。もしも一年間の素晴らしい取り組みができたのであれば、次の学年を持った担任が、「あれもできていない、これも課題だ」とレポートの前書きに書くこともなくなるはずです。

高校よりも中学校、中学校よりも小学校、小学校よりも就学前と、子どもの変容の可能性は低学齢になるほど高いことが多いように思います。だからこそ、手を替え品を替え、自己中心的な成果を追うのではなく、子どもの姿を客観的に見抜く目を養いたいものです。小さな手応えを確認しつつ、失敗も受け入れ、思い悩む実践を積み重ねていくことが子ども達の成長を後押しすることになるのだと思っています。

47 「通信」って、なあに

かつて、「これこそが学級通信」といわれるような素晴らしい学級通信に魅せられて、自分なりの思いを込めた手書きの通信にこだわった時期がありました。先輩の教師が綴るユニークで熱のこもった通信には及ばずとも、それなりに時間を費やし、一年間の発行回数を伸ばすことに意欲を燃やした時期もあったように思います。学級通信を介して、子ども達や保護者に日常的な学級の様子やその教師の思いや願いを受け止めてもらうことができるならば、学級の雰囲気を盛り上げたり意欲を持たせたりすることにもつながる有用な手段だといえるでしょう。

低学年でよく使ったタイトルは「わになって」で、子ども達同士がお互いを認め合い、手をつなぎ合って笑顔で一日を送れるようにとの願いからです。小さな輪が少しずつ広がりを見せ始め大きな輪に成長していく姿は、純粋で一生懸命な低学年ならではの高まりのように思います。中学年でよく使った「かしわのき」は、大分県を旅行した時に考えたタイトルです。九重《くじゅう》連山の「坊がつる」付近をタクシーで観光していたのですが、春の野焼きで辺り一面焼け野原になっている中で、黒く焼け焦げているけれど燃えずに立っている木々が目に留まりました。運転手さんが、柏の木は野焼きをしても燃え残る強い生命力を持った木であることを教えてくれました。やせた土地や厳しい環境の中でも育つことから五月の節句の柏餅とも結びついているのです。以来、中学年の元気盛りで個性がはじけそうなこの時期の子ども達によく使ったタイトルです。高学年では自我の高まりや創造性へのアプローチとしての「希望」「銀河」「仲間」等で、友達同士や親子での話題提供的な要素も入れました。「土曜日はがんばり賞の日」と題して、一週間の子ども達のがんばった姿を記録して載せ、年間を通したコーナーも作りました。通信のタイトルに込めた願いや思い、目標に近づこうとする子ども達の姿、支え合い励まし合う優しさ、時には意表を突く子ども達の発言、保護者からの感想や思いも載せながら取り組みを進めたこともありました。

しかし、「過ぎたるは及ばざるがごとし」の場合もあるのです。担任の主観が優先したり、特定の子どもについての記述が目立ったりすることで、かえって不信感や反感を与えかねない場合も起こり得るのです。文字が先行し、意を尽くせない文章に陥る危険性もあります。担任として寸暇を惜しんでの通信も、量や回数が多ければよいというものでもなく、忙しい保護者にとってはかえって負担に感じさせる場合もあるように思います。

通信はあくまでも子どもが主体であり、子ども達に受け入れられるものが第一条件となります。学級での課題に取り組む中で、個々の子ども達のがんばる姿や認め合い励まし合う姿やエネルギーが、少しでも保護者に伝わるようなものでありたいのです。時には保護者や子ども達からの反応によい結果が得られなくとも、素直に認め、反省することも大切です。

3年1組
学級通信
2004.10.21.

運動会という大きな行事が終わって、三週間が過ぎようとしています。子ども達は、少しずつ落ち着きを取りもどし、教科学習に、身が入りつつあります。

昨日は三度目の台風による臨時休校でしたが、ご家庭では被害はありませんでしたでしょうか。今年のように台風が上陸するのもめずらしいことですが十月のこの時期にいくつも発生するのもまれなことだと思います。

さて、来週から、版画の製作に入ります。最初は下絵作りなので材料は必要ありませんが、再来週の図工の時間までに、お家にある物で構いませんので、材料の準備をお願いします。

次のような物のうち、家庭にある物を二・三個準備して頂けたらと思います。どうしても見つからない場合は、私の方で少しは準備できますので、ご心配はいりません。

版画材料

- 布 → でこぼこのあるようなもの／レース
- 毛糸 → 髪の毛に使ったり洋服にもようをつけたりします。
- ビニール → こわれ物を包むときに使う 指で押さえるとプチプチ音を立てる
- 紙 → レースペーパー（お菓子づくりに使うもの） もようのつく紙（ダンボール）
- クロス → 壁に貼ったあまりがあれば
- あみ → 窓の網戸に使ったのこりなど……

ダンボールは、学校にもあります。髪の毛などに使う麻ひもも準備しておこうと思っています。くれぐれも無理をしたり、購入したりは、しないでください。

参考までに……

「こんなものをつくります。」

3年1組
学級通信
2004.11.4.

落ち葉の舞う季節となりました

十一月一日の月曜日の朝、教室に向かう私の目にとびこんできたのは、中庭に散らかっている落ち葉をほうきで集め、ごみ袋に詰めている三年生の姿でした。

「えらいねえー、感心!!」

と声をかけると、

「いやぁ　それほどでも。」

「もう　こんなにいっぱい集まったよ。」

と、うれしそうに見せてくれました。

その後、二十分休みも、昼休みも一生懸命集めてくれていました。

「先生、この落ち葉で焼きいもも焼いて食べたらいいと思わん?。」

聞くところによると　去年も落ち葉を集めて焼きいも大会をしたとのこと。落ち葉を見て、その時の記憶がよみがえってきたのかも知れません。　とは言え　何と行動力のある子ども達でしょう。　その熱意にほだされて、

「そうねえ、したいねえ。」

と言ってしまった私です。

明日金曜の午後からのお楽しみ会の時に、子ども達がゲームをしている間、一人で焼きいも当番をすることになりそうです。おひまのある方、遊び(?)に来られませんか?　大歓迎です。

11月の学習

- 国語
  - 言葉でスケッチ
  - 動物とくらす
  - パンフレットを作ろう
  - へんとつくり
  - 説明書を作ろう
- 算数
  - かけ算のひっ算
  - 表とグラフ
- 音楽
  - オーボエきょうそう曲
  - クラリネットポルカ
  - はっぱとそよ風
  - ふじ山
- 図工
  - 版で表そう
  - 「すってうつして」
  - いろいろなふくろから
- 社会
  - 町の人びとのしごと
- 理科
  - 太陽の光をあてたもののあたたかさと明るさ
  - 豆電球に明かりをつけよう
- 体育
  - はばとび
  - 高とび
  - マラソン
- 総合
  - 調べてみよう
  - 朝せん・かん国

秋の夜長　テレビを消して　読書でも……

本は心の栄養と言われますが、なるほど本をしっかり読んでいる子は、語いも豊富で自分の思っていることを、しっかり言葉にして表現するのが得意なようです。これからの世の中、自分の思っていることをしっかり相手に伝える力や、相手の意図を理解し、協調できる力が求められているのではないでしょうか。我が家も時々テレビを消して、食卓を囲んでおしゃべりを楽しんだり、好きな本を読んだりしています。

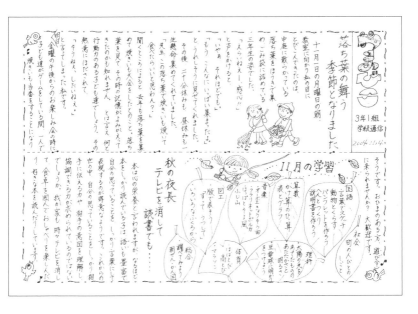

48　何でもありは問題あり～聞いてほしくないこと、知られたくないこと～

教師と子ども達との関係の中で、越えてはならない一線も存在するでしょう。「先生」というカードを使って、子どもや保護者の心に「土足で足を踏み入れる」というようなことがあってはならないはずです。子どもにも家庭にもデリケートな領域は存在し、まだまだ関係が築けていない段階では、当たり前のような子どもへの問いかけも躊躇するような場面もよくあるのです。知りたくともしばらくは遠目に見守ることしかできないような状況も生まれます。そのことが直接的あるいは緊急に子どもの成長に関わるような場合は、自分一人で抱え込まずに先輩教師に相談したり、然るべき機関との連携を通じたりして慎重に対処する必要があるのですが、無配慮な憶測や思い込みによって、かえって事実を歪めてしまったり当事者を傷つけてしまったりすることにならないような配慮が必要です。

何でも知ろうとすることが教師の特権ではなく、静かに見守ることがその後の関係作りに功を奏する場合も多々あります。大切なのはその場のその子の心に寄り添おうとする姿勢にあると思います。顔を合わせるだけでも、「大丈夫？」「何か言いたいことはない？」「今日も会えてうれしいよ」といったメッセージは伝わるものです。

子ども達は大人の顔の表情や言葉の抑揚にとても敏感に反応します。大人が気づいていないだけで、言葉以上に雰囲気を読み取ることができるのです。その中で自分を守るための行動に出る場合もあります。それまでたくさんの大人達に接する中で、自然と身についた防御本能ともいえるでしょう。窮地に立たされた時には、自分を守るためにうそもつくことでしょう。歯をむき出して攻撃に転じることも、火の粉を払いのけるために、身代わりを立てることもあるのです。

未熟で弱い立場にあるからこそ、自分を守ることに必死になる。これはごく自然なことではないでしょうか。だからこそ変なプライドや使命感に流されることなく、ゆとりを持った温かな接し方を心がけたいと思います。

49 「こだわり」を持ち続ける

「こだわりの強い人」や「こだわりの多い人」は得てして敬遠されがちですが、人間誰しも一つや二つのこだわりは持っているものでしょう。それは小さなものもあろうし、周りの人をも巻き込むほどの大きなこだわりもあるはずです。例えば職人気質の名匠ともなると、たくさんの「こだわり」を持ち続け、貫き通す技と意志の強さを身につけているはずです。過去に出会った多くの先輩や同僚もその人らしいこだわりを学ばせてくれました。

　結婚後に赴任した小学校の事務官は、「教師は、かくあるべき、かくあらねばという気持ちを持ち続けるべきだ」と私達若い教師に語気荒く主張したものです。その時は少し怯んだものの、後々その言葉の持つ意味を考えさせられ続けることになりました。その言葉の奥には、教師としての義務や責務はもちろんのこと、人を育てることの基本的な理念を忘れるなという思いがあったのだと思っています。

私のこだわりもその時その時で変わりはしましたが、いくつか挙げると、

●掃除は、子どもと一緒にしっかり働く
●言葉遣いは、丁寧に
●音楽と体育の時間に子どもの心を解放する
●水泳の時間は、子どもと一緒に水に入る
●給食で食育
●学級通信は手書きで（退職前の数年はパソコン入力）
●学力テストのための過去問繰り返し学習反対

「こだわり」は、与えられるものでも押しつけられるものでもなく、ただひたすら自分の信念に向かって問い続けるものではないでしょうか。相手が子どもであり親である教育現場では、自分のこだわりを最優先させることはできないにしても、少しずつそれとなく主張できる場面はあるはずです。それが子ども達の育ちを促し親の理解に結びつくなら、その後の教育活動の高まりに発展させることもできるはず

です。逆をいえば、学級通信や授業参観、懇談会等を通して、担任の先生の「こだわり」を保護者は発見したがっていると思うのです。それが子どもや親の願いと結びつくものであれば、これほど有効な信頼関係作りはないと考えます。逆にその「こだわり」が、教師のご都合主義や自己中心的なもので、多くの保護者にとって受け容れがたいものであるならば、学級崩壊や教師批判にもつながってしまうことになりかねません。

子ども達にどんな力を身につけさせるべきか、何を許せて何が許せないことなのか。表面には出せない心の動きを察知しようとする自分であるのか、自分の思いや願いが学校全体の価値観として共有されているのか等々、自分の「こだわり」を見つめ直すことのできる謙虚さも忘れてはならないと思います。

三章●自身について

50　私の教育の原点～新任時のできごと～

新任の頃とはいえ、未だに思い出しても自分の対応不足を反省することがあります。中学校の音楽教師として採用された私ですが、空きがなかったのか小学校に勤務することになりました。学年二クラスある小規模校の二年生の担任となったのです。もともと文字を書くのは苦手で板書となれば字が歪んでしまい、後ろに下がって見返すと、恥ずかしくて早く消してしまいたいという衝動に駆られたのを思い出します。小学校の学習内容も系統性もあまり十分な知識を持ちませんでした。しかし子ども達と過ごすのは大好きで、できることは懸命にがんばろうとする意欲だけは持っていたと思いますが、今思い出しても恥ずかしくなるような場面が多々あるのです。

二ヶ月が過ぎ、子ども達との生活にも少しずつ慣れてきた頃、一人の男の子が家で足を骨折したという連絡が入りました。そのことをクラスの子ども達に知らせ、自分達にできることをみんなで考えました。一人ひとりが励ましの手紙を書くことと、がんばって千羽鶴を折ろうということになり、すぐに取りかかりました。休み時間まで使って子ども達は一生懸命に折っていたのですが、二年生ということもあり、でき上がるまでに日数がかかってしまいました。私も自宅で折ったり形の不具合なものを折り直したりと、当初は五日間ぐらいでと思っていたのですが、一週間を過ぎようとしていました。今日はついに持って会いに行けると思ったその日は、私にとって生涯忘れられない日となったのです。

朝の職員朝礼で校長先生から、

「怪我をした子が入院しているのに、担任の教師が一度も顔を見せないというお叱りの電話があった。こういうことがないように、しっかり対処してほしい」

という話をされたのです。私は突然のことでびっくりすると同時に固まってしまい、顔を赤くして下を向いていることしかできなかったその時、四歳年上の男性教師が、

「先生、申し訳ない」

と私の方を向いて話し始めたのです。

「いつも自分の学級だけでなく学校全体のことを考えなければと思っているのに、僕達が一番関わらなければならないはずの新任の先生のことや、そのクラスの様子を知らずに過ごしていた自分が情けない。本当に申し訳ない」


と涙を流しながら頭を下げたのです。私は唖然として何をいってよいのか言葉が見つからなかったのですが、その後で他の先生達も、私が今まで一生懸命に取り組んでいたことや、今日持って行けると喜んでいたことなどを口々に伝えてくれたのです。朝礼が終わった後、廊下で校長が、

「先生、すまんかったのう。実はその子と同じ病室に元校長がおって、担任が顔を見せんのがけしからんと電話がかかってきたもので……」「先に先生に尋ねればよかった」と言ってくれました。

事故や病気などで入院した場合や長期療養の子に対しては、ひとまず病院や自宅に駆けつけ、顔を見て元気づけ、学習プリントを持っていきながら、手紙や千羽鶴

はでき上がった時点で手渡すなどの対処は当たり前のことなのでしょうが、その時の私にとっては「持っていかなければ」という思いしかなかったように思います。

今は自分の対応のまずさで入院した子どもにも寂しい思いをさせた上に、職場の先生方に心配をかけてしまったという反省として忘れられない日になったのです。しかしその失敗はその後の教師としての生き方を学ばせてもらうきっかけになり、自分の学級だけでなく他の学級の子ども達や同僚の先生達にも気を配れる教師になりたいと強く考えさせられた出来事でした。「生涯、大切で忘れられない日」として今でも心に生き続けています。

51　埃もあればサビもある我が身

自分を振り返ってみる時、今でこそ退職教師然としていますが、学生時代は自由奔放で、時には親を悲しませたり心配させたりすることもありました。両親ともに大正生まれで、戦前・戦中・戦後を額に汗して懸命に生きた時代といえます。決して裕福な家庭ではありませんでしたが、働き者の父とよき理解者の母親に愛情を持って育ててもらったことに、今でも感謝をしています。

小学生まではあまり目立たない存在でしたが、中学校時代には結構はじけた生活を送っていたように思います。その頃は毎週月曜日に全校朝礼があり、一学年十クラスの三学年全員が運動場に集まるのです。その日遅刻をしそうになった私と友達は、スカートで門を飛び越え、列の一番後ろにこっそりと身を置いたのですが、運悪く担任教師に見つかり、朝礼台の上から叱責を受けることになりました。みんなから嘲笑のまなざしを向けられた恥ずかしさは、今でも忘れられません。〇〇グループと呼ばれる仲間と一緒に、屋上でお弁当を食べていて、音楽教師に注意されたこともありました。その頃の暮らしぶりが一番心配だったと、後に母親が語っていました。成績はといえば教科によっての好き嫌いが激しく、英語は得意で学年で三本の指には入っていましたが、数学のテストが18点しか取れなかった時に、クラスの男子がそのテストをみんなに見せて、笑われたこともありました。

地元の小学校、その隣の中学校、またまたそのすぐ近くの県立高校の商業科に入学した私は、かねてからの念願だった吹奏楽部に入部することにしました。もともと音楽が大好きな私は授業よりも部活が楽しくて、同好の仲間との出会いにも心躍らせ、充実した日々を過ごしていました。楽器の演奏が楽しくなり、専門家にレッスンを受け、音楽大学の受験を目指していたある日、またしても問題を起こしてしまうのです。詳細は避けますが、それがきっかけで部活の仲間から、今でいう「シカト」状態に追い込まれていくことになります。生まれて初めて、「この世から消えてしまいたい」衝動に駆られ、学校を飛び出して海のそばまで行ってしまいました。原因を作ってしまった私が一番悪く、自業自得としかいいようがないのですが、その時の悲しさは今も忘れられないのです。しかし、大学受験も近づく中、気持ちを切り替えてがんばるしかありませんでした。むしろその追い込まれた状況にあったからこそ、精神的な落ち込みから立ち直ることができ、自分自身を保つことができたように思います。大学生活は経済的な余裕はありませんでしたが、とても有意義な四年間でした。一般教養の講義にはあまり熱心に参加できず、不可をもらって追試を受けたことや寝坊をして試験に間に合わなかったことなど失敗や悔やまれることもたくさんありましたが、今となれば懐かしい学生時代でした。

52　蓮の花

卵好きな家族のために、近くの養鶏場の販売店に新鮮な卵を買いに行きます。できるだけ安心安全な食材を手に入れるためには時間と労力を惜しみません。命と活力を生み出す食材にこだわるのは自分自身のためでもあるのですが、大切な家族、取り分け将来のある子ども達への母親としてのせめてものこだわりなのです。

その販売店には馬やクジャクや烏骨鶏が放牧されていて、ぶどう園や蓮池もありました。毎週のように卵を買いに行くことで経営者の方とも懇意になり、世間話に花が咲くこともよくありました。もう二十五年も前のことですが、義父が亡くなり初盆間近であったからか、「蓮の花」の話題になりました。蓮の花の美しさを語る私に、その方は、

「茎は泥の中ですよ、その泥の中にいながらも白さを保ってあんなにきれいな花を咲かせる。それは蓮の中にある空気穴のおかげですよ」

と話されたのです。そういえば、私達が食べているレンコンは泥にまみれており、九個か十個の穴があいています。当たり前のことだけれど、その穴がそんなに大切な役割を果たしているとは考えたことがなかったのです。

天晴れなり蓮根。泥の中にいながら、外の空気をしっかり取り入れ、清らかな白さを保ちながら白やピンクの美しい大輪の花を咲かせるのです。このことに感動すると同時に、人の生き方もこうありたいと思うようになりました。子ども達も同様に、自分ではどうしようもない環境に身を置かざるを得ない時があることでしょう。一人では今自分が置かれている環境をどうすることもできず、もがき苦しんでいる子どももたくさんいるに違いありません。そんな子ども達に新鮮な空気で一息させ、ほんの僅かでも光の道筋をつかませてあげることができたらこれほどの喜びはありません。周りの大人、取り分け教育者である私達にできることはたくさんあるように思います。

仏教において極楽浄土を表す蓮の花は、仏像台座でもあります。汚れた環境に置かれても染まらずに、清らかで純粋な心や姿を保つという意味を持つのだそうです。
以来、蓮の花は私の中での憧れの花となりました。

53　恩師の言葉「いつまで経っても、これで十分ということはない」

大学を卒業したものの教員採用試験不合格で、ぶらぶらしていることもできないと考えていたところへ、教育委員会から電話がかかってきました。学童の留守家庭指導員として、午後から勤務しないかという話が舞い込んできたのでその話を受けることになりました。学校から帰っても家に誰もおらず、一人で過ごすことになる子ども達への放課後教室のようなものでした。何ヶ月かが経過し、少しずつ慣れた頃に再度教育委員会からの連絡で、私の出身小学校の講師としての要請があったのです。午前中勤務で二ヶ月間という期間限定の体育と国語の教科担任でした。体育は私の好きな教科ではあったのですが、指導技術も十分なものではありません。教育実習以来の教壇に立った私の仕事振りは、今思い起こしても恥ずかしい限りで、その頃担当した子ども達には申し訳ない気持ちで一杯です。

勤務を始めたその小学校に、偶然、私が小学校二年生時の担任の先生がまだ勤務

されていたのです。私のことを思い出して、未熟な自分の現状を嘆いているという話をした時に、

「いやあ、いつまで経ってもこれで十分だということはありませんよ。この歳になってもね」

と話されたのです。私への慰めの意味も含まれていたかも知れませんが、定年間近の大先輩の口からこんな言葉が出ることが驚きで、何と謙虚な姿勢だろうと感銘し、忘れられない場面となりました。

その後、小学校教師として長年勤務した間、その言葉がいく度となく思い起こされ、「これでよかったのだろうか」「他にも選択肢があったのではなかろうか」「傲り高ぶることなかれ」と自分に言い聞かせることができたのです。

「このことは子ども達に指導した」「これは学校教育以外の問題だから」「家庭の責任が大きい」等と自分を守り、責任転嫁をしてしまいがちな場面もあるでしょう。首を突っ込めば突っ込むほど、迷路に迷い込むことも、「教師も人間だー」と大声

で叫びたくなるようなこともいく度もありました。しかし、大切な子ども達のために悩める自分は幸せだと思いたいし、今蒔いた種が芽吹き、いつか花を咲かせてくれる時が訪れることを信じていたいのです。

54　母として

第一子を身籠もった時はただただうれしくて、無事に生まれてきてくれた我が子の寝顔を見ながら、「この子のためならどんなことだってできる。自分の命に替えてでも守り抜く」。そう思ったものです。しかし現実はなかなか厳しく、産後八週間を終えた後、同居する義母に預けて仕事に復帰しなければなりませんでした。娘は哺乳瓶が苦手でミルクをなかなか飲もうとせず、義母を困らせました。泣き止まない辛さから、たまりかねた義母が職場に電話をかけてくることもありました。そんな時は私自身もお乳が張り、胸を覆っていたタオルも濡れました。涙が溢れます。片道三十分の道のりが倍の長さにも感じられ、車を走らせながら娘の泣き顔を思い浮かべては家路を急ぎました。

授業参観には、三回のうち一回行ければよい方で、長女の運動会には、とうとう一回も行けませんでした。前の晩からお弁当の下ごしらえをし、仮眠をして早朝か

らまた作り始めます。すべての準備を終えて七時には義母に手渡し、

「よろしくお願いします」

と頭を下げ、勤務先の運動会の準備に向かいます。子ども達には、

「頑張ってね、帰ってからたくさん聞かせてね」

と手を振って出かけます。子ども達は我慢をしていたには違いありませんが、いつものことで仕方がないと納得はできていたようでした。

その長女も、現在中学校の教師として教壇に立っています。中学生の頃から抱き続けた将来の夢を、見事に実現させたのです。その娘も結婚し、出産後は育児休業も取りました。私の時と違い、育児休業給が六割方支給されるので、安心して育児に関わることができました。

「母さん達の運動の成果だよ」と語ると同時に、そうできなかった自分が悔やまれました。三人の娘達には、心優しい子にと願いながら育ててはきたものの、我慢をさせたり義母に頼ったりしたこともたくさんありました。義父や義母と生活をとも

にすることは思い通りにならないことや辛いことも当然ありましたが、何よりも子ども達のためだと考えると乗り越えることができました。母として、主婦として、そして一人の教師として自分なりにがんばったつもりではありますが、できなかったことや悔いることも多い日々でもありました。

55　父の背中

戦時中の教育を受けた父は、高等科に進学することなく兵役を志願し、海軍の潜水艦乗組員となりました。勿論当時の軍事教育は青年である父にも大きく影響し、日本国のため家族や国民を守るためにと、自分の命を託したのだと思います。終戦を迎え、幸い命は取り留めたものの、戦死を覚悟で出征したのですから、兄や弟に家督を譲っていたのです。財産もない父は、母の実家の敷地内に住むことになりましたが、家族のために本当によく働きました。その働きぶりは今も私の脳裏に焼きついています。海軍で鍛えられた屈強な肉体と強い精神力を様々な場面で目の当たりにしたものです。

私が物心ついた頃の父はがんばり屋で働き者ではありましたが、子ども達にも厳しい父親でした。三人兄姉の末っ子として育った私は、兄や姉よりも甘やかされたと思うし経済的にも恵まれていました。その甘さを父は見逃さず、これでもかというほどの叱責を受けたこともあります。しかし基本、家族愛に満ち、正義感の強い誠実な父であったと今でも誇りに思っています。父親としての武勇伝は数多くありますが、家族のために身を挺して守り育ててくれたことへの感謝の気持ちは今も持ち続けているし、そのことが今の私に元気を与え、困難を乗り越えさせてくれていると実感するのです。

　私が大学卒業後に実家に戻ってからは、父とよく話をしたものです。父の大好きなお酒を酌み交わしながら、昔話や今の社会の様子について話しました。夕食にかける時間が二時間やそれ以上になることも珍しくありませんでした。お酒があまり飲めない母は、あきれてテレビの前に場所を変え、いつの間にか寝息を立てているのです。父は私との晩酌が一番美味しいと上機嫌で、話に花が咲きました。小さい頃は気づけなかった父のよさを再発見することもあったし、終戦後の厳しい生活に思いを馳せることもできました。病気の兄と母親を汽車に乗せ、リヤカーに布団や着替えなどを積んで、病院への雪道を父は裸足で追いかけた話や、炭焼き小屋までお昼を届けに行く母が道に迷わないように目印として、木の枝に赤いひもをいくつも結びつけた話等、家庭を守り子ども達の成長を見守ってきた父の姿に感謝と頼もしさを感じたものです。

終戦を迎えた八月十五日、軍国主義、国家主義の申し子であるような父は悲嘆に暮れ、ここで切腹するか、または敵国に一矢報いるべきかと考えていたといいます。しかし妻子もある我が身に思い留まり、五十年後・六十年後の日本の姿を見届けたいと、生き続けることを選んだそうです。残念ながら願っていた五十年にも手が届かなかったのですが、父が今生きていたら何を喜び、何を憂いたであろうかと時折考えます。「誠」というその名の通り、誠実で勤勉で、家族や周りの人への愛情は今でも私の胸を熱くするのです。

私は三十歳で結婚し、広島を離れて福岡で暮らすことになったのですが、その二年後に父は他界してしまいました。

56　ママさんバレーで連携プレイ

小さい頃から運動好きだった私は、初任校の勤務に少し慣れた頃にママさんバレーのチームに加わることになりました。九人制で保護者や保護者ＯＢで編成されたチームに教職員が二人入る決まりがあったので、週一回の練習に参加することになりました。独身で時間の余裕があるし、実家からの通勤で家事をする必要がなく、体を動かすことでストレス発散にもなったように思います。チームに所属する保護者とも気軽に話ができるようになり、試合ともなれば盛り上がり、終わった後の懇親会では、教師と保護者という垣根を越えて談笑したり、互いの思いを重ね合ったりすることもできたような気がします。

結婚を機に他県に移動し、出産や子育て期間中はそういったチームへの参加はできませんでしたが、娘達が就学するようになってからはまた地域のバレーチームに入ることができました。担任をする子どもの保護者や、同じ団地の仲間達と白球を

追う楽しさを味わう中で、逆に地域の方に励まされ、支えられているという実感を抱くことができました。その頃に、

「先生は、先生らしくない」

という言葉が聞けるのが、とてもうれしかったように思います。教師然と接するのではなく、三人の子どもを持ち、子ども達の成長や安全を願い、ともに思い悩む一人の母親として、地域とともに生きるという願いを共有し続けたかったのです。

また、三十歳後半の頃から、地域のコーラスグループの指導を任され、夕食後の一時間半程度の練習に参加し始めました。月に一、二回の練習ではありましたが、発表会前は回数も増えました。夫が伴奏をするため夫婦揃って出かけるので、娘達には先に寝ているようにと伝え、義母に留守を頼んで出かけます。楽なことではありませんでしたが、地域の人たちの元気な笑顔と優しさに、帰る道すがら

「楽しかったね、疲れが飛んで行ったね」

と夫と話しながら家路につきました。コーラスは二十年間続けることができました。

こういった「つながり」は、様々な場面で、目に見えない力となって、私達夫婦を支えてくれていたと感じています。

現在は年を重ね、白球を追って走り回ることもできなくなり、コーラスも解散しましたが、地域との関わりは、できる限り持ち続けたいと考えています。福祉委員の仕事は五年目を迎えています。朝の通学では、二十人あまりの子ども達と一緒に、校門まで歩いて行きます。お節介ばーばの楽しい朝がやってきます。

おわりに

二十年前までは12・5倍という教員採用試験の倍率が、昨年は1・3倍まで下がってきています。若者にとって、教師という職業があまりにも魅力のない、やりがいのない職種だと考えられているような気がします。それもそのはず、一般企業の求人情報においては優秀な人材を受け入れるための職場環境の改善や、福利厚生面の改革が急ピッチで行われています。最近福岡に進出した大手の通信販売会社のオフィスを見ると、社員のニーズを飛び越えたまるで大人のための公園であるかのような、画期的で斬新な空間が広がっているのです。他にも居住地域を限定せず、必要とあらば会社持ちの費用で飛行機を使っての出社もできるとのことです。ネット社会の定着は、働き方を大きく変えようとしています。勿論そこに身を置くためには、かなりの実力を伴っていなければならないのも当然のことではあるのですが……。

そこで教育現場に目を向けてみることにしましょう。十年ごとの免許更新制度がやっと無意味なことに気づき、来年度より廃止されると聞きましたが旧態依然とした、いやむしろ時代の流れに逆行しているかのような様々な問題もあるのではないでしょうか。「生活の決まり」と称した一方的な押しつけや、学校に行けない子ども達の増加も気になります。コロナ禍で保護者や地域との連携もままならず、孤立化や隔絶化の傾向があるようにも感じられます。

子どもの貧困をはじめ、児童虐待・性犯罪と最も守られなければならない弱者である子ども達に、周りの大人達がどう関わっていくべきか、どう守っていくべきかを今こそ社会全体で考えていかなければならないのではないでしょうか。なぜならば、将来を担う子ども達が守られ、生きる力や現状を切り開く力を身につけていくことこそ、自分の将来に対する希望を持ち、胸を張って生きていけることになるのです。

学校現場は、快適でゆとりのある空間とはいえないし、合理的で機能的なデスクでもありません。けれども、目の前には瞳を輝かせている子ども達がいます。温かな両手を広げて待っている子ども達がいます。その育ちに少しでもプラスになることを伝えることができるのであれば、これほど幸せなことはありません。蒔いた種が、いつか色を変え形を変え時を変えて、花開くことを信じることができるのです。

自分は決して優秀な教師ではなかったと思いますが、子ども達と笑い、ともに泣き、悩む中で、たくさんのことを学ばせてもらいました。何という幸せな職業に就かせてもらったことかと、今でも感謝です。

〈著者紹介〉

豊内圭子（とようちけいこ）

1952 年広島県に生まれる、福岡県在住。
島根大学教育学部卒業。1975年より 2012年まで
小学校教諭として勤務する。
趣味：映画鑑賞、野菜作り、料理。

若《わか》き教師《きょうし》たちへのエール

2023 年 9 月 15 日　第 1 刷発行

著　者	豊内圭子
発行人	久保田貴幸
発行元	株式会社 幻冬舎メディアコンサルティング 〒151-0051　東京都渋谷区千駄ヶ谷4-9-7 電話　03-5411-6440（編集）
発売元	株式会社 幻冬舎 〒151-0051　東京都渋谷区千駄ヶ谷4-9-7 電話　03-5411-6222（営業）
印刷・製本	中央精版印刷株式会社
装　丁	野口萌

検印廃止

Printed in Japan
ISBN 978-4-344-94464-0 C0037
幻冬舎メディアコンサルティングＨＰ
https://www.gentosha-mc.com/

定価はカバーに表示してあります。

JASRAC 出 2304430-301